滑雪运动
完全指南

（彩色图解版）

[英] 克里斯·费洛斯（Chris Fellows）著

余唯乐 译

人民邮电出版社

北京

图书在版编目（CIP）数据

滑雪运动完全指南：彩色图解版 / （英）克里斯·费洛斯（Chris Fellows）著；余唯乐译. -- 北京：人民邮电出版社，2022.5
ISBN 978-7-115-57904-1

Ⅰ. ①滑… Ⅱ. ①克… ②余… Ⅲ. ①雪上运动—图解 Ⅳ. ①G863.1-64

中国版本图书馆CIP数据核字（2022）第019502号

免责声明

作者和出版商都已尽可能确保本书技术上的准确性以及合理性，并特别声明，不会承担由于使用本出版物中的材料而遭受的任何损伤所直接或间接产生的与个人或团体相关的一切责任、损失或风险。

内 容 提 要

本书详细讲解了滑雪设备，滑雪所需的体能、技术和战术训练，以及针对不同类型的滑雪者的提升计划。

本书包含 3 部分共 14 章，第 1 部分介绍了滑雪运动的基本组成部分，包括运动表现金字塔、功能性动作、滑雪体能训练、基本滑雪技术，以及滑雪者类型和滑雪设备需求等。第 2 部分从训练技巧和练习方法出发，分别介绍了滑雪运动中的功能性动作训练、体能训练、技术和战术训练。第 3 部分介绍了训练计划指导，包括训练计划制订，以及分别针对不同类型的滑雪者的训练指南。

本书可以帮助滑雪教练和滑雪爱好者了解滑雪，提升滑雪所需的体能、技术和战术，从而更好、更安全地享受滑雪这项运动。

◆ 著　　　　[英]克里斯·费洛斯（Chris Fellows）
　　译　　　　余唯乐
　　责任编辑　刘日红
　　责任印制　马振武

◆ 人民邮电出版社出版发行　　北京市丰台区成寿寺路 11 号
　　邮编　100164　电子邮件　315@ptpress.com.cn
　　网址　https://www.ptpress.com.cn
　　廊坊市印艺阁数字科技有限公司印刷

◆ 开本：700×1000　1/16
　　印张：16.25　　　　　　　　2022 年 5 月第 1 版
　　字数：340 千字　　　　　　 2025 年 1 月河北第 2 次印刷
　　著作权合同登记号　图字：01-2020-6972 号

定价：148.00 元

读者服务热线：(010)81055296　印装质量热线：(010)81055316
反盗版热线：(010)81055315
广告经营许可证：京东市监广登字 20170147 号

致我的妻子珍妮（Jenny）：自从1994年我们决定创立"北美滑雪训练中心"（North American Ski Training Center，NASTC）以来，你给了我如此多的关爱、鼓励与帮助。你的幽默感、冷静与坚持让我们在幸福时刻共享快乐，也在困境中共渡难关。你一边抚养3个可爱的孩子，一边照顾生意，同时还保持户外运动的热情。你真是很了不起。感谢你一直以来的帮助。

目　录

前　言

在我担任滑雪教练的生涯中，以前总是把滑雪指导的一些口头禅挂在嘴边，诸如"保持运动姿态""腿部用力正确""学会使用雪杖""掌握提前立刃"等。我总是不厌其烦地用最新的指导用语向学员们灌输正确的滑雪动作。最终，学员们开始相信，只要严格按照我教授的技术训练，就能成为滑雪高手。但是很快，我自己也心生疑惑，认为单单通过技术改进就能解决所有问题，是不是想得太简单了？我后来才意识到，如果从另一个角度思考改进技术，我们会更容易取得成功。

在20世纪90年代初，著名的滑雪竞赛教练沃伦·威瑟雷尔（Warren Witherell）在全国各地向滑雪导师、教练、运动员和其他想提高滑雪水平的人宣传鞋平衡对于实现最佳滑雪表现的妙用。我曾见到沃伦一手拿着胶带卷，一手拿着不知名的腿部测量器材走进斯阔谷滑雪学校的更衣室。他说只要让滑雪鞋在固定器中侧向倾斜，我们就能立刻看到好的效果。这让我们对雪板刃侧的作用有了更清晰的认识。事实上，他说的都是对的。经过尺量、目测和将宽度合适的数层胶带粘在固定器上后，他让我们试滑，感受刃侧与雪的相互作用。结果令人难以置信：在结实的雪地上，雪板滑行更稳、更灵活了。

沃伦说，他教世界杯选手用这种方法简单调整雪板角度，从而明显改善了他们的滑雪表现。他真的懂得如何与滑雪教练们沟通。

他说，可能问题出在器材上，而非技术或动作驾驭方面（真是一针见血，所以我们非常喜欢他）。在固定器上使用不同厚度和宽度的胶带后，我对他说的深信不疑。从那以后，我每个季度都对鞋底进行修整，使其达到精妙的平衡。沃伦坚持不懈在滑雪行业推广他的理论。他在全国都有了知名度，而他的书《竞技滑雪运动员》（The Athletic Skier）甚至催生了定制滑雪鞋的作坊。虽然很多滑雪者采纳了他的方法，把器材角度微调了若干度，但也有很多滑雪者不愿意花时间考虑角度不当的影响。在接触到沃伦的鞋平衡理论之前，我也不太在意器材方面的问题。

接受了他的理论之后，我的想法有了转变。看着一位又一位的学员尝试在雪坡上进行基础的动作变化，却滑行失败后，我的内心也有所触动。他们想要速效，我也希望尽快取得训练成效。在沃伦的角度调整理论基础上，我做了进一步拓展，开始在生理层面对学员的弱点和不对称性进行评估。我让学员做一些基本动作，如深蹲、侧弓步和单腿支撑等。如我所料，即使在室内平坦的地面上，很多学员连这些基本的动作都无法做好。看到学员连基本的深蹲都难以做好，我反倒松了一口气，因为我发现了他们身体的局限。如果在室内都无法实现身体的屈伸，如何能在雪坡上行动自如呢？

学员认识到自身局限后，办法自然明朗起来。先认识到身体上的不足，然后才能有针对性地改进。随着动作愈发熟练，学员的滑雪水平不断提高，乐趣也自在其中。

致　谢

　　本书的创作全靠大家的热情合作与努力。在此我无法列举他们所有人的名字，但我尽量列举一部分，向他们致以诚挚的谢意。乔纳森·赛尔科维茨（Jonathan Selkowitz）的专业摄影技术是本书内容至关重要的一部分。谢谢你。感谢优秀而有耐心的编辑劳拉·弗洛克（Laura Floch）和劳雷尔·加西亚（Laurel Garcia）。你们给了我很多指导，我非常感谢你们。感谢专业审稿人达西·诺曼（Darcy Norman）和佩尔·伦德斯坦（Per Lundstam），你们为本书运动部分内容提供了宝贵的建议。感谢北美滑雪训练中心（NASTC）的经理金·曼（Kim Mann）为本书编写提供的帮助。吉姆·沙夫纳（Jim Schaffner）、格雷格·霍夫曼（Greg Hoffman）、吉姆·琳赛（Jim Lindsay）和马克·埃林（Mark Elling）就本书有关器材的内容与我们进行了交流，感谢他们的帮助。感谢迈克尔·谢利基（Michael Silitch）花了两周时间一边爬山、滑雪，一边接受我们的采访。杰夫·汉密尔顿（Jeff Hamilton）分享了他对训练的见解。他告诉我，如果每周都和同伴一起上山滑雪，内心的快乐可以缓解身体的疼痛。佩里·诺里斯（Perry Norris）把山间空地留给我们的孩子们，这样他们也有和我们一样的滑雪空间。自1994年NASTC的首次课程以来，戴夫·阿齐（Dave Achey）、泰德·皮彻（Ted Pitcher）、约翰·尼汉（John Nyhan）和麦克·索德格伦（Mike Sodergren）（已故）一直与我们分享他们的见解。马尔科·沙利文（Marco Sullivan）始终鼓舞着像我这样的滑雪者，不论他们是年轻的运动健将，还是已步入耄耋之年（比如我）。感谢我曾经和现在的美国职业滑雪教练阿尔卑斯滑雪队队友。他们的出色能力与真诚付出鼓舞我在教导学员时竭尽所能。非常感谢我们的滑雪模特们：麦克·哈弗（Mike Hafer）、里奇·贾米森（Richie Jamieson）、珍妮·费洛斯（Jenny Fellows）、金·曼（Kim Mann）、特雷弗·坦霍夫（Trevor Tanhoff）和海蒂·埃特林格（Heidi Ettlinger）。感谢麦克和海蒂参与健身房内的拍摄。位于特拉基的健康与体育表演中心和尼娜·怀南斯（Nina Winans）博士把他们的场所提供给我们进行室内照片拍摄。

　　同时感谢美国特拉基的林务局办公室。感谢麦克·伊曼（Mike Iman）、麦克·波特（Mike Porter）和维克托·耶丁（Victor Gerdin）。他们是非常专业的滑雪者和教练。在我们的运动知识团队中，尼克·赫林（Nick Herrin）、罗布·索加德（Rob Sogard）和迈克尔·罗根（Michael Rogan）是杰出的领导者。马克·帕拉马拉斯（Mark Palamaras）和查理·彭德雷尔（Charlie Pendrell）从一开始就提供帮助，贡献他们的远见卓识。感谢霍华德·邵（Howard Shao）多年以来的鼓舞和支持。感谢斯阔谷的麦克·利瓦克（Mike Livak）和汤姆·墨菲（Tom Murphy），"甜蜜之家"（Sugar Bowl）的罗布·考茨（Rob Kautz）和约翰·蒙森（John Monson）。他们为本书项目提供了帮助，并指导了照片拍摄。罗西尼奥尔（Rossignol）的詹森·纽尔（Jason Newell）和杰夫·萨洛（Jeff Sarlo），巴塔哥尼亚（Patagonia）的布鲁斯·奥尔德（Bruce Old）和埃里克·纽伦（Eric Neuron），古德集团（Goode）的戴夫·古德（Dave Goode），海斯特拉（Hestra）的迪诺·达尔达诺（Dino Dardano），优维斯（Uvex）的基思·德恩特雷蒙特（Keith D'Entremont）和史蒂夫·波林（Steve Poulin）以及欧袜集团（Eurosock）的吉姆·马布尔（Jim Marble）凭借他们各自品牌的一流产品，为本书的编写做出了贡献。另外，还有很多人士为本书的编写提供了精神支持。我们在NASTC的客户和滑雪者以最饱满的热情，推动了本书项目的进展。最后，本书的编写得以顺利完成，多亏了我的妻子珍妮（Jenny）的爱心与支持。她对滑雪充满热情，与我们一起分享了许许多多快乐与冒险的经历。

第 1 部分

滑雪表现要素

第 1 章

运动表现金字塔

　　单单"热爱"两个字已经不足以表达我对滑雪教学的热情。当学员看着我的眼睛，告诉我"今天是我一生中最棒的十天之一"时，我心情的激动难以用语言形容。我很幸运地生活在这样一个时代：人们有足够的闲暇时间和金钱在清冷的冬天来到山上参加滑雪运动。滑雪，总是能让人激情澎湃，即使是最为保守、被动的人，在滑雪运动中也能卸下拘谨的伪装，彻底地释放自我。但学习滑雪，需要的不仅仅是强壮的身体以及转向和停止的能力，你还需要了解山地路线，以及如何放松自己。当你从雪坡上滑下来时，你要优美灵动地通过山地草原、林场和覆盖积雪的峰峦地带。一旦你习惯了滑雪带给你的感受，你就会忘我地沉浸其中。滑雪者总是希望向更高处攀登，掌握更多要领，获得更棒的体验。

　　本书详细阐释了滑雪的基本要领，体能训练的方法以及技术和战术层面的知识。本章是一份指南，帮助你掌握基本的概念，为滑雪运动的进阶练习做准备。这项运动令我们心驰神往，甚至让我们认识到自我存在的真谛。你要学习的第一课是"质量比数量更重要"。没有高质量的动作，你所付出的努力就会浪费在代偿和恢复上。扎实的运动能力是高质量动作的基础。我们的运动表现金字塔正是从此处搭建。

运动表现金字塔

　　北美滑雪训练中心使用四层金字塔模型评估动作的质量。均衡滑雪者的技能用等腰三角形表示。最下面是功能性动作，往上依次是体能、技术和战术（图 1.1）。金字塔的四个层级涉及滑雪表现中因果关系的动态过程。功能性动作是体能、技术和战术的基础。虽然要素互不相同，但运动环境中身体运动和反应的水平将各要素关联起来。无论是在健身房中还是在雪坡上。如果功能性动作不够扎实，你会疲惫或受伤，金字塔上部的体能、技术和战术全都会失去效用。运动表现金字塔以格雷·库克（Gray Cook）的 *Athletic Body in Balance* 中提供的理念为基础。该书是运动和训练方面的优秀指导用书。

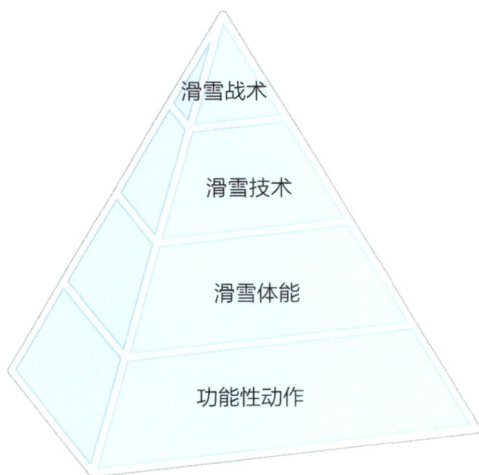

图 1.1　运动表现金字塔

　　金字塔底层代表功能性动作的模式，或称灵活性和稳定性。只有当滑雪者有能力在特定环境中做好功能性动作时，另外三个层次，即体能、技术和战术才能得到发展。金字塔第二级代表体能，或称运动效率。体能训练可以培养力量和耐力，以应对雪地和山地上的各种挑战。最上面两级代表滑雪技术和滑雪战术。滑雪技术涵盖了各种技能元素，在熟练运用和固化之后，可成为进阶动作的基础。

　　随着技术越来越娴熟，滑雪者也会自信满满，对各种地形和自然条件应对自如。此时，他们便可制订战术以面对即将到来的各种挑战。在成长过程中，滑雪者将再次回顾功能性动作，自下而上反复完成金字塔各级的训练过程。如果能自如地从一级过渡到另一级，这就意味着取得了进步。以上训练奠定了滑雪技能的基础。

依据金字塔层级理论评估技能水平

滑雪者进步缓慢的原因常常是他们只关注自己的长处，但没有重视自己的弱点。教练和指导员的方式也存在问题，他们没有指出问题或错误的根本原因。很多人只是治标不治本。但我在执教期间会花时间观察学员的技能。滑雪教练认证考试往往侧重于技能培训，主要解决学员们表面上的问题。但在我的执教生涯中，我对多种能力都会关注。我认为只有按运动表现金字塔进行恰当的训练，才能获得最佳的滑雪表现。换言之，滑雪学员需要在各层级培养和巩固自己的能力。

各层级评估内容

为找到自身的不对称或局限因素，滑雪者在本书第2至第5章将根据金字塔各层级进行技能评估。通过评估，滑雪者可以知道在哪些方面有改善的空间，并在运动表现金字塔的指标范围内进行改善。

如果你年龄较大或有伤痛在身，甚至连简单的运动都很困难。自然的运动模式发生改变，身体就会进行代偿。如果在滑雪之前未能消除上述代偿，你的滑雪运动将受到影响，导致慢性疼痛、外伤和低水平的运动表现。找到上述不对称因素，你就能有的放矢地进行纠正性训练和练习，从而克服困难。

为帮助读者理解技能评估与滑雪运动的相关性，我们先来看看功能性动作的评估。首先，从日常生活涉及的功能性动作开始，比如蹲下捡拾重物、反复开关门、爬楼梯、从上方越过障碍物以及仰卧起坐等。第2章的功能性动作评估告诉我们，滑雪中最常见的失误通过做深蹲、单腿蹲、旋转稳定性动作和侧弓步可以揭示出来。

在这些基本练习中，很多人难以正确完成髋部、腿部、核心和上半身的运动，因为他们没有针对相对的身体部位做出正确的代偿性动作。教练总能观察到学员的这些症结，尤其是学员的关节无法均衡屈曲这类问题。因为关节屈曲不均衡，他们总是身体前倾，过度弯曲脚踝和膝盖，结果身体完全超出了滑雪板的范围。另外有些滑雪学员没有充分弯曲关节，他们的身体向滑雪板尾部倾斜。

学员可以做以下基本动作进行测试，找到雪上运动失误的问题所在。连续做三个深蹲。你的腿和膝盖是不是每次都瘫软下来（严重偏向内或偏向外）？膝盖屈曲时是否仍能对齐？你的腿是否因过度下沉而外旋？你会弯曲脊柱吗？如果你在室内做单腿平衡都存在困难，你在雪地上的单腿训练就难以成功。

正如沃伦·威瑟雷尔所演示的，膝盖的重心位置必须落在脚踝屈曲方向上，这样你才能正确施加压力并向滑雪板传递力量。先不考虑滑雪道的状况，功能性动作评估中获得的直观数据反映了你关节运动的好坏。流畅、高效的功能性动作也能运用在滑雪过程中。反之，如果你在室内的动作都不对称，你在雪地的行动也必将受限。

滑雪者类型

结合金字塔评估的结果,你可以确定自己要做哪一类的滑雪者。滑雪者类型将在第6章做进一步讨论。确定自己的类型,有助于我们制订合适的训练和练习计划,并专注于整体表现而非某项特定技术。

确定自身类型后,请参见本书第3部分,了解需要进行哪些训练以达到目标。这些章节针对运动表现金字塔评估中确定的需求和代偿,提供了克服弱点和保持优势的训练计划。这种有针对性的训练方法体现了提高滑雪运动水平的三大理念。

首先,滑雪学员需要确定自己属于哪一类型,也就是明确需求。比如,你是不是身体僵硬,需要进行灵活性训练?还是核心部位虚弱,需要加强力量?或者,你在两方面都有缺陷?身体健壮的你是滑雪新手还是希望在育儿期间重返标准体形的职业运动员?金字塔各层级反映的缺陷并不是你的耻辱,但如果忽视问题的存在,你就不会取得进步。

其次,代偿性动作可以改变滑雪相关肌肉正常的反射反应。运动表现金字塔评估可以发现由不良姿势、肌肉失衡、身体僵硬、错误训练等导致的运动模式,以及因外伤或肌肉紧张导致的神经反应异常。

最后,学员在训练中可以认识身体各部位的相互联系。发现了相关部位的问题,你就能知道哪些关节和肌肉最容易受伤。比如,如果你的膝盖经常受伤,可能意味着你的髋部和踝部周围的关节存在问题。

完成评估并掌握关键信息后,你就可以开始滑雪了。你要放慢速度,放松自己,尽情享受山地滑雪的快乐,但同时学会在遇到复杂地形时调整自己的动作。选择与自己能力水平相适应的地形,就能自如地运用战术,并在雪上和雪下的技术动作之间建立关联。在室内练习也应考虑自己的当前能力。按以上步骤进行后,你改进弱点的方案以及进一步的训练计划就变得明晰起来。

本书介绍的体系能帮助你找出阻止自己发挥全部潜力的身体局限。它将指导你调整自己的训练计划和器材装备。阅读本书,可以知道如何完整分析自己各方面的状况,从而不会忽视所有装备中最重要的部分:你的身体。

第2章

聚焦功能性动作

在我1990年认识沃伦·威瑟雷尔至2005年被介绍到格雷·库克（Gray Cook）那里工作期间，我目睹了太多滑雪学员重复进行局限性的运动。他们的技术一直未得到提高。作为一名有经验的教练，我为学员们制订训练课程，帮助他们弥补技能上的缺陷，并在器材方面给予建议，改善学员们的平衡度和效率，但是直到我开始进行功能性动作评估和寻找解决方案时，我才看到明显、持久的改善。

　　我采用"功能性动作质量测试"（FMS）评估滑雪学员的功能性动作。我的FMS测试版本包括过顶深蹲、单腿蹲、旋转稳定性和侧弓步。运动表现金字塔中功能性评估部分主要测试学员在平稳地面上进行基本运动模式的能力，不涉及感官挑战如陡坡、雪地和反光等。该评估可以测出学员在各方面的运动水平。任何动作问题或左右失衡都会最终在雪地上表现出来。从测试中可以获得宝贵信息，了解滑雪学员的基础，为今后长期的练习做准备。另外，功能性动作评估除发现缺点外，还能找到学员的强项，如力量和耐力等。

　　本章会对你的功能性动作进行测试，以找到你自身的局限和提高你对身体的认知，并且帮助你改进动作，纠正错误和改善平衡。为今后的进步打好基础后，你还可以试着提升自己的力量和耐力。

　　意外伤害会妨碍你的滑雪运动甚至是正常生活。它会造成各种不良影响，比如请假扣减收入、学业退步、因养伤造成的抑郁、受挫，恢复期体能下降等。准备性训练并不能保证消除所有风险，但它可能增强你的力量。而且，假如你受伤，这些训练也能帮助你恢复。

功能性动作的概念

　　正如第1章所述，运动表现金字塔的底层是功能性动作。此处重点在于协调肌肉群，培养滑雪所需的运动模式。功能性动作可以进一步分解为稳定性和灵活性两个方面。它们常常与力量和柔韧性相混淆。虽然这两者都非常重要，但它们并不能代表全部。在功能性动作中，动态平衡扮演着指挥者的角色。当你从雪坡上俯冲而下时，动态平衡可帮助你持续、高效地调整身体，精准地运用技能，从而协调你的运动。

稳定性

　　稳定性指在外部条件变化和外力的影响下身体保持稳定（即位置协调）的能力。记得你上一次在非平坦地形上和深层积雪中滑雪的经历吗？你也许会感到雪和雪地都在对你的身体施力，让你失去平衡。在极端条件下，你好像置身于一艘小艇上，卷在飓风中央。但良好的稳定性能让你对抗身边的旋涡。

　　稳定性包括平衡、力量和肌肉耐力这几个要素。正如在射箭运动中，拉弓时保持稳定也需要这三个要素。滑雪运动涉及的机制也与射箭拉弓相似。你需要让身体一部分固定，同时伸缩相邻部分，这样才能在穿行折转中控制速度和保持一致的姿态。这才是身体稳定性的要义！

灵活性

　　灵活性涵盖关节正常活动度和肌肉柔韧性两方面。它是正确动作、伤害预防和流畅滑行的核心。灵活的身体可以在不同平面运动，在不牺牲稳定性的前提下完成任何动作。你的身体可以在伸展的同时保持充足的功能性张力，以定向控制和引导力量。当肌肉、关节和肌腱协同配合时，灵活性就产生了。可能是一组肌肉收缩，另一组肌肉舒张，而还有一组用于支撑。培养灵活性需要这些互补肌肉群的参与，而且你要让身体进入运动状态。

如果肌肉和关节的灵活性不佳，你的关节活动度会受限，你的动作也会像泄气的篮球一样僵硬。比如，很多滑雪者喜欢在非滑雪季骑自行车。冬天的第一场雪标志着自行车运动季的结束，他们奔向健身房锻炼欠发达的上半身并拉伸腘绳肌和髋屈肌，这些肌肉紧绷得像吉他弦一样。从我的经验来说，夏季我一直骑山地自行车，几乎不去健身房。但我仍然学到了一些锻炼方法以消除身体失衡，在滑雪时避免伤害和在复杂地形中穿行自如。但请注意，非滑雪季的运动可能会削减你滑雪的热情。

仅仅有良好的灵活性和核心稳定性并不足以培养精湛的滑雪动作。滑雪作为一种滑行运动，其挑战在于你必须在光滑平面上保持平衡，同时扭动你的双腿，运用滑雪杖和倾斜滑雪板。你的动态平衡取决于基础支撑。只有当重心平稳时，你才能自如变换姿势和衔接不同动作。对某些人来说，五花八门的滑雪动作太难掌握了。再加上身体的失衡，你都不知道自己为什么会尝试这种运动。但如果你把注意力放在过程上，不要太在意结果，你就不会觉得那么困难。转变视角，你可以学得更快，在充分享受探索之喜悦的同时，增强你对滑雪运动的感知。

估计我们大多数人都记得自己是如何学会骑自行车的。一开始，我们难以保持平衡，更别提骑行了。但当我们鼓起勇气骑得快一些时，我们就更容易保持平衡。这就是最典型的运动平衡，或称动态平衡。加拿大滑雪教练联盟把保持动态平衡的动作称为行进中动作，它是该联盟教练们教学方法的基石。根本点在于，在一般的运动中，速度由体内肌肉力量产生，但滑雪运动不同，滑雪者依靠重力向前运动产生速度。因此，专业滑雪者尽可能娴熟地在预定雪道上滑雪，并通过这种方法取得成功。外部（重力）和内部（肌肉）力量的相互作用形成了有效的技术。

滑雪运动中活动身体部位和保持其稳定的能力是进阶技能培养的基础，所以必须认真对待！如果轻视运动机能所需的基本的运动模式，依赖默认的身体代偿进行运动，你的基础就不牢靠。很少有滑雪者拥有完美无瑕的技术。几乎每个人在某些方面都有代偿。实际上，你的运动机能越好，你今后的提高也会越全面。

功能性动作评估

下列评估（图2.1）用于测试你的稳定性和灵活性。功能性动作的平地测试可帮助你看到自己滑雪技术中的弱项与强项，让你清楚知道自己的动作与滑雪要求之间的差距。

这些评估属于运动表现金字塔的功能性动作层级，用以评估你在该层级的优势和劣势。评估由四项基本测试组成：过顶深蹲、单腿蹲、旋转稳定性和侧弓步。它们可以排除特殊的生理问题，为今后的评估建立基线，确定你的灵活性和稳定性的总体水平，并且指出你身体的失衡状况。

每项评估都要进行三次。分数以三次中最高得分为准。请诚实地进行评估，因为评估结果可以反映你需要改进的弱项。随着评估的进行，你会看到自己在哪些方面存在不足。弱项是你训练的焦点。如果你只关注强项，你就难以提高。

如果你的总成绩达12分，或者在四项测试中每项平均3分，即表明你在滑雪运动中拥有较好的灵活性和稳定性。应每4周或6周测试一次，确保身体运动功能良好。如果你的总成绩为8分，或者四项测试中平均每项2分，那你的功能性动作仍需改善，但在某些方面你还是不错的。如果你的总成绩为4分或4分以下，你就应该加强锻炼直至强化运动表现金字塔中的功能性动作水平。

评估结果分为以下4种情况。

- 3分。你的运动模式足以应对滑雪过程中的生理压力和地形条件变化。你的屈曲动作由下半身发力。你的身体不存在失衡，也不会通过弯腰来缓解压力。

功能性动作测试	分数	提升训练	评价
过顶深蹲	❏3 ❏2 ❏1	稳定性 灵活性	
单腿蹲	❏3 ❏2 ❏1	稳定性 灵活性	
旋转稳定性	❏3 ❏2 ❏1	稳定性 灵活性	
侧弓步	❏3 ❏2 ❏1	稳定性 灵活性	

摘自：C. Fellows, 2011, *Total Skiing* (Champaign, IL: Human Kinetics).

图2.1 功能性动作评估表

- 2分。你的下半身存在灵活性不足，包括脚踝转动不灵活和踝部肌腱僵硬。你的髋关节屈曲可能也存在困难。你的肩膀也存在僵硬，但不容易被注意到。但只要你坚持在镜子前练习动作，你最终是可以达到3分的。

- 1分。你的姿态表现较差，在运动中频繁做出代偿性动作。

- 0分。在测试中任何环节出现疼痛。请咨询专业医师，对疼痛部位进行彻底检查。医学检查可以确定动作的局限以及引起疼痛的身体错位问题。

接下来，在评估环节请使用功能性动作评估表（图2.1）找出自己需要在哪些方面进行提高。做功能性动作测试时，需要在评估表内记录你的测试结果。通过评估表的填写，你可以看出自己的强项和弱项。随着训练的进行，你可以跟踪自己得分的变化。评估表是你改善自身的路线图，它能帮助你对症下药，消除功能性动作的障碍。

功能性动作评估简便易行，你可以随时检查自己在灵活性和稳定性基本层面的表现。进行完评估后，你可以根据结果制订纠正性训练计划，改善弱项，消除失衡。把薄弱环节独立出来分析，你就能找到功能性动作障碍的根本原因，理解功能性动作与滑雪运动表现的关系，并最终正确掌握特定技术。很多滑雪者一时兴起，直接上雪坡进入技术环节，忽视了自己基本运动能力的不足。而这些不足是可以通过功能性动作评估发现的。

功能性动作评估不会占用太多的时间和空间。最好穿着运动服而不是滑雪服进行评估，比如短裤和T恤等。动作应当自然流畅。应在镜前进行全身测试。在开始前回顾动作说明与图片，保证动作正确。如果不确定如何运动，请先做几次试试，找找感觉。

过顶深蹲　测试

过顶深蹲用于评估髋部、膝盖、脚踝和脊柱在双侧位、对称和功能方面的灵活性和稳定性。该项目需要你有较好的关节活动度，并实现所有活动部位的稳定与协调。这项测试有些困难，因为你需要屈曲臀部以下的整个下半身，并伸展臀部以上的整个上半身。即使你的关节活动度没问题，你也需要有较高的神经肌肉协调度。即使学员的关节活动度较好，他们也往往要么全身屈曲，无法保持手臂高举过头顶，要么全身舒展，无法完成深蹲。

在过顶深蹲动作中的关节活动度，关系到你在使用滑雪板时可以吸收和控制多少力量。想想看关节活动度较高的弹跳动作。你跳起时展示出的身体灵活性明显优于关节活动度较低的弹跳。本动作中，你在深蹲的同时将木棍举过头顶，以评估肩部的双侧位和对称灵活性，以及胸椎的灵活性。以上结果关系到你在雪地上表现出的运动模式。你很快会看到，本项测试中发现的问题也会成为你在雪地上自由滑行的障碍。

如图2.2所示，过顶深蹲需要先站立，双腿分开与髋同宽，手持木棍，将双臂举过头顶。屈曲脚踝、膝盖和髋关节，缓慢降低身体至深蹲位。深蹲至低位时，你的股骨处于或通过水平位置，此时应保持躯干和胫骨呈相同角度。让膝盖与双脚对齐，避免外展或内收。背部伸展，回归站立位。上述动作再重复两次。如果你发现自己在做代偿性动作，比如踮起脚跟，请在脚跟下方放置垫板，再次做深蹲。

　　如果你能正确完成过顶深蹲动作，表明你的踝部、膝盖和髋部都能屈曲自如，脊柱上部和肩膀也能自由伸展。上述动作与你在滑雪板上动态屈曲和伸展的动作模式相关，比如当你通过雪丘或坡面时。如果在测试中发现自己进行了代偿性动作，那么你在滑雪过程中，在通过某些地形或障碍物时，你也会遇到困难。比如说，你会弯曲腰部以缓冲崎岖坡面或厚度不一的积雪层。表2.1给出了过顶深蹲测试的评分规则和功能性动作提升训练的方案。

图2.2　过顶深蹲测试

表2.1　过顶深蹲测试的评分规则和功能性动作提升训练

分数	功能性动作提升训练
3分 如符合以下情况，评3分： ●你轻松下蹲至腰部，木棍保持在双脚垂直面上，膝盖与双脚对齐 ●髋部灵活性和稳定性显而易见，躯干与胫骨平行	无须进行纠正性功能训练即可保持3分。但仍建议4～6周后再次测试。
2分 如符合以下情况，评2分： ●你的上半身与胫骨平行 ●你的股骨处于或低于水平位置 ●你的膝盖与双脚对齐 ●木棍与双脚或脚趾对齐 ●你在脚后跟下置入了2英寸（1英寸≈2.5厘米，后不再标注）的调整块	如得分为2分，可以每周执行以下练习3～4次进行改进： 稳定性 ●深蹲渐进式（第94页） ●哑铃深蹲式（第95页） ●后跟下沉深蹲式（第95页） 灵活性 ●触足渐进式（第96页） ●跨栏步（第96页） ●靠壁蝴蝶坐式（第97页） ●深蹲伸展式（第97页） ●股四头肌和髋屈肌伸展式（第97页）
1分 如果脚跟需垫起2英寸，且符合以下情况，评1分： ●你的胫骨与上半身未保持平行 ●你的股骨高于水平位置 ●你的膝盖未与双脚对齐 ●你的腰部出现弯曲 ●双脚外展或内收	如得分为1分，可以每周执行以下练习4～5次进行改进： 稳定性 ●迷你带行走（第95页） 灵活性 ●触足渐进式（第96页） ●股四头肌和髋屈肌伸展式（第97页） ●胸部90度伸展式（第98页） ●稳定球伸展式（第98页）

如果你的下半身无法屈曲，你身体的其他部位就会产生屈曲动作以进行代偿。有些动作问题不是很明显，需要更长的时间才能发现。滑雪中，驼背是一个常见的问题，其原因在于下半身灵活性差和膝关节活动度不足。你很快就会发现，你在雪地上的不良表现只是问题的表象，而非根源。因此，诸如"不要驼背"等指示无法解决下半身灵活性差的问题。

单腿蹲 测试

单腿蹲是让单腿承受全身的重量，以评估膝盖的稳定性和髋部的灵活性。这是一项重要的测试，因为在高速滑雪时，精英滑雪者在外侧滑雪板承受的压力可能达到体重的三倍，尤其是在转弯时。如果滑雪者平衡能力较差，导致身体位置哪怕偏离数英寸，他们应对地形突变或转弯冲力的能力也会大打折扣。如果你站不稳且有人推你，你就很容易被推倒；但如果你站姿稳定，位置协调，推倒你就需要更大的力量。单腿蹲与深蹲一样需要你达到一定的身体机能要求。在测试中观察你身体左右两侧的不对称状况。左右失衡可能会导致受伤，以及影响你在山地滑雪转弯时的动态平衡。

进行图2.3所示单腿蹲时，双脚分开与髋同宽，将重心放在一条腿上（可使用垫板垫起脚跟）。单腿支撑身体，缓慢下降至蹲位，使大腿与地面平行。身体回归站立位，重复上述动作三次。如果出现代偿性动作，请将垫板置于脚跟下，再次进行运动。

图2.3　单腿蹲测试

你的髋部动作应顺畅自然，单腿下蹲时各关节协调运转，姿势规范到位，下蹲后随即自然起身。起身后另一只脚轻轻着地，恢复身体平衡，准备用另一只腿进行单腿蹲动作。该动作与滑雪中多次变换方向所用动作类似。如果你拥有良好的稳定性和灵活性，你就能很好地应对高山滑雪中遇到的侧位压力和地形变化。良好的关节灵活性和核心稳定性可以帮助你更轻松掌握新的动作。雪地上的单腿训练也有助于提高你的关节活动度。

如果你在健身房内无法做到单腿平衡，你在雪坡上也一定无法做到。单腿平衡是高山滑雪的一项基本技能要求，因为脚踝、膝盖、髋部和核心相互衔接，将力量传导到滑雪板上。进行单腿蹲时应关注身体轻微的代偿性动作，例如膝盖外展或内收。滑雪过程中，此类动作会破坏臀部与滑雪板的对位，导致力量传递障碍。另外，常见的错误还包括一侧肩膀下沉、腰部弯曲等。在室内练习中发现的灵活性和稳定性问题都应通过提升训练加以矫正，不然你在雪地上也会犯同样的错误。单腿蹲测试的评分规则和功能性动作提升训练请参见表2.2。

表2.2 单腿蹲测试的评分规则和功能性动作提升训练

分数	功能性动作提升训练
3分 如符合以下情况，评3分： ●单腿肌肉可单独用力 ●你的上半身与胫骨平行 ●你的双肩与地面平行 ●你的膝盖与脚对齐 ●你的背部挺直，且在下蹲时腹部肌肉收缩	无须进行纠正性功能训练即可保持3分。但仍建议4~6周后再次测试。
2分 如符合以下情况，评2分： ●你的上半身与胫骨平行或略微前倾 ●你的双肩与地面平行 ●你的膝盖与脚或脚趾对齐 ●你的背部前移或后仰 ●你的下肢灵活性不足，包括踝关节等 ●你因肩部紧张或髋部无法正确屈曲而做出代偿性动作 ●你用垫板进行了矫正性调整	如得分为2分，可以每周执行以下练习3~4次进行改进： **稳定性** ●单腿蹲渐进式（第99页） ●实心球单腿蹲（第99页） ●迷你带单腿蹲（第100页） ●单腿平衡（第100页） **灵活性** ●臀肌单腿桥式（第102页） ●腿部升放式（用弹力带）（第103页）
1分 如符合以下情况，评1分： 你的上半身与胫骨不平行 双肩未保持水平 膝盖未与脚或脚趾对齐 你的单侧或双侧髋关节弯曲不良	如得分为1分，可以每周执行以下练习4~5次进行改进： **稳定性** ●室内鹳式站立（第100页） ●手抓膝踝式（第101页） ●单腿平衡（第100页） ●单膝跪式（第101页） ●举手单腿蹲式（第101页） ●辅助绳单腿蹲式（第102页） **灵活性** ●腿部升放式（第103页） ●股四头肌和髋屈肌向后伸展式（第104页） ●前弓伸展式（第104页） ●哑铃单膝跪式（第103页）

旋转稳定性

体育运动中很多功能性动作都需要躯干的稳定肌将力量不对称地在上下肢之间进行传递。例如，在转弯复原时，快速切换雪刃时和滑雪板转向时，都涉及这种力量传递。旋转稳定性测试需要学员有较好的协调性和核心稳定性。滑雪过程中，有时需要由外侧滑雪板支撑身体，同时维系坚韧的力量，因而也需要类似的动作协调与力量传递。腿部旋转对于稳定性也有较高的要求，因为你的上半身需要面对下落线。旋转稳定性测试可以显示出你在运动上下肢时躯干的稳定性好坏。良好的核心稳定性是提高髋部灵活性和改善上下半身之间双侧动作的基础。

旋转稳定性测试。让肩部和臀部呈90度角，膝盖和手相距6 ~ 8英寸。右臂和右腿离开地面，右臂指向前方，右腿指向身后。接下来，让右肘与右膝相触，同时保持平衡。回到伸展位置。再次做上述运动并保持背部尽量平直，然后回到起始姿势。在左侧重复上述动作。如有必要，你可以做适当调整，用右肘触碰左膝。用左臂和右腿做对侧动作，如图2.4所示。

图2.4　旋转稳定性测试

表2.3　旋转稳定性测试的评分规则和功能性动作提升训练

分数	功能性动作提升训练
3分 如符合以下情况，评3分： ●你能完全控制你的腿部，同时保持核心力量 ●你正确完成了单侧动作，且脊柱平行于地面 ●你的膝盖和肘部在相触时对齐	无须进行纠正性功能训练即可保持3分。但仍建议4 ~ 6周后再次测试。
2分 如符合以下情况，评2分： ●你正确完成了一次对侧动作，且脊柱平行于地面 ●你的膝盖和肘部相触时对齐，但你有时动作会略有偏差或失稳	如得分为2分，可以每周执行以下练习3 ~ 4次进行改进： ●双臂交替前平板式（第105页） ●平板渐进式（第105页） ●弓步斜砍式（第106页）
1分 如符合以下情况，评1分： ●你无法完成对侧动作 ●身体扭曲和失衡 ●你的膝盖抬起或肘部反复触地	如得分为1分，可以每周执行以下练习4 ~ 5次进行改进： ●半跪棍式（第106页） ●髋部侧转式（第107页） ●健身马式（第107页） ●膝平板式（第108页） ●稳定球扭转式（第108页） ●坐姿旋转式（第108页）

如果你因为躯干稳定肌虚弱而力量耗尽，你在滑雪时就容易转弯过度，因为你在转弯时无力控制旋转力。你也有可能无法完成整个转弯动作，导致速度和方向失控。一次转弯完成至下一次转弯开始的间隙期非常重要，因为在此期间，你上半身稳定，但腿部却在施力旋转。你脚踏滑雪板翻过山丘时，虚弱的核心肌肉不能给你支撑。你唯一的办法是全身旋转绕行，这样是很低效的。你会习惯于用上半身旋转。

而且，如果你在每次转弯后无法稳定核心，你就难以利用弯道产生动力。坐在高脚椅上旋转，你需要反向控制上半身和下半身的运动，这也正是在滑雪小回转中的力量作用机制。你肩膀向左扭转，用臀部把高脚椅向右转，身体上下两部分的运动方向恰恰相反。你会产生拉伸感，并用核心肌肉回弹。动作减慢或停止时，你就能朝相反方向扭动和甩动身体。旋转稳定性测试的评分规则和功能性动作提升训练可参见表2.3。

测试 　**侧弓步**

侧弓步测试模拟了高难度立刃和刻滑动作中的侧位柔韧性和核心力量要求。除了测试髋关节的侧向活动度外，侧弓步还评估你外侧腿伸展、内侧腿屈曲时躯干保持正直的能力。滑雪者常常伸开外侧腿，向上半身位置相反方向施力，以立起板刃，获得更小的转弯半径和更高的转弯速度。内侧腿屈曲让髋部位置降低，以实现更高的立刃角度和更小的转弯半径。很多滑雪者的侧向关节活动度不够，所以他们在转弯时的力度和速度都受到影响。

侧弓步结合了单腿蹲和深蹲两种动作的益处，因为你用一条腿做蹲姿，另一条腿侧弓。在大回转中也会用到这个动作，即外侧腿伸长，内侧腿屈曲。为抵御转弯时的离心力，你的外侧腿必须伸展和保持正确位置。你一旦踏上雪地，雪道上变幻莫测的环境会对每个动作提出更高的要求。

侧弓步的做法如图2.5所示。先朝一侧迈开步子。把重心放在一条腿上，髋部、膝盖和脚踝屈曲，缓慢下蹲。另一条腿保持伸展，脚平放在地面上。尽可能低地下蹲，或下蹲至大腿平行于地面。双脚稳扎地面，脚尖朝前。挺胸，目视前方。以上动作每侧做三次。

身体对滑雪板的受力与施力需要从核心出发，由下半身进行一系列的动作。上半身则起到持续平衡和稳定承重的作用。想象你正在推动一张餐桌。如果你推动的角度有偏差，你的力量会分散，因为从你的胸肌、手臂、手到餐桌之间没有形成一条直的压力线。如果你在推动桌子前将手臂和肩膀对齐，你就可以施加

图2.5　侧弓步

更强的力量。滑雪转弯时你的脚踝、膝盖和髋部侧位对齐也是同样的道理。如果你的位置相对于滑雪板中心过于偏内或偏外，你的直线力量会减弱。位置放在滑雪板中心是最好的。侧弓步测试的评分规则和功能性动作提升训练请参见表2.4。

表2.4　侧弓步测试的评分规则和功能性动作提升训练

分数	功能性动作提升训练
3分 如符合以下情况，评3分： ●你的大腿内侧拉力均衡，身体重量集中在屈曲腿的脚踝上 ●动作流畅，无须教练纠正或外部调整 ●你的大腿与地面平行 ●你的膝盖不会滑至脚的前方 ●脚尖始终朝前 ●你的拉伸腿能完全伸展	无须进行纠正性功能训练即可保持3分。但仍建议4～6周后再次测试。
2分 如符合以下情况，评2分： ●你可能感觉到体侧伸展，但关节活动度一定程度受限 ●你的大腿与地面平行 ●你的膝盖不会滑至脚或脚趾的前方 ●你的膝盖与脚对齐 ●脚尖始终朝前 ●你的拉伸腿能完全伸展 ●你需要在屈曲腿下放置垫板以帮助对齐体位	如得分为2分，可以每周执行以下练习3～4次进行改进： **稳定性** ●举手后弓步（第109页） ●哑铃直臂侧弓步（第109页） **灵活性** ●交叉弓步下压（第111页） ●内收肌与外展肌弹力带拉伸式（第112页）
1分 如符合以下情况，评1分： ●你的体侧关节活动度受限 ●你的大腿没有与地面平行 ●你的膝盖滑至脚的前方 ●你的膝盖未与脚对齐 ●你的跟进腿无法保持伸展 ●你需要在屈曲腿下放置垫板以帮助对齐体位	如得分为1分，可以每周执行以下练习4～5次进行改进： **稳定性** ●弹力带旋转式（第110页） ●弹力带臀部拉伸式（第110页） ●稳定球侧弓步（第110页） ●举手侧弓步（第111页） **灵活性** ●虫式（第112页） ●脚踝拉伸式（第113页） ●股四头肌拉伸式（第113页） ●弹力绳侧臀内收（第113页）

三维滑雪运动

由于滑雪运动是一项三维运动，因此有必要理解身体的三个运动平面。虽然在滑雪时身体在三个平面都有运动，但出于简便起见，以下章节只介绍每个平面的基本知识。

冠状面

冠状面如图2.6（a）所示，一条垂直线将身体分割为前后两部分。侧行滑雪上坡时动作集中在冠状面。你立起板刃，弯曲腿部，逐渐将重力施加在滑雪板上。随着技术愈发熟练，你会以另一种方式平衡体重，逐渐将重心从右雪板移至左雪板。这样使动作显得自然且协调，它属于专业滑雪员的高速滑行技能。

矢状面

矢状面如图2.6（b）所示。垂直线将身体分为右侧和左侧。如果你移动身体的任何一侧，都在这一平面上运动。滑雪过程中，所有涉及上下、前后屈曲的动作都在矢状面进行。初学者平滑通过小雪丘时，恰恰需要进行这些上下屈曲、前后屈曲动作，因为你必须屈伸你的双腿以在多变地形中维持滑雪板与雪地的接触。高级滑雪者可尝试有难度的颠簸线以体会这个平面的运动。此情况下，你需要较大的关节活动度以控制在多变地形高速滑行产生的作用力。

横平面

如图2.6（c）所示，横平面将身体分成上下两部分。

横平面上的滑雪动作包括旋转、腿部外展和内收以及上下半身反向拧转等。想象你上半身不动，同时扭动双腿。你扭动双腿时，骨盆保持静止，从而维持身体核心的功能稳定性，同时建立双腿扭动的坚实支点。

这个动作称为"拧转"，对立刃和外侧滑雪板上半身体的平衡起到辅助作用。转弯程度越激烈，你在骨盆位置感受到的拧转度越大。

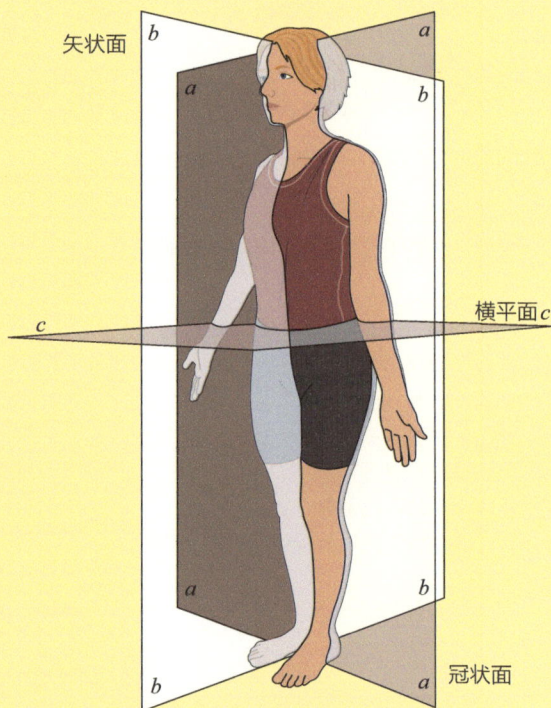

图2.6　运动平面：(a) 冠状面，(b) 矢状面，(c) 横平面

身体认知

在滑雪时的身体认知类似于想象你的后脑勺是什么样子的。你可以做到，但你要停下来思考一下。头脑清醒，身体认知较强的滑雪者常常能在行进中灵活变换运动模式，但很多运动员却需要专业教练提供有效反馈和动觉指导。在任何情况下，认识到你的运动模式和运动质量，对于优秀的滑雪表现和伤害预防来说都是必不可少的。培养身体认知，可以帮助你将健身房中学到的功能性动作运用在山地滑雪中。

以下身体认知练习在雪地上进行，它们提供了身体在应对各种力量时的确切感知。细细找到身体的感觉，你就能更好地改进动作。做这些练习的最有效方式是在你开始滑雪前几分钟，因为这样你能保持你的身体认知记忆。功能性动作评估与身体认知练习相结合，可以有效指出你的弱点与局限，指导你进行滑雪训练。

垂直运动

这项感知练习旨在让你意识到身体在外力作用下如何稳定脚踝、膝盖、臀部和脊柱的相对位置。笔直站立，感受你关节之间的张力。让同伴站在你身后，突然对你的肩膀施加压力（图2.7）。突然的压力会迫使你本来放松的关节弯曲或瘫软，这时你的感知就出现了。有些人在压力下屈曲身体。你的感觉也许会让你吃惊。这项练习可以看作是教学环节，因为你现在能够接受有关信息，找到改进姿态和姿势以保持身体稳定的方式。

如果你的身体协调且均衡，你可以抵抗向下压力。你只是在脚踝、膝盖和臀部位置略微屈曲，同时保持姿态稳定，对脚下滑雪板有良好的感知。如果你的关节过度屈曲，或者身体完全失衡，很明显，你的整体位置协调和稳定性存在弱点。对姿态稳定性和关节灵活性的感知可以帮助你应对雪地上的各种挑战。图2.8展示了在转弯时正确的运动姿态。

图2.7　垂直运动练习

图2.8　转弯时正确的滑雪姿态

常见的姿态错误原因在于垂直运动的支撑力量不足（问题在于矢状平面）。表2.5列出了这些错误及其原因和纠正方法。

表2.5 垂直运动中的错误

错误	原因	纠正措施
关节过度屈曲，身体呈低蹲姿态	关节过度屈曲是因为你试着贴近地面以保持稳定，或者你在收缩肌肉以防范风险	有些运动需要爆发动作和快速反应，也会出现类似现象。此情况下正确的姿态应该是经典的预备姿势。均衡屈曲所有关节，为上下运动做准备
站立姿态过高。关节过度伸展或不当伸展	让关节达到活动度极限的最大伸展是由于在上行动作中过度代偿所致。过高的姿态让你的重心远离支撑面，因而破坏你的身体平衡	保持高度适中的姿态，你才能高效旋转或上行、下行、侧行移动
驼背姿态	如果你的臀部僵硬，垂直运动受限，你就会背部弯曲，呈驼背姿态。如果你的核心虚弱，你的肩膀会收圆、收紧（即驼背）以稳定虚弱的躯干	保持挺胸，让脊柱与地面垂直。让脊柱和小腿之间的角度与屈曲度相适应。过度屈曲让你的身体太过前倾，屈曲太少则使身体后仰

测试　前后运动

滑雪运动中，你为了应对各种作用力，需要向上下前后四个方向调整身体。僵硬的姿势、低档的器材和关节的硬化都会妨碍你的运动恢复和高效动作。找到该运动面最佳的平衡点，可以赋予你安全与功能性。以下练习告诉你如何调动关键肌肉群以稳定姿态。首先面对你的同伴，不带滑雪板。你和你的同伴都应站立并做好稳定滑雪姿势。你们都应双手置于胸前，然后击打对方的手，试图让对方失去平衡（图2.9）。双手仍置于胸前，继续面对同伴。一旦你的脚移位，练习就结束。

这项练习可以帮助你感知身体前部和后部肌肉群。你的肌肉用力保持稳定姿态，以抵抗同伴的推力。此练习具有教学意义，因为你找到了在雪地多变条件下的运动感觉，包括在速度和地形方面。滑雪过程中，前后作用力始终存在，但强度会不断变化。你缓慢从斜坡滑下时，你的肌肉需要非常协调地做前后运动以保持平衡，而在雪道中间，你需要保持姿态；另外，你还会遇到雪丘、深雪环境等，身体不得不前后倾斜。

a

b

图2.9 前后运动练习

这些情况都需要肌肉的前后运动。

　　在与同伴的练习中，你的身体需要前后调整。那么，你在遇到特定地形和条件时，滑雪会加速或减速，因而你同样需要调整。差别在于，你会首先在脚上感受到作用力，而不是从手上。图2.10展示了滑雪者在复杂条件下保持行进的姿态。

　　常见的姿态错误原因在于前后运动的支撑力量不足（问题在于冠状面）。表2.6列出了这些错误及其原因和纠正方法。

图2.10　复杂条件下的滑雪姿态

表2.6　前后运动错误

错误	原因	纠正措施
下半身关节过度屈曲，但上半身过于笔直，看上去像有木棍绑在背上一样	起点低效，动力链不均衡屈曲导致体位不对齐，膝关节和腓肠肌压力过大	滑雪前单足跳行两次！在平地轻轻着地，感觉到关节在协调位置以吸收落地时的冲力。这是一项很好的热身练习
姿势向前倾斜，好像脚被鞋筒固定一样	这是因为你的身体过度向前移动以找到舒适感。你在尝试采用更具冲击性的姿态	滑雪鞋的穿着应以舒适为宜，你的脚在各方位受力应均衡。保证束带绷紧，让鞋筒充分套住你的脚踝。从这个基础位置，你的身体可以前移和后移
无法按预期进行姿势调整	原因在于恐惧。恐惧会让你无法发挥出自己的应有技术，让你用本能反应代替技术的运用。你的重量后移，滑雪鞋的后部贴住你的小腿	勇敢尝试转弯、上下坡、翻转和走刃，不要回避。小腿的调整可以让你的动作保持高效和准确。你要给自己设立目标，满怀信心地去执行

横向运动

离心力让你的重心偏离滑雪板的支撑点。随着速度的增加，你的重心偏移越来越大。本练习在同伴的帮助下，可以让你找到身体偏离支撑点的感觉。以收拢姿态站在两位同伴中间，身体保持协调和绷紧。你的同伴把你左右推动，而你应相信他们都会接住你（图2.11）。你会感觉自己像钟摆一样倒来倒去。控制自己，不要朝推力方向迈开步子，注意身体是否存在位置不协调的情况。这项练习具有教学作用，因为你的腰部的弯曲或瘫软都表明，你在滑雪运动中的横向运动产生的力量会影响你的姿态与位置协调。图2.12是滑雪者转弯的动作示例。该滑雪者用整个身体立起滑雪板，展示出横向运动，类似于倚靠在自行车上。

常见的姿态错误原因在于横平面或矢状面的支撑力量不足。表2.7列出了这些错误及其原因和纠正方法。

a

b

图2.11 横向运动练习

图2.12 滑雪者在弯道处倾斜

表2.7　横向运动中的错误

错误	原因	纠正措施
你驾驭滑雪板进行转弯时无法让重心离开支撑点	你不敢越过滑雪板以开始转弯	在平地上练习原地越过滑雪板。与骑自行车类似，你需要借助离心力越过滑雪板和提高转弯速度。滑雪时，你如果鼓起勇气加快速度，就可以体会到和骑自行车一样的感觉
你惧怕进入滚落线，无法将重心移至下板上	如果无法在下板发力，你就会依赖于上板	在下板上保持平衡。练习在单条滑雪板上找平衡，可以帮助你巩固横向平衡的能力
你没有充分利用板刃	你的滑雪板放得太平，无法感受到板刃的作用	练习立起板刃和在滑行过程中收刃和再次立刃。以山坡为依靠，练习腿部的收放
你的手部位置太低或太靠后，或者你的肩部和臀部朝外侧扭曲。每一个姿势错误都会干扰体侧的姿势力学	由于惧怕滚落线，你的身体过于向内倾斜，导致位置不良，难以为下一次转弯做准备	练习基本的横向运动姿态，改善侧位对齐，并为下一次转弯做准备

旋转运动

　　在转弯过程中，你的上半身发挥着重要作用。你重量较大的上半身与重量较小的下半身发生相对旋转。你上半身运行减缓或停止时，旋转作用力就传递到你的腿部。很多初学者都用这种方法转弯，因为使用大肌肉启动转弯过程会容易些。这种方法虽然好用，但它是一种低效的方法，它在转弯结束

图2.13　旋转运动练习1

时会破坏你的平衡。最有效的转弯需要你稳定核心，并用内收肌和外展肌扭动双腿。有两项练习对旋转运动有帮助。

　　在第一项练习中，你站直身体，持平滑雪杖置于身体前方。让同伴拧转滑雪杖，你则在旋转面上抵抗同伴的作用力（图2.13）。检验自己的方法在于体会你是否失去支撑力，以及你的上半身是否能抵抗同伴的拧转动作。让同伴拧转滑雪杖时，你的核心肌肉会收缩，你抵抗拧转的能力也会得到提高。

　　在第二项练习中，你先做出滑雪姿态，用滑雪杖保持平衡（图2.14）。为了让腿部旋转更加灵活，你可以抬高站立的中间位置，比如使用固定器的鞋头。将双腿向右侧旋转，然后再向左侧旋转。在关节活动度允许的范围内，你的双腿从一侧转至另一侧时，臀部应保

持稳定。此项练习除了改善旋转运动外，还有很多其他功能，正如在第 9 章中，该练习用于练习转腿（见第 148 页 "固定器转腿式"）。上述练习同时进行会非常有效，因为它们把核心稳定性与髋部和骨盆的灵活性结合了起来，帮助你找到感觉。

常见的姿态错误原因在于旋转运动或横平面相关的支撑力量不足。表 2.8 列出了这些错误及其原因和纠正方法。

图2.14 旋转运动练习 2

表2.8 旋转运动中的错误

错误	原因	纠正措施
腿部进入弯道前，胸部和上半身先行旋转进入	你运用上半身进入转弯过程，因为腿部肌肉动作更为微妙，而上半身的粗糙动作却比较容易	学习稳定你的核心，以及旋转和倾斜腿部，实现用腿部和滑雪板进入转弯过程
转弯开始时，你的手臂绕过身体	你的内侧手臂朝弯道内甩动，上半身也在内旋	进入转弯时稳定你的手臂和躯干，并学会驾驭你的双腿
你的上半身和下半身始终面朝同一方向	你无法分离上半身和下半身。但这项技能对进阶滑雪和高速滑雪来说却是不可或缺的	努力稳定你的核心。这样能帮助你的下半身主动旋转，无论你的上半身朝向哪个方向

通过功能性动作测试和身体认知练习了解自身，对于制订滑雪训练计划非常有帮助。找出你的最薄弱环节，针对身体失衡和动作局限进行改进，以获得更好的滑雪表现并长期保持身体耐力。

即使运动测试与提升训练仅仅增强了你对动作的感知，你也算迈出了滑雪运动表现提升的第一步。在大多数情况下，上述练习都能帮助你找到滑雪表现不好的原因，例如身体失衡、关节活动度不足等，另外还有因平衡度不佳导致技能提升受限的问题。你只有通过测试结果了解自身，才能有的放矢地制订合适的计划。解决了以上问题，你就可以登上金字塔的下一阶梯——滑雪体能。在功能性动作和体能方面打好基础后，你就可以开始在技术和战术方面发力。

第 3 章

滑雪体能训练

　　本章先讨论体能训练方式，然后讲解如何制订适合自己的锻炼计划。很多勤奋的滑雪者在滑雪季到来之前根据健身杂志或滑雪网站上的指导参与平地健身训练。此类训练比什么都不做要强，但它不如有针对性的锻炼计划有效。你需要根据自己的心肺功能和肌肉弱点，以及力量和敏捷性的差距制订属于自己的训练计划。通过测试掌握基本情况后，你可以采用定制的方法，更快打造强健体魄。

　　运动表现金字塔中的体能层级包含力量运动和全身体育运动两部分。想象你在多变地形和条件下滑雪2～5小时，在陡坡上进行短程快速转弯，在平地上进行长距大回转，跳跃通过障碍物，以及屈曲各关节在崎岖山地上进行运动缓冲。你的肌肉始终处于活跃状态，它们收缩和协同收缩，保持你在滑雪板上的平衡，为你的运动提供力量和弹性。你的脉搏会根据坡道情况而有所不同，每段滑雪后可能会达到最大心率的70%～90%。本章的评估部分测试你的整体体能基础，并提供相关改进建议。与第2章类似，金字塔体能层级各部分对于整个运动计划都是至关重要的。如不加以重视，你会有受伤的风险，而且水平提升比较有限。

通过定制练习计划的执行，你让全身都活动起来，以适应滑雪运动。填补了体能方面的缺陷后，你就能进行技术和战术的学习，继续提升自我。评估体能水平时，你需要在四个方面找到改善空间。

让我们从"质量重于数量"这句老生常谈的话开始。你在进行体能训练前必须打好运动基础。如果基础不牢靠，你就会产生代偿，重复进行低效的运动模式。强化金字塔中的功能性动作环节，方能为体能训练打好基础。运动基础对于耐力、力量、爆发力和敏捷性的培养非常重要。掌握了功能性动作要求后，你现在可以详细了解金字塔中体能训练层级了。

滑雪体能概念

耐力、力量、爆发力和敏捷性构成金字塔的体能层级。耐力和力量是身体的发动机和燃料，是身体运动的基础。你的体能水平决定了身体的长期耐用性和对慢性损伤的敏感性。爆发力和敏捷性类似于燃料注入，它提供最初的动力，让身体动起来或者加速。

滑雪运动的大多数伤害都出现在当天最后一次滑行中。因为你疲倦了，你的身体后仰、内倾、倚靠在滑雪杖或任何支撑物上，以维系最后几次回转。无意间，你凭借结缔组织在转弯时支撑体重。突然间，你的身体后仰。你用最后的力量起身向前，但"砰"的一声，你倒下了！滑雪者最常见的伤害在于膝关节和髋关节。原因多数在于疲劳和姿势错误。耐力、力量、爆发力和敏捷性是你预防受伤的安全保障，它们让你安全滑过最后几个斜坡，即使受伤也会帮助你复原。

心肺适能

心肺适能或称耐力，让你能在雪道上连续做8～10次的冲滑运动，然后只在乘坐滑雪缆车时稍做休息。高山滑雪要求你的耐力能够达到连续数日运动，维持单次长时间滑行，每次转弯次数在10次以上。较高的有氧运动素质让你有足够的能量恢复，可自由滑行至想去的地方以及紧随同伴的脚步。你需要有足够的能量储备，以加大力度克服困难，比如地形或积雪厚度突变让你失去平衡。

人的心肺系统分为三大部分：有氧系统和两部分无氧系统，即乳酸系统和非乳酸系统。在有氧条件下，肺将氧气输送至肌肉，氧气作为燃料延长你的运动。剧烈运动一段时间后，你的肺无法再继续提供足够的氧气。你超过了乳酸阈值。接下来是更为短促和强劲的无氧阶段，即能量不由氧气供应。单次长时间滑雪时，你可以体会到无氧运动的感觉。

滑行到中途，你的呼吸变得困难，腿部开始发酸。当你超出自己的极限时，无氧爆发力就会发挥作用，但在最后3～20秒才会生效。这种爆发力让你能够越过障碍，快速转弯或在差点摔倒时起身，从而避免受伤。幸运的是，雪道通过缆车相连，你在乘坐滑雪缆车的 7 分钟内可以很好地休息。你的体能越好，动作越高效，你就越容易保持有氧状态。滑雪初学者常常因为剧烈运动，很快就进入无氧状态。

要培养耐力，你可以做你喜爱的运动，如用滑雪杖徒步、越野跑、山地骑行和公路骑行。这些都是最佳的活动选择，因为你可以自由调整运动强度，进行高强度、中等强度和低强度运动。虽然大多数人都比照中等心率水平训练，但改变运动强度可以更好地改善心肺适能。有效的心肺基础训练计划包括 20 秒 ~ 5 分钟的连续无氧运动和 30 分钟及以上的低强度有氧运动。调整有氧运动的强度，让你能够在运动时与同伴对话。由于无氧运动更为耗力，你只能随便说点简短的话。在骑车爬升或快跑时，运动强度也可以达到这种水平。超过无氧阈后，请每次保持适中运动强度 2 ~ 5 分钟。在 20 秒 ~ 2 分钟的高强度用力时，无氧爆发力最为明显。在这种运动强度下，你无法说话，因为你的肺需要吸收大量的氧气。

肌肉适能

力量是指你在任一时间点可以做的功。而力量耐力指你做功可持续的时间。因为在滑雪运动中需要消耗巨大的力量，所以季前的力量训练非常重要。世界级滑雪选手的身体看上去就像美国橄榄球联盟（NFL）的后卫球员一样健壮！滑雪者需要一定的爆发力和力量来进行滑雪和保持健康。对大多数学员来说，练就橄榄球员那样的一身肌肉有点过头了，但壮实的腿部、核心和背部肌肉可以让你在快速转弯和多变地形中保持稳定。健壮的滑雪者可以长时间发挥最高水平，保持良好的运动模式，并减少对结缔组织的压力。在这方面，一种成功可以促成另一种成功。当你的身体更加强壮时，你就能滑行得更久、更努力地发挥更好的技术。

滑雪运动的肌肉力量训练与一般的体能训练不同。时下很多力量训练项目由单项或分组练习组成。这些练习能让你看上去更健壮，并擅长某个平面的运动，但滑雪需要的是另一种力量。滑雪所需的肌肉力量涉及平衡、关节大范围活动、关节稳定性和三个运动面的肌肉协调。

滑雪也是一项平衡运动。你的身体自然平衡越好，你保持平衡所依赖的肌肉力量就越少。但即使平衡最好的运动员也需要力量应对转弯和崎岖地形。他们在一天的滑雪过程中一定会遇到这种情况。滑雪训练需要同时在平衡和力量两方面进行。在练习肌肉群的同时挑战你的平衡能力。比如，在平衡球上做俯卧撑，或在泡沫滚轮上深蹲。

类似肱二头肌弯举等力量练习是单一维度的，对于滑雪体能的训练而言，它们的有效性不如在多平面上同时练习稳定性、协调性和力量。在训练中使用平衡球或弹力带，可以将单一维度的力量训练变成三维立体训练。例如，滚轮练习需要躯干和臀部的肌肉群支撑身体，也需要原动肌参与进行推举。滑雪相关力量训练必须同时照顾到稳定肌肉群和运动肌。使用重力器材进行太多力量训练是不值得推荐的，因为它忽视了稳定肌的训练。

初学者滑雪的山地是单维度的。这是一种易于滑行且平缓均匀的山坡，滚落线和地形都比较一致。但高级滑雪道是三维的；你需要不时应对多种多样的地形和条件，所受到的作用力时而增大，时而减小。重力器材和单维度练习对于初学者而言没有问题，因为它适合初学者的坡道。随着你不断取得进步并尝试不同的山地坡道，你应进行多维度练习，比如使用自由重量器材或者朝各种方位运动你的身体。这样能帮助你掌握专业地形滑雪所需的技能。练习抵抗重力器材施加的外力，正如你抵抗山地产生的外力一样。体育运动中应对多变环境的能力来源于你在多个平面强化核心肌肉和稳定肌肉。

这些练习不仅能增强力量，而且能让你对平衡更敏感。滑雪过程中，你需要不断面对凹凸不平的路面、坡度和速度变化等。用各种不同的强度、重量和动作刺激你的肌肉，是一项专门针对滑雪类运动的有效的力量训练方法，因为它可以产生与你在复杂地形和山地条件下滑雪时相同的混合神经信号。

随着各种地形和外部条件消耗你的能量库存，力量耐力的作用就显现出来，它决定了你能维持多长时间肌肉的最大力量。比如在窄坡道上做50个单腿跳，这就是对力量耐力的考验。它与纯粹肌肉力量有所不同。你在腿部推举中推动尽可能大的重量，使用的就是纯粹肌肉力量。你在第2章的功能性动作训练中培养的肌肉力量、耐力和稳定能力都是滑雪运动所需要的。

爆发力和敏捷性

滑雪运动中，爆发力和敏捷性都涉及能量的迅速爆发。但如果没有耐力和力量作为前提，爆发力很难发挥出来，而爆发力对力量起到推动作用。如果没有爆发力，力量就始终处在不稳定状态，无法完全施展。你可以通过增强式训练、快速起止动作和快速力量运动提升爆发力，从而缩短反应时间和在失去平衡时进行复原。大多数人都做过跳绳运动，知道如何在每次摆绳时成功跳过它。这是最基本的快速反应肌肉运动。滑雪相关爆发力训练包括使用敏捷梯进行快速脚步活动、在各运动面跳箱以及进行快速跑步训练等。第8章将详细讲解这类运动，阐述其在体能和滑雪训练中的重要性。

爆发力和敏捷性可以决定你动作的准确性，你的脚速，以及你在多个平面快速协调的能力。滑雪中的动态转弯需要肌肉群协调运作，包括伸展、屈曲、转动等，以便在转弯时保持平衡和控制脚、滑雪板和雪地的相互作用。如果在各种体能素质中，爆发力和敏捷性较弱，你的动作会比较迟缓。你将无法实现精准转弯，而是迈着沉重的步伐和胡乱滑行。

滑雪体能评估

熟能生巧！如果你在功能性动作和体能方面准备充分，你滑雪时就能充分利用雪地上的宝贵时间。在功能性动作和体能层面的不足会让你形成不当的滑雪习惯，进而影响你的滑雪技术，甚至导致伤害的发生。提前进行测试，可以找到你的弱点，以免日后对代偿性动作形成习惯。囫囵吞枣地进行测试会产生问题，你将无法在技术和战术上取得进步。对成功者而言，滑雪是有趣的，但对于基础不扎实的人来说，这项运动却疲于应付。打好技能基础，才能充分享受滑雪的快乐。

　　你可以根据自己的喜好和条件，在健身房内或室外进行以下体能评估。评估旨在确定你的心肺适能、肌肉适能、爆发力和敏捷性中的强项和弱项。精准评估可以直接找出你最需要费时改进的方面。

　　但最终目的在于制订有效的训练计划，改善与滑雪相关的身体素质。与第2章中的功能性动作评估类似，你会发现自己体能的不足，比如在耐力测试中总是力量耗尽，或者在快速起止练习中腿部无力等。以上宝贵信息能帮助你制订适合自己的训练计划。评估还能指出你肌肉力量的失衡。肌肉力量失衡会导致受伤，因为我们会做出不利于专业滑雪和关节功能性动作的适应性动作。不过，你的近期体育锻炼和当前营养水平也会影响你的测试结果。在测试的前一天，请好好休息并恢复体力，以发挥最佳水平。

　　心肺适能测试可以反映你不同的训练水平，帮助你在不同强度的训练中找到自信。力量测试则检验肌肉发育和力量中的失衡因素。爆发力和敏捷性测试可以告诉你，如何在各个平面按照不同的速度和强度运用力量。评估结果分为四个档次，分别为3分、2分、1分和0分。

- 3分。心肺测试中得3分表明你的有氧和无氧运动基础都不错。你能在较高的输出水平上运动，而且你知道如何改变训练方式以达到最佳效果。力量测试中得3分意味着你的力量基础较好，完全可以应对滑雪过程中的各种作用力。你的核心力量让双腿能够独立、自由地运动，以实现精准转弯。爆发力和敏捷性得3分表明你能在多种强度下运用力量，也能调整肌肉输出的速度。在大多数情况下，体能测试中得3分表明你的身体素质均衡，可以进阶开始滑雪技术和战术的练习。

- 2分。心肺测试中得2分表明你的大多数指标达到了基准水平，但表现与最佳水平相比仍然略有差距。你在训练中没有变换速度、强度和时长。你在力量测试中的表现与心肺适能的弱点有关，因为耐力与力量联系紧密。你在高强度运动后常常疲惫无力。有些运动是你喜欢的，但你也同时讨厌做某些运动。所以，你的肌肉能力存在失衡，表现出代偿与弱点。你的爆发力和敏捷性变动较大，有时你表现不错，但有时你像小鹿一样无力。特别当你疲劳时，你无法维持自身的水平。

- 1分。得1分表明你需要进行更多训练，才能安全地进入技术和战术阶段。你的得分频繁低于3分和2分的基准线。你在滑雪或做测试练习时总是呼吸急促。你的肌肉僵化，核心力量的不足破坏了你的平衡。你的爆发力和敏捷性仅限于短时间发挥，随后便因输出水平低下而失去作用。

- 0分。如在测试的任何环节出现疼痛，得0分。让医生详细检查你的疼痛部位。医学检查可以确定你的动作受限情况以及引起疼痛的身体错位问题。

　　在评估环节请使用体能评估表（图3.1）找出自己需要在哪些方面进行提高。本评估表用做体能测试中的参考。在进行评估和记录结果的过程中，你会留意到自己的强项和弱项。保留评估表以便日后参考。

滑雪体能测试	分数	提升训练	评价
心肺适能			
有氧运动	☐3 ☐2 ☐1		
无氧阈	☐3 ☐2 ☐1		
无氧功	☐3 ☐2 ☐1		
肌肉适能			
上半身力量（俯卧撑）	☐3 ☐2 ☐1		
核心力量（仰卧起坐）	☐3 ☐2 ☐1		
下半身力量（深蹲）	☐3 ☐2 ☐1		
爆发力和敏捷性			
爆发力（跳箱测试）	☐3 ☐2 ☐1		
敏捷性（六边形测试）	☐3 ☐2 ☐1		

摘自：C. Fellows, 2011, *Total Skiing* (Champaign, IL: Human Kinetics).

图3.1　体能评估表

　　你的分数会随时间变动，请使用评估表进行跟踪。它是你改善自身的路线图，可以帮助你在今后的训练中有针对性地克服体能障碍。

心肺适能评估

　　心肺测试评估是你的心脏功能达到滑雪要求的能力，它也能衡量你的肌肉系统清除剧烈运动产生副产品的能力。心肺功能是最容易跟踪的指标，因为你的心率和呼吸与运动表现息息相关。随着运动量的增加，当你的肌肉需要更多氧气和营养物质，最终都会在心肺功能方面得到反映。当你运动减速或停止后，你的心率和呼吸会回归正常水平。请记下你的恢复时间。你回归正常的速度越快，你的有氧能力越强。你维持高负荷、低心率和运动自觉水平的时间越长，你的无氧能力越强。以下测试评估你的心肺适能，并指出改善空间。

有氧评估

强大的心肺系统是你运动可靠的动力来源。如果你欠缺有氧能力，你总是会落在别人身后，气喘吁吁也无法跟上步伐。良好的耐力基础可以不断给你的身体提供能量。如果氧气供应不足，你的思考和决策能力都会受限。滑雪过程中的错误判断是危险的，会造成灾难性的后果。高效的动作和充足的能量供应可以让你有更优秀的运动表现，而且能预防受伤。

心肺适能的评估需要先找出你的心率区间。最大心率（HRmax）的常见公式是用220减去你的年龄，但这个公式只适合一半的人口。最大心率取决于多种因素，如年龄、训练水平和体育运动史等。我们另外采用更准确的公式来计算。首先，在起床时测量每分钟心跳次数（次/分），即静息心率（RHR）。数出自己在15秒内的心跳次数，然后乘以4。测出静息心率后，套用以下公式：[（220 – 年龄 – RHR)×60% ～ 70%] + RHR = 训练区间，即最大心率的60% ～ 70%。比如年龄为40岁，RHR为60次/分，则最大心率的60%为：[（220 – 40 – 60）× 60%] + 60 = 132次/分。而最大心率的70%则为144次/分。因此，该滑雪者的低强度训练区间为132 ～ 144次/分。你可以留意两个公式的结果差异。其实它们的差别并不算大。

另一种检验自己运动区间是否合适的办法是使用1 ～ 10的尺度衡量运动自觉量（RPE）。低强度区间的RPE为5 ～ 6，中等强度区间为7 ～ 8，而高强度（高难度）区间则为9 ～ 10。训练时可以随时测量运动自觉数值。如果你在中等区间运动，但你的RPE仅仅是5（尺度为10），请上调5%，使你的RPE与运动强度区间相符。一旦你的心肺适能达到高难度要求，你就可以跟踪你的最大心率了。你甚至可以参考180的最大心率进行训练。随着你的体能的提高，你可能会达到186的训练心率。这时你应该根据新的最大心率重新计算运动区间。

确定运动区间后，通过表3.1中的示范运动进行测试，以评估自己的有氧水平。如果在表3.1中规定的时间内运动时，你的心率仍在区间1，你基本上就可以看出自己的有氧水平了。如上所述，如果你无法或难以在区间内维持某项运动，你就会获得与区间号相应的得分。比如，如果你能在区间1坚持跑步30分钟或30分钟以内，你得分为1分。你必须能够在区间1跑步30 ～ 60分钟，才能获得2分。你需要在区间1跑够至少60分钟，才能得3分。

表3.1　区间1连续运动的有氧评分和训练计划

活动	有氧训练计划		
	1分	**2分**	**3分**
长跑	每周进行3 ～ 4次30分钟及以内的长跑，每周跑步时间增加5%	每周进行2 ～ 3次30 ～ 60分钟的长跑，每周跑步时间增加10%	每周长跑1 ～ 2次，每次60分钟以上，即可保持该水平
公路骑行	每周骑行3 ～ 4次，每次60分钟及以内，每周骑行时间增加5% ～ 10%	每周骑行2 ～ 3次，每次60 ～ 90分钟，每周骑行时间增加10% ～ 20%	每周骑行1 ～ 2次，每次90分钟以上，即可保持该水平
山地骑行	每周骑行3 ～ 4次，每次40分钟及以内，每周骑行时间增加5% ～ 10%	每周骑行2 ～ 3次，每次40 ～ 60分钟，每周骑行时间增加10% ～ 20%	每周骑行1 ～ 2次，每次60分钟以上，即可保持该水平

做完每项测试后，观察你的心率花多长时间降低40次。你的目标是在1分钟内让心率降低40次，这样才算是有氧运动基础良好。心率的恢复与你的无氧能力有关，可以帮助你确定你在第二项测试中能完成多少组运动。

无氧评估

确定了你的有氧适能水平后，接下来你需要测试自己的无氧能力。如果你在第一项测试中得分为1分，请先按计划训练2～3周，然后再进入第二部分测试。

由于本部分测试使用之前确定的区间2，所以请注意你的心率应在区间之内。在区间1热身5～10分钟，进行你喜欢的拉伸练习，因为本部分测试非常考验你的做功能力。热身后，练习3分钟的动作组。在尽量短的时间内把心率调整至区间2，并在接下来的测试中保持在该区间。3分钟后，降低运动强度至慢速行走或骑行的水平，观察心率2分钟，看它降至什么水平。你的目标是让心率在2分钟内降至区间1。

如果心率降至区间1的时间超过2分钟，则测试结束。至少需等48小时后才能再做测试。如果心率在2分钟内降至区间1，请再做一次3分钟练习，将心率上调至区间2。你练习得越久，你就越容易将心率提高至区间2。但如果你体能非常好，则另当别论。如果你的体能非常好，在相同时间内，你就需要花更多力气将心率提升至区间2。在主动休息期，你的心率会迅速下降，因此需要进一步提升以回到区间2。但体能相对较弱的人可能只会恢复至区间1的顶部临界。你的目标是快速回到区间2，保证在区间2内完成更多的分组练习。如果你体能不错，你在刚开始练习时需要付出更多努力。随着练习时间的延长，所有滑雪者都会难以及时恢复至区间1。因此，你需要反复地运动和恢复，你能完成的分组练习越多，就表明你的体能越好。

不断重复进行3分钟分组练习和随后的2分钟积极性休息，同时监测你的静息心率，直至它在休息期无法再恢复到区间1。如果你的心率在2分钟内未恢复，请再休息3分钟以完成测试。接下来，请记录你完成的分组练习次数，用该数据在表3.2中确定你的无氧测试得分。

对于大多数人而言，他们的大脑和心脏在努力指挥身体运动以提升心率，但身体的能量已然无法应付，他们已无力快速奔跑，爬上陡坡或加速骑行。如果你属于这种情况，表明你的肌肉功能已无法满足心肺系统的需要。在地面运动中提升心率会比较容易，如徒步、跑步、爬楼梯等，因为你需要克服重力作用。但在骑自行车时提升心率却比较难，因为骑行是一种依靠惯性的运动，不太受重力影响。每次分组练习的时间保证为3分钟，因为你的心脏并不能识别你的运动，它只负责在你运动时供血。虽然也有例外情况，但通常只需3分钟你就能滑完整条雪道。

如果你在无氧阈测试中得分为2分或更高，你就可以进行无氧爆发力测试了（见表3.3）。上一项测试得分在2分以上，是进行本项测试的前提条件。你还需要在区间2训练至少2星期。本项测试为区间3做准备，挑战性比较高。所以请确保你在精神和身体上做好在疲劳条件下进行高水平测试的准备。先热热身，积蓄足够的力量。

表3.2 区间2中3分钟分组测试的无氧阈评分规则与训练计划

分数	无氧训练计划
3分 如果你能做6组或更多组3分钟分组运动，每组在区间1内主动恢复2分钟，评3分*	每周做2次3 ~ 5分钟分组运动**，便可保持3分水平或者进一步提高
2分 如果你能做4组或更多组3分钟分组运动，每组在区间1内主动恢复2分钟，评2分*	进一步提高2分水平，需要每周做2次3 ~ 4分钟的分组运动**
1分 如果你只能做3组或少于3组3分钟分组运动，每组在区间1内主动恢复2分钟，评1分*	提高1分水平，需要每周做2次2 ~ 3分钟的分组运动**

* 你在2分的主动恢复期结束时或在分组运动间歇期时心率必须回归至区间1。否则，请再恢复3分。
** 更多信息请参见第8章。

表3.3 区间3中30秒分组测试的无氧爆发力评分规则与训练计划

分数	无氧爆发力训练计划
3分 *如果你能做8组或更多组30秒分组运动，每组在区间1内主动恢复1分30秒，评3分*	保持3分钟水平或进一步提高，需要每周做2次30秒 ~ 2分钟的分组运动**
2分 如果你能做5 ~ 7组30秒分组运动，每组在区间1内主动恢复1分30秒，评2分*	进一步提高2分水平，需要每周做2次30秒 ~ 1分钟的分组运动**
1分 *如果你只能做4组或少于4组30秒分组运动，每组在区间1内主动恢复1分30秒，评1分*	提高1分水平，需要每周做2次20 ~ 30秒的分组运动**

* 你在2分钟的主动恢复期结束时或在分组运动间歇时心率必须回归至区间1。否则，请再恢复3分钟。
** 更多信息请参见第8章。

你的热身运动中，应留出至少5分钟练习测试项目。热身后，进行30秒短促、高强度、有氧的运动，让自己接近于长跑、骑行（山地或公路）、爬楼梯或椭圆仪健身的运动状态。主动休息1分30秒，重复进行上述运动。你在休息时心率必须能够恢复到区间1。如果你无力继续运动或者感到不适，请停下来再休息5分钟。

正常情况下，你应该在第三组运动中达到区间3，但在第一组和第二组运动中难以让心率达到高强度区间，因为你首先激发的是你的肌肉系统。你的肌肉可能尚处于疲劳状态，因而难以激发全部的心肺适能。如前文提到的，身体各系统始终都在相互作用。系统间功能也是相互依赖的。你只能分步前进以挑战你的极限。在无氧爆发力测试中，得1分需要你完成4组运动；得2分需要完成7组；而得3分需要完成8组或8组以上。

随着你体能的增强，你慢慢可以承受更高的负荷，也更容易在较高心率下运动。然后你就可以将两个或三个区间结合到同一次运动中，让训练更加有效。如果你在心肺适能评估的三大项目（有氧、无氧和无氧爆发力）中得分都在2分或2分以上，你就可以混合不同心率区间进行练习。第8章提供了混合心率区间训练的示例，参见第121页。应注意，只要心肺适能练习要求在区间3进行，该项练习则被视为高难度练习。你应避免长时间进行超出自己承受能力的训练。比如，你在区间3剧烈运动30秒后，应降低强度，在区间2运动3分钟，然后再次重复。这种方法有助于身体缓冲运动中积累的乳酸，将它转化为能量，维持接下来的3分钟运动。

肌肉适能评估

以下测试评估与滑雪有关的肌肉适能，具体涉及力量和耐力两方面。滑雪运动对全身的肌肉都有着适能要求。虽然只练习腿部会导致肌肉发展不均衡，但很多滑雪者在季前训练中往往也只关注腿部力量的训练。我们应关注全方位的力量运动，包括核心力量（用于稳定姿势和调整平衡）、上半身力量（用于分离上下半身动作、反向动作、点杖），以及下半身力量（用于惯性滑行和腿部旋转）。良好的全身肌肉平衡对于预防伤害和发挥最佳水平来说至关重要。在运动平面上找平衡需要重复进行肌肉运动。肌肉耐力提供能量，让你长时间连续地在雪道上滑行，而不是中途就败下阵来。

以下评估中的短促发力练习符合高山滑雪的要求。真实的评估结果取决于你坚持做完最后的练习。日后可以重新评估，以跟踪你的进步情况。俯卧撑测试用以检验你的上半身肌肉耐力。仰卧起坐则侧重于你的核心，你应该连续进行，不要打破动作的节奏。下半身的深蹲测试重在考验肌肉输出和耐力。以正确的姿势重复深蹲动作，直至你感到疲劳和身体失去平衡。

上半身力量评估

本测试中，你需要一次性完成尽量多的俯卧撑动作。做俯卧撑时请使用一个约3~4英寸（8~10厘米）高的物件，如球体或枕头等。它可以帮助你调整好身体下降的幅度。俯卧撑用于测试你的上半身力量。请先做好俯卧撑姿势并找准胸部位置。把物件置于你的胸部下方。你的身体从肩到踝应呈一条直线，用手臂开始俯卧撑运动。降低你的身体，让胸部触碰到物件，然后撑起身体，这样就完成一次动作。不要暂停或休息，完成尽量多的次数。滑雪体能和上半身力量测试的评分规则和提升训练请参见表3.4。

表3.4 俯卧撑测试的上半身力量评分规则与提升训练

分数	上半身力量提升训练
3分 如符合以下情况，评3分： ●男性完成45个俯卧撑或以上 ●女性完成20个俯卧撑或以上	以下练习每周2次，可保持3分或进一步提高： ●俯卧撑（第124页） ●稳定球俯卧撑（第124页） ●哑铃卧推（单臂交替）（第125页） ●脚部抬高仰卧划船（使用稳定球）（第125页） ●跪姿单臂划船（双腿跪）（第126页）
2分 如符合以下情况，评2分： ●男性完成21~44个俯卧撑 ●女性完成10~19个俯卧撑	如得分为2分，可以每周执行以下练习2~3次进行改进： ●俯卧撑（双脚垫高）（第124页） ●哑铃卧推（双臂）（第125页） ●脚部抬高仰卧划船（双脚垫高）（第125页） ●跪姿单臂划船（单腿跪）（第126页）
1分 如符合以下情况，评1分： ●男性完成俯卧撑在20个以内 ●女性完成俯卧撑9个以内	如得分为1分，可以每周执行以下练习3~4次进行改进： ●俯卧撑（双手垫高）（第124页） ●胸部推举（第126页） ●水平划船（第127页） ●颈前下拉（第127页）

核心力量评估

上半身评估完成后，请测试你的核心力量。核心虚弱产生的代偿性动作包括在崎岖路面滑雪时低头，弯腰协调核心与大腿，以及在弯道内斜倚前行等。以上不良动作起因于依靠身体的被动连接结构，而没有发挥核心的力量。挤压和依靠无法承受作用力的身体结构，可能会导致摔倒或损伤。就身体结构而言，上述结构受力会引发疼痛。产生上述不良动作的滑雪者活动起来就像布娃娃一样松散无力，因为他们在小回转时无法协调上半身与下半身的动作。他们的平衡易于受到积雪条件和地形的影响。

请观察专业运动员与物体发生冲撞时的动作，例如棒球、高尔夫球、网球、足球、骑行、滑雪和骑马等动作。运动员的核心收缩、稳定下来并准备爆发。两个身体部位间的正确聚力方式类同于打响指。试试看，在不形成任何扭力的情况下打响你的拇指和中指。你没法打出响声。现在用心在两指间制造阻力。随着两指间扭力的增加，拇指稳定不动，而中指的肌腱收紧，准备快速释放。滑雪过弯道时，你在臀部积蓄力量，离开弯道时释放力量，然后前往下一个弯道。这就是爆发力的产生方式。以下核心力量测试评估你的弹性肌肉的张力。弹性肌肉在你的核心聚力，并在适当时机释放你的双腿。与打响指一样，核心的功能性张力可以动态释放你的双腿、双脚和滑雪板。

进行核心力量评估，先要仰卧平躺，膝盖屈曲呈90度，脚后跟接触地面。手臂在胸前交叉，脚趾朝里，脚跟朝外。如果你的电脑或手机有节拍软件，请设置为每分钟打55个节拍。按节拍做仰卧起坐，节奏均匀，每次节拍响起时你都起身或卧下。只要你跟不上节奏，就结束测试，记录一下你做的次数。滑雪体能和核心力量的评分规则和提升训练参见表3.5。

表3.5 仰卧起坐测试的核心力量评分规则与提升训练

分数	核心力量提升训练
3分 如果你能做40个或更多仰卧起坐，评3分	以下练习每周2次，可保持3分或进一步提高： ●仰卧起坐掷实心球（胸前传球）（第128页） ●侧掷实心球（第128页） ●单杠提膝（第129页） ●站姿划桨（第129页）
2分 如果你能做20～39个仰卧起坐，评2分	如得分为2分，可以每周执行以下练习2～3次进行改进： ●仰卧起坐掷实心球（过顶传球）（第128页） ●侧掷实心球（第128页） ●仰卧举腿（负重）（第129页） ●站姿划桨（第129页）
1分 如要你做仰卧起坐的次数少于或等于19次，则评1分	如得分为1分，可以每周执行以下练习3～4次进行改进： ●仰卧起坐（第130页） ●仰卧举腿（不负重）（第129页） ●站姿划桨（第129页）

测试 **下半身力量评估**

开始此项评估前，回顾第2章，确保自己掌握了正确的技术。你应该能够正确完成深蹲动作，并在功能性动作测试的过顶深蹲和单腿蹲项目中得分为3分（见第11~14页）。

开始下半身力量测试时，站在椅子前，仿佛即将就座。双脚分开与髋同宽。脊背竖直，下蹲并用臀部轻触椅面，然后立即起身。继续以正确姿势做上述下蹲练习，直至疲劳为止。记录你下蹲的次数，作为小腿力量的基线值。滑雪体能和下半身力量的评分规则和提升训练参见表3.6。

表 3.6 下蹲测试的下半身力量评分规则和提升训练

分数	下半身力量提升训练
3分 如果你能做25次或更多次下蹲，评3分	以下练习每周2次，可保持3分或进一步提高： ●单腿前蹲（负重并垫高后脚）（第131页） ●侧弓步（负重并肩部推举）（第131页） ●稳定球桥式（单腿屈曲）（第132页） ●罗马尼亚硬拉（增加重量）（第132页）
2分 如果你能做10～24个下蹲，评2分	如得分为2分，可以每周执行以下练习2～3次进行改进： ●单腿前蹲（手置于后脑，后脚垫高）（第131页） ●侧弓步（负重，不做肩部推举）（第131页） ●稳定球桥式（双腿屈曲）（第132页） ●罗马尼亚硬拉（增加重量）（第132页）
1分 如果下蹲次数少于等于9个，评1分	如得分为1分，可以每周执行以下练习3～4次进行改进： ●单腿前蹲（不负重，脚部不垫高）（第131页） ●侧弓步（不负重）（第131页） ●稳定球桥式（第132页） ●罗马尼亚硬拉（使用木棍）（第132页）

爆发力和敏捷性评估

最后一轮测试包括跳箱和六边形测试。跳箱可检验你的整体爆发力和下半身的爆发耐力，因为你需要在规定时间内反复跳跃。六边形测试考验你在规定区域运动的速度。你保持姿态的能力以及在多个平面控制身体的能力都可以得到评估。而且，六边形测试可以暴露出你的左右失衡，比如哪一侧强于另一侧。

表现优秀的滑雪者拥有快速的脚步动作，而且能长时间快速朝任何方向运动，所以他们能胜任多种地形和条件。六边形训练和跳箱等敏捷性练习可以增强你的适应能力，从而可以朝任意方向控制你的滑雪板，而不是被动地被地形或积雪所影响。

爆发力评估（跳箱测试）　测试

跳箱比其他测试更为困难，因为它同时涉及肌肉力量、力量耐力、爆发力和爆发耐力。实现了上述指标的均衡后，你就拥有了更强的滑雪运动爆发力。低次数的大重量练习可以培养纯粹肌肉力量和爆发力。高次数的小重量练习培养肌肉耐力。而滑雪运动对爆发力和力量都有一定要求。跳箱还可测出无氧乳酸耐力，这也是心肺系统功能的一部分。如果你的无氧乳酸失衡，你就无法给肌肉供应足够的血液，进行多次动作。本测试中，大肌肉也有涉及。大肌肉在疲劳时会产生灼热感，反应速度下降。

先通过全身深蹲检验自己是否具备足够的整体爆发力以完成本测试。你必须能够正确完成15个深蹲，并保持形态自然，大腿相互平行。如果你无法按第2章第11页的说明进行上述练习，请不要尝试本测试。先做一次跳箱以评估整体爆发力，如果连这个也无法完成，你应该休息或结束当天的练习。整体爆发力用于在单次滑行中完成多次转弯或跳跃。单次跳跃需要爆发力，而你还要将它转化为爆发耐力，连续完成多次跳跃。多次跳跃要求你保持良好的形态，且下半身拥有不错的力量和耐力。

为获得准确的测试结果，你需要注意跳箱的高度。初学者使用高度6英寸（15厘米）的跳箱，同时要有可以舒适站立的起跳平台。双脚分开与肩同宽。如果这对你太容易，请使用12英寸（30厘米）高的跳箱。如果你是高级运动员，可以选用16英寸（40厘米）高的跳箱。你的目标是在分配的时间内上下跳跃尽可能多的次数。双脚必须同时起跳和着地。单脚起跳或着地的次数不做记录。首先，站在跳箱的顶部。计时开始后，跳至地面上，然后立即跳回到箱体上，这是一次动作。

如果你从未做过这项测试，请从1级开始。能完成第1级，就可以接着做第2级。一开始就做最高级别会比较困难。本项测试的难度与体形有关，但与性别无关。即使你一次跳跃都无法完成，也给自己打1分。能跳第1级，但无法达到第2级，也给自己打1分。如果能完成2分阶段但无法完成3分阶段，给2分。如果能完成3分阶段，给3分。计时90秒，记录你跳跃的次数。

增强训练方法帮助你学会做这项运动，并逐渐培养相应的体能素质。经常做不同的练习，是对你的本体感受器的一种训练，可以提高适应能力，但在同一项练习中的数量提升，是更为明显的一项进步，能提高你的积极性。滑雪体能和肌肉爆发力测试的评分规则和增强训练参见表3.7。

表3.7　跳箱测试的爆发力评分与提升训练

分数	肌肉爆发力提升训练
3分 如果你能在90秒内用16英寸跳箱做70次或更多次跳跃，评3分	以下练习每周2次，可保持3分或进一步提高： ●侧向跳箱（第133页）：每组20个，做6组，组间休息1分钟 ●团身跳（第134页）：每组10个，做4～6组，组间休息1分钟 ●单腿交替跳箱（第133页）：每组6个，做4～6组，组间休息1分钟 ●侧向跳栏（第134页）：每组8个，做3组，使用12英寸栏架 ●跑步上坡和步行下坡（第134页）：6步为一组，以最快速度完成
2分 如果你能在60秒内用12英寸跳箱做30～69次跳跃，评2分	如得分为2分，可以每周执行以下练习2至3次进行改进： ●侧向跳箱（第133页）：每组20个，做4～5组，组间休息3分钟 ●团身跳（第134页）：每组5～10个，做1～3组，组间休息3分钟 ●单腿交替跳箱（第133页）：每组6个，做1～3组，组间休息3分钟 ●侧向跳栏（第134页）：每组4个，做3组，使用12英寸栏架 ●跑步上坡和步行下坡（第134页）：12步为一组，以最快速度完成
1分 如果你能在30秒内用6英寸跳箱做0～29次跳跃，评1分	如得分为1分，可以每周执行以下练习3～4次进行改进： ●侧向跳箱（第133页）：每组20个，做1～3组，组间休息5分钟 ●团身跳（第134页）：每组20个，做1～3组，组间休息1分钟 ●单腿交替跳箱（第133页）：每组20个，做1～3组，组间休息1分钟 ●侧向跳栏（第134页）：每组6个，做3组，使用12英寸栏架 ●跑步上坡和步行下坡（第134页）：24步为一组，以最快速度完成

敏捷性评估（六边形测试）

六边形测试可以衡量你快速运动并同时保持平衡的能力，也就是你的敏捷性。身体敏捷性能帮助你从棘手处境中脱身。搭建敏捷性测试的环境也较为容易。先准备好秒表，选好坚硬的地面环境，用粉笔或运动贴布勾勒出一个六边形。六边形的每一边都有24英寸（60厘米）长，每个角都为120度。测试开始时，站立在六边形的中间，双脚并拢，面朝前方。秒表开始计时，你跳过第一条边，然后越过该边跳回至六边形中心。继续面朝前方，双脚并拢，跳过六边形的第二条边，然后跳回。顺时针方向依次跳过每一条边并折返，共循环三圈。再次测试，这次按逆时针方向跳三圈。在起始线上做标记，以跟踪每次循环。你循环跳动三圈所需时间就是你的得分。

以上两次测试中，取最佳分数为你的得分。对比顺时针和逆时针循环的结果，看看你身体左右两侧是否存在动作失衡。就每侧情况给自己打分。如存在动作失衡，请用星号注明。比如，你偏好使用一条腿或身体某一侧，或者一只眼比另一只眼视觉更好，这都属于失衡状况，可以通过另一边的测试来发现。本测试可以发现动态运动中的肌肉力量不对称情况。

大多数技术性滑雪动作都对爆发力和技巧有同等高的要求。这些动作的组合可以为滑雪增加必要的速度。要再现典型滑雪动作中的短暂爆发力输出，最佳方式就是弹震式敏捷性训练。滑雪运动的肌肉耐力训练让肌肉在规定时间内进行高强度重复动作。滑雪穿过雪丘，进行急转弯或经过陡坡时，上述动作的必要性就显现出来了。以下练习可提高肌肉耐力，并强化训练你在滑雪时需要用到的重复性动作。滑雪体能和敏捷性测试的评分规则和提升训练见表3.8。

表3.8 六边形测试的敏捷性评分与提升训练

分数	敏捷性提升训练
3分 如符合以下情况，评3分： ●男性在11秒以内跳完3圈 ●女性在15秒以内跳完3圈	以下练习每周2次，可保持3分或进一步提高： ●跳绳（第136页）：每组30秒，做3～6组。 ●敏捷梯（之字跳）（第136页）：在整条梯子上跳3次
2分 如符合以下情况，评2分： ●男性在12～15秒内跳完3圈 ●女性在16～18秒内跳完3圈	如得分为2分，可以每周执行以下练习2至3次进行改进： ●跳绳（第136页）：每组30秒，做3～6组。 ●敏捷梯（Z形前跳）（第136页）：在整条梯子上跳3次
1分 如符合以下情况，评1分： ●男性需至少16秒跳完3圈 ●女性需至少19秒跳完3圈	如得分为1分，可以每周执行以下练习3至4次进行改进： ●跳绳（第136页）：每组15秒，做3～6组。 ●敏捷梯（进—进—出—出）（第135页）：在整条梯子上跳3次

通过以上测试发现并改进自己的薄弱环节，你就能强化金字塔最下面两个层级的其中一个能力，从而为今后技能的进一步提升打好基础。耐力、力量、爆发力和敏捷性为你提供原动力和加速动力，以便你应对雪地上的各种挑战。本章的滑雪体能测试符合现代滑雪者的需求。滑雪环境没有改变，但滑雪者的愿望和需求却改变了。只要滑雪者具备一定的体能和技术素质，他们就会给自己设定现实目标，包括越过雪檐、在粉雪上连续滑行1,200英尺（366米）高度、探索陡坡道和实现完美转弯等。与以往不同，滑雪者在60岁和70岁高龄时仍然在保持和提升自己的技能。通过找到优势和劣势，你就能制订适合你个人的完善的滑雪训练计划，无论你身处哪个年龄段。年轻的滑雪者也可以通过以上测试及早发现自己的体能需求，为长时期的水平提升和身体素质保养做好准备。

第4章

掌握关键技术

　　高水平的滑雪者有一个共同点——基本动作方面有扎实的基础。在功能性动作和体能表现环节进行评估后，你找到了改进弱点的方法，接下来就可以全面检查你的滑雪技术了。技术的评估更有难度，而且相比于室内测试来说，其主观性略高。雪坡的条件比健身房内更加多变，每天甚至每小时都有所不同。但幸运的是，技术评估部分的身体对位与运动模式都以滑雪转弯时的基本力学机制为基础，而这些力学机制却是可以测量的。只需观察身体各部分的关系即可，比如身体与滑雪板的相对姿态、身体与雪坡的相对姿态、动作序列、速度和强度等。

滑雪技术概念

从基本姿势开始，到掌握精准刻刃转弯，是一个核心技能不断积累的过程。你如果错过了某个技能要素，动作就会出现错误，进而影响你的技术发挥。如果你已经进入本环节，你仍然可以回顾前面的基础内容。实际上，我们建议不断对技能加以更正。

最基本的正位站姿与斜位站姿构成其余技术动作的基础。滑雪没有捷径可走，你必须掌握良好的站姿，才能高质量地完成各种滑雪动作。转弯的用力机制需要依赖可靠的站姿和对身体基础的信心。你学会了如何转弯，就算是前进了一大步，因为你的滑雪路程增加了，也有能力探索新的雪地区域。

但此阶段出现的错误有可能好几年都一直没有纠正。在高级转弯技术中，转动腿部的同时保持上半身稳定，称为活转，又称上下半身分离。做到这一点，算是一种突破。在滑雪时，你的身体各部分需要同步运动。上下半身的分离的确是一项重要的成就。运用纯熟腿部旋转后，你可以开始学习精准立刃和回刃、压力控制和恢复性动作。在掌握刻滑动作和驾驭雪地条件的过程中，你的自信心会不断增强，你会积极探索新的雪地地形和积雪环境。

滑雪技术的基本目的在于控制你下滑的过程。有效的技术由简单的操作组成，如立刃、旋转、施压和平衡。你运用技能的精准程度不同，身体动作也会在不同程度上影响上述操作。你可能做得更好，也可能做得不好。如果你在滑雪板上的站姿不平衡，你的技术表现会比较差劲，因为你会做出代偿动作以实现旋转、立刃和施压等。平衡的站姿有助于你使用以上技能。接下来，我们详细讲解这些概念。

平衡

平衡是所有技术中的关键要素，它直接决定你能否有效运用技术。滑雪运动的平衡可以通过适当练习和雪地试滑加以提高。如平衡度不佳，你无法实践其他的技术。只要你在滑雪行进中找到平衡，你就可以学习新技能，并不断挑战自我，提升滑雪水平。

旋转

旋转技能中，你的身体发挥其机制，促使滑雪板转动。随着技术的进步，你慢慢可以只转动下半身，同时保持上半身平稳。最有效的旋转也包含施压和立刃，让你能够驾驭滑雪板完成转弯。

立刃

你以斜位站姿站立，板刃切入雪中，这就是简单的立刃。但复杂的立刃包括在结冰雪道上做刻滑转弯等。在这两种情况下，你都能感觉到立刃保持平衡的作用。通过立刃练习，你将学会如何在过弯道时保持平衡，无论是否进行搓雪。熟练的滑雪者擅长使用立刃。他们运用滑雪板的这一设计特征精准控制速度和方向。

施压

滑雪板与雪地相互作用，而你可以通过施加不同的压力影响其相互作用。如果压力太大，滑雪板会扭转、翻转或打滑。但正确的施压动作可以让滑雪板擦平雪面，从而滑行得更加顺畅与平稳。单腿站立在雪板上是一项基本的施压动作，在初学阶段可以显著提升你的技能。对外侧滑雪板施压时，它会自然收放，积蓄力量以供你进入下一个弯道。施压技能的练习帮助你有效吸收地形冲击，并更加自然地伸缩你的关节。

以上技能的结合练习，能让你的技术运用更加精准和有效。随着技术的提高，你会更加专注于滑雪的整体运动，而不是各种技术环节。最终，你能自如地混合运用所有技能，为建立战术打下扎实基础。当然，技术和战术联系紧密，你在进行山地滑雪时可以同时在这两个层面做练习。但正确的技术会让战术的选择更容易，战术的执行更有效。

滑雪技术评估

滑雪技术评估涉及良好滑雪表现所需的基本技术。通过评估，可以找出自己在做正位站姿和斜位站姿时身体对位、关节屈曲、手部位置方面的优势和劣势。腿部旋转、对位调整、屈曲动作、立刃动作和转弯动力都在评估的范围内。平行转弯，包括转弯启动、基本站姿、立刃动作、屈曲动作、雪杖使用和连续平行滑雪等，都属于本节讨论的滑雪技术。最后，进行刻滑转弯评估，重点关注回转对位、换刃启动、侧向屈曲和整洁的弧线雪辙。

滑雪动作量化评估的主观性，是我在执教生涯中遇到的最大挑战。但是，根据我的经验，如果你能理解基本的滑雪动作，并能辨认良好的姿态，你就可以利用这种认知评估自己并做出改变。经过适当练习，你就可以根据你的身体感觉、雪辙外观、摩擦声和滑雪表现评估你的动作，甚至给滑雪技术打分。这些评估可作为你进步的参考。水平提高后，你可以再回顾以往的成绩，了解自己的进步情况。你在技术层面的水平，与前面章节的功能性动作和体能水平一样，决定了你在战术层面可以达到的高度。评估结果分为三个档次，分别为3分、2分和1分。

- 3分。你成功完成任务。你成功做完了所有的评估项目，身体对位达到动态平衡要求，完成了多个转弯序列，并能根据坡度、速度和方向调整你的发力机制。
- 2分。你做完了大多数评估项目，但有少数项目没有成功完成。你在大多数时间都能保持对位良好，但当坡度增加或条件更为苛刻时，你的基本技能无法正常发挥。
- 1分。你有至少数分钟无法保持良好的对位，在转弯时晃动。你的动作控制能力较差，或者无法按评估要求完成动作。

评估时请使用滑雪技术评估表（图4.1）找出自己需要在哪些方面进行提高。通过评估表的填写，你可以看出自己的强项和弱项。评估表是你改善技术的路线图，它能帮助你对症下药，克服滑雪技术障碍。

滑雪技术测试	分数	提升训练	评价
正位站姿	❏3 ❏2 ❏1		
斜位站姿	❏3 ❏2 ❏1		
腿部旋转	❏3 ❏2 ❏1		
平行转弯	❏3 ❏2 ❏1		
刻滑转弯	❏3 ❏2 ❏1		

摘自：C. Fellows, 2011, *Total Skiing* (Champaign, IL: Human Kinetics).

图4.1 滑雪技术评估表

各评估项目都不会占用太多时间。评估结果作为基线数据，可用做技术提升的参考。最好在刚开始滑雪时进行这些评估。它们可以算作热身运动，为你一天的滑雪做好身体准备。你应该理解评估结果的含义，以及它由哪些指标构成。明确了良好滑雪表现的要素后，达到这一目标的途径也就清晰起来。开始雪地评估前，先了解以下注意事项：

- 做评估应选择坡度一致的压雪、空旷雪坡。结冰、崎岖坡面以及近期降雪都会影响你完成任务的效果（全山地滑雪测试请参见第5章）。
- 检查你的器材，确保滑雪鞋已固定，束带已系牢。滑雪板应打蜡，这样有助于自由滑行。板刃应锐利，以便在坚实雪面上保持平衡（更多器材信息请参见第6章）。
- 如果有同伴帮助，请在同伴视线内滑雪，让他看到你的前部、侧面和后部，形成整体观感。如采用视频记录，让观察者放大拍摄你的图像，以便日后观看。

正位站姿

测试

良好的站姿可以让你在下坡滑行和转动滑雪板时更为有效地进行动作。站姿良好，需要你的双脚、双膝、臀部、双肩和双手在侧平面平行，胫骨和脊柱在前后（冠状）平面保持对齐。身体应保持灵活和警醒，以便在滑雪时随时调整。滑雪者的正位站姿如图4.2所示。

滑雪姿势是在早期的训练中养成的，其决定你在今后滑雪生涯中的运动素质和表现水平。很多业余滑雪人士在遇到问题前不在意自己的姿势。即使遇到问题，他们换其他运动，仍然处于困境。在大多数情况下，他们一直没有学到正确的站姿。即使他们学会了正确的站姿，他们也没有坚持下来。但专业的滑雪者可以满怀兴奋地跑到最喜欢的雪峰上，乘缆车一路直

图4.2 正位站姿

上峰顶，俯冲并从雪岩上一跃而起，在后碗处安然落地。但如果把这种"冲击拉伸"作为热身运动，就不值得提倡了。热身与基本姿势的介绍到此结束！有些初学者比较心急，他们没注意站姿的基本训练，而是追求进阶的技术。基本滑雪站姿的每一个细节都值得重视，它们将成为你今后所有动作的基础。经常检查自己的站姿，才能获得最佳表现和良好的长期运动素质。

正位站姿评估时，请选择较缓的雪坡，例如初学者用的绿圈雪道。开始滑行，平放滑雪板，在整个直线滑行期间保持稳定的运动姿态。如果你的滑雪板前后拖移、感觉松动或者板刃受阻，你应该检查一下你的滑雪鞋固定情况（更多信息参见第6章，第82页）。很多滑雪者认为本项测试太简单，是在浪费时间。这是非常错误的想法。正位站姿是滑雪运动的起始点，也是后续技能的基础架构。正位站姿的评分规则和技术训练参见表4.1。

表4.1 正位站姿的评分规则和技术训练

分数	技术训练
3分 如符合以下情况，评3分： ●胫骨和脊柱的角度一致 ●膝盖中心与滑雪鞋中线对齐 ●肩连线、臀连线、膝连线和脚连线相互平行 ●关节屈曲均匀 ●手和手臂处于预备位	执行以下练习即可保持3分水平： **雪地练习** ●雪地侧跨步（第140页） ●雪地弹跳（第141页） **陆地练习** ●侧弓步（第131页） ●侧向跳箱（第133页） ●团身跳（第134页） ●单腿交替跳箱（第133页）

续表

分数	技术训练
2分 如符合以下情况，评2分： ●进行器械调整后，你的胫骨和脊柱角度可以达到一致 ●膝盖中心与滑雪鞋中线相比略微偏里或偏外 ●肩连线、臀连线、膝连线和脚连线大体平行 ●双手位置略微偏低或偏高	执行以下练习以提高水平： 雪地练习 ●雪地拖行（第141页） 陆地练习 ●平板渐进式（第105页） ●单腿蹲渐进式（第99页） ●触足渐进式（第96页）
1分 如符合以下情况，评1分： ●你的胫骨和脊柱线角度不一致 ●膝盖中心与滑雪鞋中线相比严重偏里或偏外（3~6度） ●肩连线、臀连线、膝连线和脚连线不平行 ●关节屈曲各不相同 ●双手位置太低或太高	执行以下练习以提高水平： 雪地练习 ●雪地骑步式（第142页） ●转雪杖（第143页） ●雪地高低式（第142页） 陆地练习 ●室内鹳式站立（第100页） ●健身马式（第107页） ●举手侧弓步（第111页） ●举手单腿蹲式（第101页） ●辅助绳单腿蹲式（第102页）

测试 　**斜位站姿**

　　因为在高山滑雪中，大部分时间都要立起板刃，所以斜位站姿和侧位对齐就变得非常重要。以正位站姿立于平板上的时间比较少，但这一基本站姿是其他动作的基础。正位站姿形成的姿势对位也要用于斜位站姿中，这样才能保持横向平衡并进行有效的立刃和转向。横向平衡是斜位站姿与正位站姿的区别之所在，对于所有转向动作都是必不可少的。无论滑雪者的体形如何，只有当所有关节横向对齐时，才能实现倾斜板刃上的身体平衡（图4.3）。随着坡度和速度的增加，身体各部位的角度也越来越锐利。

图4.3　斜位站姿的身形因体形而各有不同，但基本动作要领对所有滑雪者都是一致的

　　学习斜位站姿的同时，也必须学习基本的横滑要领。横滑指以斜位站姿横越雪山。在早期的滑雪教学活动中，就已经出现了横滑姿势的教学。横滑是绕过陡坡和冰坡的常见技术，也是良好用力机制的基础。如今，学会横滑，是立刃滑雪姿势学习的一项里程碑式成就。横滑时，两板的板刃都会立起，你的体重均匀分配到板刃上。在横越雪山的过程中，你的臀部与双脚对齐，以达到最佳平衡和

板刃抓地效果。在倾斜滑雪板上找平衡需要时间练习，但只要你熟悉了立刃滑行的动作，你就可以基本实现刻滑的横向对位了。当你回过头看到刻入雪地的辙印时，你的心中会充满成就感。

学会在板刃上而不是平板上找平衡，你就从二维滑雪进阶到三维滑雪，即同时在多个平面上运动。在其他体育运动中，速度由内部肌肉力量产生，而滑雪的不同之处在于它依靠重力产生前进运动和速度。专业滑雪者可以在预定雪道上娴熟、高效地滑行，在外部（重力）和内部（肌肉）力量的共同作用下，发挥出他们高超的技术（CSIA 2000）。横平面上的动

图4.4　保持良好的站姿和对位是动态滑雪的基础

态平衡要求在板刃嵌入雪地滑行时实现。在这种情况下保持平衡需要一定的敏捷性和肌肉力量。如果你的身体扭曲或对位不良，你会跌倒在弯道内，而且总感觉难以在滑雪板倾斜时找到平衡。身体部位的活转非常重要；如果上下半身不能分离，你的身体会倾向某一侧，产生的姿势极不利于平衡滑行。斜位站姿要求上下半身在倾斜时保持拧转状态（图4.4）。横向平衡是滑雪进阶的另一项必要步骤。

侧滑

侧滑是基本斜位站姿的变体，需要放平滑雪板并保持对它们的控制（图4.5）。侧滑是控制纯粹横滑速度、熟悉技术和驾驭板刃的一种有效方法。它可以让你匀速横越雪山和下坡滑行。侧滑要先做好斜位站姿，然后用膝盖带动身体下坡滑行。这样做，雪刃抓合会比较少，雪辙也显得杂乱。练习调节板刃角度，直到可以在侧滑时轻松地控制横向和前向的漂移。

图4.5　侧滑

侧滑不仅能控制速度，也是一种渐进转弯的方法。它也可以用于中间刹车，为下一段滑雪路程做准备。使用侧滑技术可以帮助你准备下一个弯道，因为你能放慢速度，找寻到下一段滑雪路线。侧滑常用于改变滑雪板方向以准备进入下一条雪道。放慢几秒找准你的入口点总是有好处的！

斜位站姿是立刃动作和精准转弯的技术基础。如果斜位站姿出现错误，你的滑雪过程不可避免会出现失误。不要忽视这些基本的动作！

评估斜位站姿时，请站立在缓坡上，滑雪板横跨滚落线，立起板刃，并保持身体平稳。山上板头应略微超过山下板头。板头间的偏移是你主要关节和双手横向对位的前提。板头连线应与你双膝、臀部、双肩、双手的连线相平行。你站立在雪坡上，将滑雪杖横放在双膝间，以便于观察（图4.6）。

斜位站姿的评分规则和技术训练参见表4.2。

图4.6 基本对位是获得最佳滑雪表现的基础

表4.2 斜位站姿的评分规则和技术训练

分数	技术训练
3分 如符合以下情况，评3分： ●你的双肩、臀部、双膝和双脚连线平行 ●关节屈曲均匀 ●双手和双臂处在预备位 ●滑雪板在雪地上留下两条整洁雪辙 ●雪辙有明显刻痕且弯曲，向山上延伸	执行以下练习即可保持3分水平： 雪地练习 ●高速斜位滑雪（第144页） ●陡坡横滑（第144页） ●横滑（第145页） 陆地练习 ●平板渐进式（第105页） ●侧弓步（第131页） ●室内鹳式站立（第100页） ●稳定球扭转式（第108页）
2分 如符合以下情况，评2分： ●肩连线、臀连线、膝连线和脚连线大体平行 ●双手位置偏低或偏高 ●滑雪板偶尔留下整洁雪辙 ●雪辙上行趋势多于下行趋势	执行以下练习以提高水平： 雪地练习 ●横滑与反向横滑（第145页） ●陡坡横滑（第144页） 陆地练习 ●髋部侧转式（第107页） ●稳定球扭转式（第108页） ●举手后弓步（第109页） ●平板渐进式（第105页）
1分 如符合以下情况，评1分： ●肩连线、臀连线、膝连线和脚连线不平行 ●膝盖偏内或偏外 ●双手偏内或偏外，过低或过高 ●雪辙不明显或呈间断状 ●雪辙过直或下行明显	执行以下练习以提高水平： 雪地练习 ●小立刃斜位站姿（第146页） ●单板斜位站姿（第146页） 陆地练习 ●室内鹳式站立（第100页） ●健身马式（第107页） ●手抓膝踝式（第101页）

腿部旋转

测试

放下板刃需要一点勇气，但这是启动转弯的最简单方式。滑雪板平放后，刃侧的阻力会减小。启动转弯后，你需要同时旋转腿部和以更大角度倾斜滑雪板，形成基本的平行转弯（更多信息参见以下章节）。转动滑雪板的最有效方法是稳定核心并转动你的双脚和双腿。当然，腿部旋转与天气、地形等因素有关，它们决定旋转的角度、速度、强度和节奏。

腿部旋转也有助于维持身体在外侧滑雪板上的平衡，因为这样可以让上半身与转动的滑雪板形成拧转关系。腿部旋转时，躯干朝外侧滑雪板倾斜以保持平衡。用上半身启动转弯不如用腿部有效。犁式滑行是学习平行转弯前的中间姿势。采用犁式滑行，你可以更慢地旋转腿部，且拥有较宽的支撑面。犁式滑行与平行转弯的用力机制相同，但支撑面与行进中动态参数却不同。（比较两种技术，请参见图4.7和图4.8。）先保持较慢速度，舒适地练习正确的动作，按自己的节奏进步。习惯后再逐渐加速。这样能更容易地在外侧滑雪板上平衡身体，支撑面收窄，但却更加有效。在高速滑行时，外侧滑雪板是你的基本支撑面。

很多滑雪者，包括初学者和专业人士都会因为躯干缺乏灵活性而在腿部旋转中遇到困难。腿部旋转需要保持核心稳定，同时让髋屈肌与臀大肌、腘绳肌和股四头肌协调运作以转动股骨。初学者的常见错误是全身旋转，结果因为没有立刃角度而难以控制速度。擅长腿部旋转的滑雪者知道如何分离腿部与躯干。滑下滚落线时，如果你的技术正确，你在自由转动双腿时，你的上衣的拉链应该面向下山方向。

在任何体育运动中，动态运动时上下半身分离都是一项困难的任务。滑雪运动需要在调整上半身平衡的同时旋转下半身，这让人感觉奇怪，甚至感觉它不可能实现。但当你熟悉该做法后，上下半身分离会和你平时走路一样自然。将注意力放在髋部的球窝关节上，你可以找到上下半身活动的感觉。腿部内侧和外侧肌肉的内收与外展也有助于腿部旋转。

图4.7 犁式滑行

当你坐在椅子上阅读本页时，伸出双腿，把它们完全转向左侧，然后完全转向右侧。这个动作就是基本的腿部旋转。你上山滑雪时也要记住这个简单的动作。不要对这个基本动作进行过度推敲。

进行腿部旋转评估时，选择一个平整的或坡度适中的雪坡，但应足够宽敞，适合中等幅度的腿部旋转。面朝下坡方向，稳定你的躯干，收紧臀肌和腹肌。然后转动你的股骨，横向滑过坡面。如果旋转速度过快，你的滑雪板会打滑，你的转弯动作的自然顺序会被扰乱。如果转动过缓，滑雪板会动作滞后，导致你的双腿劈开。施加压力，使身体与外侧滑雪板对齐。转动你的脚部、踝部和腿部，完成弧线转弯。缓慢将重量移至已换至外侧的另一条滑雪板，重复上述动作。腿部旋转的评分规则和技术训练参见表4.3。

表4.3　腿部旋转的评分规则和技术训练

分数	技术训练
3分 如符合以下情况，评3分： ●基本站姿正确无误 ●腿部独立于躯干，渐进启动转弯 ●关节屈曲及时且均匀 ●上下半身的对位有利于身体对外侧滑雪板的平衡与控制 ●双手和手臂处于预备位；双手之间的等分线与雪坡横切面平行	执行以下练习即可保持3分水平： 雪地练习 ●单板腿部旋转（第147页） ●钟面练习（第148页） 陆地练习 ●髋部侧转式（第107页） ●交叉弓步下压（第111页） ●坐姿旋转式（第108页）
2分 如符合以下情况，评2分： ●基本站姿正确无误 ●你在大多数时间都用腿部启动转弯；在转弯结束时，上半身旋转 ●关节屈曲自然，但有时各关节屈曲不协调 ●双手偏低或偏高，但越过雪丘时双手之间的等分线仍然与雪坡横切面平行	执行以下练习以提高水平： 雪地练习 ●固定器转腿式（第148页） ●叉腰式（第149页） 陆地练习 ●手抓膝踝式（第101页） ●髋部侧转式（第107页） ●稳定球扭转式（第108页） ●健身马式（第107页）
1分 如符合以下情况，评1分： ●基本姿势严重不当 ●转弯由骨盆或上半身而不是由腿部启动 ●关节屈曲不均衡，或未屈曲 ●对位不良导致外侧滑雪板失控和速度控制欠缺 ●双手过低或过高，与坡面不平行	执行以下练习以提高水平： 雪地练习 ●犁式转腿（第149页） ●坡面转腿（第150页） 陆地练习 ●平板渐进式（第105页） ●弹力带臀部拉伸式（第110页） ●弹力带旋转式（第110页）

平行转弯

　　滑雪运动中的平行转弯类似于高尔夫球的挥杆、网球的击触地球和跑步的正确步态。它是一项基本技术，是高水平滑雪的基础。与正确站姿、横滑平衡和腿部旋转相结合，平行转弯是一项动态平衡运动。

　　它涵盖了基本姿势、腿部旋转和动态平衡三要素，通过标准的转弯动作次序来实现。腿部旋转将身体力量传递至滑雪板，并帮助你控制速度和方向。掌握了平行转弯，你就能探索多种地形和条件，进而丰富你的全山地滑雪技能，增强你的信心。平行转弯由一系列的运动模式组成，从正位站姿开始，逐渐启动，进入塑造阶段，完成转弯，然后回到正位站姿（图4.8）。

　　滑雪板走向的一系列定向运动让动力链保持对齐，为流畅的转弯做准备。滑雪过程中，积雪和坡度的变化会让你失去平衡，干扰你的功能性动作，进而妨碍你完成腿部旋转、屈曲、伸展和上下半身拧转。滑雪板走向的前后运动由臀肌和腘绳肌推动。从屈曲位伸展双腿并在滑雪板上保持重心平稳。保持屈曲的后坐姿态，可以防止重心偏移和以不当姿势进入下一个弯道。转弯和屈曲双腿同时进行，引导滑雪板沿弧线运动，是高山滑雪的基本做法。而将平行转弯的技能融入战术中，以应对雪地上的各种挑战，则是你提升自我的下一阶段。

　　做平行转弯技术评估时，选择坡度适中、宽敞的坡面。这样的坡面适合渐进式转弯运动。以合适的速度滑行，为转弯做准备。速度太慢，你开始转弯时就不得不后踩滑雪板；速度太快，你的过渡动作会被扰乱。在转弯开始和结束时留意你点杖的时机。稳定身体核心，重量移至外侧滑雪板，以便精准控制滑雪板与雪地的相互作用。平行转弯的评分规则和技术训练参见表4.4。

图4.8　与高尔夫球挥杆、网球击球、跑步跨步和划桨动作类似，平行转弯涉及基本的滑雪转弯机制

表4.4 平行转弯的评分规则和技术训练

分数	技术训练
3分 如符合以下情况，评3分： ●基本站姿正确无误 ●双腿同时运动以启动平行转弯 ●关节屈曲和伸展动作是渐进的、有节奏的，与转弯的时机和时间相一致 ●弯道间双板放平，在转弯其余过程中身体在平行板刃上保持平衡 ●点杖时机与板刃放平和下一次转弯启动时一致	执行以下练习即可保持3分水平： 雪地练习 ●踏步转弯（第151页） ●点杖和起杖（第152页） 陆地练习 ●单腿平衡（闭眼）（第100页） ●腿部升放式（第103页） ●双臂交替前平板式（第105页） ●稳定球俯卧撑（第124页）
2分 如符合以下情况，评2分： ●基本站姿正确无误 ●双腿同时运动以启动平行转弯 ●关节进行了屈曲动作 ●弯道间双板放平，逐渐进行平行立刃 ●不时进行点杖，且点杖时机与板刃放平时一致	执行以下练习以提高水平： 雪地练习 ●单腿轴转（第152页） ●双板换单板（第153页） 陆地练习 ●室内鹳式站立（第100页） ●平板渐进式（侧向）（第105页） ●举手后弓步（第109页） ●稳定球侧弓步（第110页）
1分 如符合以下情况，评1分： ●基本姿势严重不当 ●双腿依次运动以启动转弯，且外侧腿先行 ●各关节屈曲不协调，或关节未屈曲 ●转弯期间板刃平放，或断续平放与立起 ●无点杖动作，或者在对侧点杖	执行以下练习以提高水平： 雪地练习 ●同步换刃（第154页） ●叉腰抬手式（第156页） ●连环平行转弯（第155页） 陆地练习 ●坐姿旋转式（第108页） ●平板渐进式（第105页） ●手抓膝踝式（第101页） ●实心球单腿蹲（第99页）

测试 **刻滑转弯**

　　用板刃在雪面上刻滑出整洁的弧线，是专业滑雪的一大特征。想象板刃刻入雪里，留下两条平行的雪辙。当你立起板刃支撑身体时，你感觉自己像乘坐赛车在弧形赛道行驶一样，可以轻易地控制速度和方向。当你习惯于从一侧立刃换至另一侧时，你就能实现刻滑了。板刃的快速切换要求你在通过弯道时用外侧滑雪板支撑身体。这项任务比较有难度，但如果你对前期的技能掌握得比较好，包括站姿、横滑、转腿和平行转弯，你就能应对这种挑战。

　　刻滑转弯时的稳定性来源于较大的支撑面（站得更宽些），以及将重量放在外侧滑雪板的中心位置。外侧滑雪板上的姿势对位能协调脚踝、膝盖、臀部和脊柱的动作，从而在恰当的时机施加最大作用力，在弯道刻滑时产生速度。

膝盖、臀部和脊柱产生的横向角度有助于滑雪板与雪面的精确相互作用，促使板刃抓雪。如果你对位不良，你就无法控制精准转弯产生的速度和作用力。

刻滑转弯对板刃切入雪面的情况有较高要求。如果滑雪板切入乏力或震荡不停，你可能会过度轴转。这样就无法实现流畅的转弯。熟悉基本动作后，你应该在刻滑转弯练习时提高准确度。请调整刃角大小进行试验，最终你能通过控制板刃倾斜角度改变转弯的大小。

刻滑转弯中的动态平衡需要你提前立刃并对外侧滑雪板施压。把重心放在单条滑雪板上，倚靠它带着自己滑出整洁、准确的弧线，感觉就像是在学习钢丝平衡技术。习惯了高速刻滑后，你就可以开始向下施力了。滑行会变得愈加神奇。你的身体、器材和雪地完美地互动，给你带来刺激的体验，而你的板刃在雪面上刻出细细的雪辙。刻滑转弯动作如图4.9所示。

进行基本刻滑转弯评估前，应选择雪车道或较容易的绿色雪道，以适应滑雪板的转弯动作。重心放在两条滑雪板上，立起板刃。同时立起两条板刃并开始前行后，先不要拧转或轴转。而要让滑雪板自身带着你通过预定弯道。要相信，即使你的腿部不旋转，滑雪板也会转动并在刃侧保持平衡。刻滑转弯的评分规则和技术训练参见表4.5。

a

b

c

d

图4.9　倾斜滑雪板，使刻滑半径收窄

表4.5 刻滑转弯的评分规则和技术训练

分数	技术训练
3分 如符合以下情况，评3分： ●平行转弯的基本动作正确 ●速度较快，双板板刃刻入力度较大 ●在板刃上保持平衡的倾斜姿势，身体柔软但稳定 ●滑雪板极少打滑，雪辙细长 ●精准立刃形成整洁的雪辙 ●点杖与起刃时间一致	执行以下练习即可保持3分水平： 雪地练习 ●点杖小回转（第157页） ●手触膝刻滑（第158页） 陆地练习 ●哑铃直臂侧弓步（第109页） ●单腿蹲渐进式（第99页） ●迷你带行走（第95页）
2分 如符合以下情况，评2分： ●平行转弯的基本动作正确 ●速度适中，双板板刃轻微刻入 ●姿势总体平衡且略微倾斜 ●启动转弯处雪辙较浅，无刻痕 ●大多数时间都搭配了滑雪杖的使用	执行以下练习以提高水平： 雪地练习 ●腿部交替伸缩式（第158页） ●高级半月滑（第159页） 陆地练习 ●举手后弓步（第109页） ●哑铃直臂侧弓步（第109页） ●髋部侧转式（使用稳定球）（第107页） ●敏捷梯（进—进—出—出）（第135页）
1分 如符合以下情况，评1分： ●平行转弯的基本机制未实现 ●速度较慢，妨碍板刃的刻入 ●全身向坡面倾斜，有时失去平衡和失去对外侧滑雪板的控制 ●在平行转弯时滑雪板打滑，在雪面上留下宽宽的雪辙 ●雪杖使用不当，干扰下坡滑行	执行以下练习以提高水平： 雪地练习 ●横向换刃（第160页） ●外侧拖杖（第161页） ●团身转弯（第162页） 陆地练习 ●侧向跳栏（第134页） ●敏捷梯（Z形前跳）（第136页） ●坐姿旋转式（第108页） ●交叉弓步下压（第111页） ●实心球单腿蹲（第99页） ●团身跳（第134页）

　　滑雪技术的使用，可以提高你在这项运动中的整体表现和支配力。掌握好技术动作，你就能更有信心，更好地驾驭滑雪运动。在开始阶段，你应该掌握基本的动作。复杂动作可以日后慢慢学习，以提高自己的技能。学习过程不会是一马平川的，一定会有挫折和困难。但只要你有恒心，你就能不断进步和突破。

第 5 章

调整全山地滑雪战术

　　假如你掌握了多种滑雪战术，你是不是可以用它们评估各种情形，在复杂的雪山地形中尽情放松和娱乐呢？全山地滑雪要求你有良好的技术水平，并且懂得运用各种战术以应对复杂地形的挑战。战术不仅限于找到最快的下坡路线，而且还包括观察和理解周遭环境，规划转弯的程度和形状，管理速度和选择路线等。战术的灵活运用使你能够本能地适应各种滑雪环境。

滑雪战术及其评估

本章涵盖的核心技能以之前讲解的功能性动作、体能和技术为基础。从基础层面进入战术层面并不是看起来那么复杂。你的第一步是将目光放在自身以外。你需要改变思维方式，从仅仅满足于身体运动到迎接周围的挑战，快速制订滑雪战术以完成滑行任务。但仅仅观察周遭情形还不够，你还需要找到解决方案。观察地形是滑雪的第一项战术。第二是转弯形状，它用于方向控制，包括急转弯、大转弯、慢转弯和快转弯等。第三是速度管理，它分为三个挡位的控制。这三个挡位帮助你控制下坡滑行的强度、速度和力量。虽然三个挡位都属于同一战术层面，但每个挡位涉及的技能各不相同。最后，你需要选择滑雪路线，因为它与你的预期训练目标和当前技术水平有关。在不断进步的同时，你将发挥你的创造力和灵感，接受新的挑战，创造新的可能性。

找到自己技能的优势和劣势，是多项战术学习的起点。观察地形、运用转弯形状、管理速度和选择路线这四项战术将运动表现金字塔各层级关联起来。了解各种地形和条件下滑雪的基本战术，就能找到适合自己的滑雪运动目标。

战术层面的评估甚至比技术更具主观性，但通过要点衡量，可以给出量化分数。能力可以提高你的分数，而错误会减少得分。比如，如果你无法控制速度，或者在滑行时很快失去控制，你在速度管理方面会失分。如果你只会进行同一种转弯，你在转弯形状部分会失分。请根据滑雪的山地环境和条件的困难程度灵活给分。战术评估仅仅作为参考，方便确定你的基线水平。这是你的起点，日后可以慢慢提高。如果你无法突破常规，你的滑雪体验会非常有限。滑雪战术评估的分数分为以下层次：

- 3分。你在非压雪雪地上有丰富的滑行经验。你能根据临时情况的变化选择合适的技术。
- 2分。你具备部分非压雪雪地滑行经验，但你没有足够的战术水平应对高难度的地形挑战。
- 1分。你刚刚开始涉足困难条件和地形。而且你正在学习如何在全地形滑雪中运用各种技术。

观察地形

单条滚落线的均匀压雪雪坡是滑雪运动的基本运动场。当你接受非压雪雪道挑战时，你就进入了三维滑雪的领域。非压雪雪道可能不太均匀，且有小雪丘和坡度变换，甚至经常出现雪包、陡坡、窄道、双重滚落线和多变环境。地形观察是一项需要练习的技能。刚开始，可以采用两种视角进行观察：

1. **软视角**。观察坡面的总体参数，包括长度、宽度、坡度和总体状况。这些参数可以帮助你确定哪种全局滑行计划效果最好。
2. **硬视角**。观察细节，比如雪包、岩石、树木、雪岭和山脊等障碍物之间的距离。细节视角为具体战术的制订提供线索。

如果你不能识别雪道上哪些地形地貌可能让你受伤，或可能帮助你滑行，你成功的概率就会较低。针对多种条件和地形环境规划你的滑雪动作，对你的滑行非常有帮助。在不了解地形的隐蔽特征的情况下贸然闯入，不仅是自大的做法，而且有危险。花时间规划你的滑行，不仅是战术成功运用的前提，而且能带给你极佳的滑雪体验。

有些滑雪者没有提前考察雪道，而是莽撞地直接进入。他们一直处在被动反应模式，直至速度、地形或其他条件让他们失去控制力，因而跌倒或停止滑行。懂得观察环境的滑雪者有明确的目标，也知道如何实现他们的目标。良好的观察能力不等于视力良好。观察包含扫视、察看面前的地形，寻找关键线索，用于计划的制订。

花几秒时间查看你的雪道，想想如何利用它。刚开始滑行时不宜过快，随后应保持适当的速度，滑完整条雪道。凭借优秀的力量和平衡结束滑行。站在雪道顶端时，想象成功滑行应该带来什么样的感觉。用心去想象和体会，为真实的滑行做准备。

运用转弯形状

观察雪坡地形和轮廓后，你首先应该考虑的是采用哪些类型、次序和形状的转弯，才能成功滑完全程。每座雪山的地形都各有不同，你需要像下棋一样灵活应对。初级棋手往往只使用一种对弈战术，同样地，滑雪初学者也总是采用相同的强度、速度、转弯形状和路线。虽然这样能让他们感觉安全，但因此他们会错过很多绝妙的体验。随着技能的提高，你应该除了基本转弯之外，尝试多种转弯形状、大小、速度和线路，同时保持正确的动作技术。经验丰富的滑雪者能熟练实现多种转弯。他们运用高超的技能，制订独特的山地滑雪方式。优秀的战术让他们无往不胜。

S形转弯

多变地形滑雪要求你以一致的节奏和方式积极旋转腿部。最有效的方法是专注于某种转弯形状进行练习。你可以重复它并在坡道上灵活运用。准确进入转弯位置，逐渐将板刃立起，刻入雪中，如此方能完美地进入和退出转弯。过度立刃会让你的速度难以控制。如果侧滑比较严重，你就无法保持你的节奏。立刃和侧滑的巧妙结合会产生浑圆的S形转弯，你的节奏和速度都可以很好地展现（图5.1）。

图 5.1 S形转弯

J形和Z形转弯

J形转弯类似于冲浪运动员从浪面、鱼钩和在浪底转动冲浪板时所采取的路径。这种转弯呈字母"J"形。滚落线为直线，转弯收尾比较锐利（图5.2）。如果在刻滑时运用这一战术，你在转弯收尾时的力量积聚会增加外侧滑雪板上平衡身体的难度。在操控式转弯中，将刻滑与轴转相结合，可以缓和作用力，促进转弯时的平衡。这一战术的重要用处在于，它可以延长滚落线，产生速度和爆发力，以应付陡坡上的复杂状况。J形转弯在收尾时可以迅速改变力量方向，这对于连续转弯之间的衔接很重要。这种转弯方式常被用于在较窄雪道上穿越障碍滑行，减轻过雪包时的负荷，提高在深雪中的滑行速度，以及避免因横切雪坡滑行时滑雪板转向造成的沉陷。

如图5.3所示，Z形转弯用于快速轴转穿过雪坡，通常在陡坡或狭窄雪道上使用Z形转弯，转弯常被初学者过度使用。他们技术水平尚浅，喜欢扭动双腿或上半身以快速操控滑雪板。但如果地形对快速轴转有要求，Z形转弯会比较有用。

C形转弯

C形转弯是一种基本的全山地转弯方式，它需要最好的腿部控制能力，引导滑雪板通过连续的圆弧，同时把控好速度和方向。C形转弯应滑行出字母"C"的形状（图5.4）。练习C形转弯，有助于提高准确度和控制能力，为转弯战术的培养打好基础。随着水平的提高，你可以对C形转弯做出变更和调整，滑出其他的形状。

每一种转弯形状都有其自身的特征，在山地滑行中用途也各不相同。在开始阶段，选择稳定的环境条件和简单的转弯方式，会感觉比较安全、稳妥。取得进步后，尝试多种转弯方法能给你更大的山地滑行自由。

图5.2 J形转弯

图5.3 Z形转弯

图5.4 C形转弯

速度管理

速度管理分为3个阶段，它们是全山地滑雪战术的重要部分。如果没有运动起来，滑雪水平的提升就无从谈起。而运动的速度决定了你的技术水平。掌握以下3个速度阶段，是战术学习的基础之一。

管理速度，就好比汽车挡位的控制。第一挡用于启动和慢速行驶。驾驶时，你先用低速挡加大动力，然后慢慢调至高速挡提高速度和动量。有些滑雪者只会使用1挡，缓慢地在多变雪面上辗转滑行。但如果你想要发挥最佳水平，请减少使用这一挡的时间。1挡速度使用过多的表现包括低头和目视前方3英尺（0.9米）以内等。这可不是勇敢者的姿态！

2挡更为积极主动。你用更多时间探索地形，为一系列的转弯运动做准备。2挡滑行可增进你的自信，将各个转弯无缝衔接起来，产生很好的节奏感。它类似于汽车的中速挡。你保持适中速度前行。但如果你不敢进入高速区间，2挡就会成为你的天花板。以3挡滑行时，你会选择积雪覆盖的陡坡雪道。这样的雪道回转更容易，地形有利于保持滑行节奏，而且转弯的机会较多。3挡的滑雪者以更大的力量和准确度从一个转弯过渡到另一个转弯。

掌握速度管理的一大表现在于，你能根据需要在不同速度之间自由调整。自由地切换三个速度，你就能探索更多的地形，并敢于尝试最困难的雪道。以下章节详细介绍三个速度阶段。

3挡

专业滑雪者很少刹车减速，但一般也不会全速从头滑到尾。他们结合使用不同的速度，在各段雪道上都保持最大动力。你也可以结合使用不同的速度挡。

3挡是你滑雪速度的极限。找出你的极限速度，然后按它的70% ~ 90%滑行。花更多时间在高速区间滑行，有助于保持心态平稳，培养积极主动的运动姿态，而不是被动地做出反应。

长时间保持高速动力，是提升自信的最佳方式。滑雪者以3挡滑行的示例见图5.5。

2挡

以中等速度滑行，一方面能增加你的兴奋感，另一方面也比较慎重和稳妥。在陡坡上以中等速度滑行之前，先

图5.5　高速滑行需要身体和心灵全方位参与

尝试在缓行路线上快速滑行。在平缓坡度上加快滑行速度，能慢慢增加你的自信心，以克服地形困难和障碍。用2挡在平缓坡面上稳定滑行，控制好速度。适应这种滑行后，你就可以去尝试较陡的坡面。

2挡是你的漫游挡，用于建立动力和适应转弯（图5.6）。你的速度是极限速度的50%～70%。这样的速度比较适中，可以有时间一边滑行，一边寻找最佳路线。

图5.6 你像水流一样漫游滑行

1挡

对中级滑雪者来说，在快滑道上慢速滑行，是速度控制的基本训练方法。这种练习虽然放慢了滑行速度，但能提高准确性，为陡坡滑行做好准备。滑道之所以被称为快道，原因可能是多方面的，包括坡度、宽度、积雪密度和障碍物等，但你仍然可以按适合自己的速度来滑行。在开始时选择较低的速度挡，你可以保守地进行一次又一次转弯，熟悉雪坡上的各种挑战。随着信心的提升和视野的扩大，你很快就可以连贯地完成转弯动作了。

1挡是你的"低速挡"（图5.7）。你通过慢速滑行规避各种障碍，为

图5.7 慢速滑行让你更好地控制整个过程

更高难度的地形做准备。最大速度的10%～40%，是一种警戒速度，用于通过障碍或提前观察前方的困难环境。

速度和转弯形状的变换，都需要你改变控制滑雪板的方式。立起板刃并快速驾驶滑雪板，与进入滚落线一样可以加快你的速度，让你兴奋不已。在陡坡上练习多种速度的滑行，不仅能提高现有技术，而且可以让你跳出舒适区，积累所需的经验。我们每个人都有适合自己并易于控制的速度范围。

选择路线

在一定坡度的雪坡上，路线通过影响你的运动强度和速度，决定你滑行的成败。下坡路线越直，滑行速度就越快，冲击力就越强。而蜿蜒回环的路线下行较慢，地形产生的冲击力也较弱。雪包雪道的四种常见路线包括折线、槽线、肩线和基本线。它们都要求滑雪者做好基本的小回转和中回转。雪包上的大回转属于高级战术。多练习小回转和中回转，然后才能掌握大回转。单条雪道常常同时结合了以上各类雪包线。所以你有必要学会这四种路线的滑行。

路线学习的基础在于知道在特定路线上转弯的位置、时机、速度和幅度。极速路线上转弯很少，但你的脚踝、膝盖和臀部需要发挥巨大的缓冲作用。慢速路线由圆弧组成，滑行速度较慢，你可以为每次转弯做好心理准备，同时保持平衡。随着技能的提高，你可以选择更直、更快的路线，提高运动的兴奋感。所有高水平的滑雪者在一开始都使用基本线，控制自己下滑的速度，然后慢慢换至更大的坡度和更为笔直的路线，以获得更加激动人心的体验。

无论路线属于陡面、雪沟或雪包道，你都应该做出明智的判断，看它们是否适合你当前的技能水平，以及是否存在主观或客观上的危险。请细细思考哪种路线最适合你。为做出最佳选择，你需要知道在各种路线上都会遇到些什么。客观危险包括积雪厚度不一、岩石、树桩、雪崩、融雪带和裂隙等。这些危险与滑雪者自身无关。但主观危险是自身引起的，比如水平或体能不够、器材不适合、精神状态不好或判断失误等。选择路线时应考虑所有主客观因素，做出最佳的决定。

特定地形滑雪战术

只要心态正确，你就可以针对选择的地形和环境条件制订合适的战术。有先见之明，预见到可能发生的情况，能让你在滑雪时获得更棒的表现。以下是滑雪运动中常见的地形和环境条件。

陡坡

陡坡滑雪如图5.8所示。陡坡本身容易引起人的恐惧，因而大多数滑雪者选择更平缓的坡度。最锻炼人的环境反倒无人问津。陡峭地形迫使你专注于当下状况。任何分心都可能导致不良后果的发生。如果缺乏信心，你的运动将充满不确定性，滑雪表现也大打折扣。但你若能采取积极的态度，正确地运用技术并控制好自己的动作，你就能在预定路线上连贯地折转而下。

图5.8　在陡坡上专注地滑行

陡坡滑雪路线

陡坡滑雪的最常见路线包括坡面线、手指线和风唇线。

坡面线

坡面线只在开阔、无障碍的雪坡上可以看到。这种雪坡具有一致的坡度。在重力作用下，你的速度会提升很快。你的滑雪表现取决于你的预期目标、体能、技能和器材装备。专业滑雪运动员在宽阔的坡面线上可以快速地滑行和进行大回转，速度可达50~70英里/时（1英里≈1.6千米）。中等半径坡面线设置了弯道边界，以防止遇到裂隙、悬崖、岩石等客观危险。短径坡面线有助于下滑时的速度控制，可保持低速滑行。

手指线

滑雪道外的雪坡可由障碍物分割成平行的滑道。障碍物包括岩石、树丛、山脊等，它们看上去就像手指一样。在这些路线上滑行如同在沟槽中穿过，活动空间受到周围手指般障碍物的约束。

风唇线

风唇线由横风吹扫积雪在陡坡上形成。积雪中形成的纵向路线称为风脊。风把雪花从迎风侧吹至背风侧，这样也能形成风唇线。

陡坡滑行中，高水平的战术运用包括准确的平行转弯、对地形的翔实观察、转弯形状的正确规划，以及沿滚落线的路径控制等。良好的速度管理能力让你能够抵抗滑雪板的强大作用力，保持平衡姿势，以及在高速滑行时快速做出决定。以下部分列出了陡坡滑雪的各个技能等级。

陡坡滑雪技能分：3分

得3分，表明你在速度管理、路线选择和转弯形状的规划方面有扎实的基础，可以满怀信心并以娴熟的技能在整个山地滑行。你能够在专业性的或竞争性的场所进行训练。滑雪比赛、自由滑雪竞赛、专业教练员认证等都可以成为你的选择。建议每4 ~ 6周测试一次。

陡坡滑雪技能分：2分

你必须学会制订计划并以更积极的姿态滑雪。你拥有可靠的滑雪技能，已经超越身体动作层面，能够把注意力放在前行方向和转弯类型上。注意观察地形的轻微变化，比如雪道上的起伏、雪坡压雪变粉雪等。这样做有利于陡坡滑行战术的培养。提前获知地形变化，对于在陡坡上顺畅持续滑行非常有帮助。复杂地形上的每一次成功滑行，都能帮助你建立自信。

陡坡滑雪技能分：1分

陡坡本身会让人产生情感上的畏惧，而畏惧会导致疲惫感。根据你的当前水平，你的目标是通过转弯形状和速度管理的训练培养流畅的动作和自然的节奏，同时建立自信。你选择的转弯形状必须与你的预期目标一致。逐渐掌握弯道滑行的要领，是你要克服的第一项障碍。掌握J形和C形弯道后，你可以在慢速路线上快速滑行，以便日后顺利过渡到陡坡滑行阶段。

当前你还需要提前观察雪道，然后规划合适的转弯形状，以便通过困难路段。滑雪比赛选手和自由滑雪者往往会记住雪道上的每一处弯道、地形变化、困难区段和丘壑。

陡坡滑雪的评分规则和战术提升训练参见表5.1。

表5.1　陡坡滑雪的评分规则和战术提升训练

分数	战术提升训练
3分 如符合以下情况，评3分： ●能够快速滑行，产生强有力的刻滑效果。止滑、立刃和点杖动作协调 ●可通过收短和延长弯弧来变更转弯的形状和速度。上述动作可在陡坡上立即形成对速度和方向的控制 ●可通过观察地形和分析线索灵活换用不同战术 ●当地形和环境条件发生变化时，你可以立即做出临时调整。 ●可在陡坡上以最高速度的75% ~ 90%滑行	●调整视线（第164页） ●根据环境条件调整转弯形状（第165页） ●挑战速度极限（第171页）
2分 如符合以下情况，评2分： ●擅长平行转弯，快速滑行时可使用刻滑动作。用双腿缓冲地形变化，懂得运用点杖 ●通过改变节奏、侧滑量和腿部旋转幅度来减速或加速 ●在陡坡上连续滑行时可以找准转弯的位置和时机 ●滑行方式较为主动，在坡度适中的坡面上保持动作节奏，可沿滚落线直线滑行 ●可规划转弯形状以控制速度 ●你能激励自己不断克服滑行中的困难 ●能够以慢速在快道上滑行，和以快速在慢道上滑行	●解除定格（第164页） ●增强转弯收尾力度（第166页） ●控制速度（第171页） ●调整转弯压力和刃角（第166页）
1分 如符合以下情况，评1分： ●快速滑行时可保持基本的平行转弯动作 ●在中度至略陡地形上可保持一致的速度和节奏 ●你能够对地形和条件的变化做出反应，但需要停下来观察路线 ●你能理解陡坡滑雪的基本战术，但不知道在中级和高级滑雪中如何运用它们 ●你只会做J形和Z形转弯，因而形成断断续续的节奏 ●能够以慢速在快道上滑行	●制订备用计划（第165页） ●巩固C形弧线滑行（第167页） ●保持连续滑行（第171页） ●点杖循径滑行（第173页） ●预判地形变化（第164页） ●保持三点接触（第171页）

雪包

只有当你真正融入自然，享受雪山的原始氛围时，你才能在雪包的凹凸线上找到合适的节奏和平衡感。你的胃部会随着身体上下起伏，感觉和坐车行经崎岖路面时差不多。开始享受雪包滑道的滑行吧！如果你想成为优秀的全山地滑雪者，你就必须适应雪包这种地形，如图5.9所示。快速反应、机动动作和路线规划都是大多数未经处理环境滑雪的必要步骤。雪包给你带来多样化的滑雪体验。选好你的路线并准备接受挑战吧！雪包滑雪，也是一堂生动的生活课程。

图5.9 雪包滑行中的大范围动作有利于技术的稳定流畅发挥

在雪包上滑行时，下半身制动能力的缺乏会让你直接从雪包的凹凸线上摔下来。制动始于脚踝，且需要通过脊柱的动力链发力。另外，它对关节功能灵活性和肌肉弹性也有一定要求。动力链上的任何薄弱环节或僵硬部位都会影响你的屈伸活动。缺乏柔韧性和对位不良是阻碍雪包滑行水平提高的两大障碍。

培养雪包滑雪的动作节奏，需要你留意外在因素，比如坡度、雪包间隔和高度以及路线雪地条件等。要想成为熟练的滑雪者，你应该在各种不同的地形和自然环境中反复练习。从平整压雪坡面的二维运动过渡到三维滑雪，其实是一项具有挑战性的选择。在学习过程中，你难免会被雪包作用力推来挤去。但通过合理的路线选择，从压雪环境过渡到雪包场地会容易得多。以下部分列出了雪包滑雪的各个技能等级。

雪包滑雪路线

雪包滑雪最常见的路线包括折线、槽线、肩线和基本线。

折线

折线滑行较为激进，因为它非常笔直，要求大幅度的屈曲动作和快速的腿部旋转。折线看上去像纵向放置在坡面上的一条拉链，其链齿由雪包构成，并交错呈左右分布。专业滑雪者选择这种路线以获得更快的速度、更强的冲力，以及施放空中技巧的空间。除了畏惧因素外，折线滑行的常见困难还包括因雪面坚实和坡度太陡而导致的失衡。你的屈曲能力必须全面过关，而且要有健壮的核心。如果滑雪者更喜欢保持控制力和平衡，他们会回避折线。但你如果想培养更高超的雪包滑行技术，你可以试着在折线上滑行。

槽线

槽线具有比折线更圆的弧度，且比接下来要讲的基本线和肩线更快、更直。槽线走向经过雪丘之间的深谷。在槽线内滑行时，速度控制包括用力驾驭滑雪板和在转弯结束时减速。你也可以通过槽壁攀升来减速。槽线底部的连续滑行需要在转弯时快速反应并做好屈曲动作。随着使用率的增加，积雪愈发密实，雪槽深度也会增加，因而其滑行难度也会提高。槽线适合于已掌握雪包滑行速度且能按一致的速度和坡度在肩线上滑行的滑雪者。

肩线

肩线呈圆弧状，从槽线的高位外缘开始，一直延伸至雪包侧翼的一侧。身处高速槽线之外，在转弯时便可以更慢的速度，滑出更圆的弧线，而且转弯过程会更轻松。转弯结束，你的滑雪板头开始攀登下一个雪包，此时应放平滑雪板并切换板刃。现在你位于新的雪包上，滑雪板指向雪包侧翼的肩线。越过雪包时，提前将双脚转入肩线，以获得最大的转弯空间。肩线滑行的速度取决于雪包的间距、坡面坡度和积雪深度。肩线适合于中级雪包滑雪者。他们已掌握基本线的滑行，可以熟练地连续转弯。

基本线

只有当你能够以稳定的速度连续完成多次转弯时，你才有信心越过雪丘。选择雪包间距较大、槽沟平坦且坡面平缓的路线，这就是基本线。你的路线从一个雪包的转弯处开始，从雪包面上滑下，沿坡面转至下一个雪包。如从顶部视角观看，路线呈"之"字形，蜿蜒经过滚落线上间隔分布的雪包。基本线适合于熟悉小回转和点杖、动作节奏良好、点杖时机正确且转弯较为娴熟的滑雪者。

雪包滑雪技能分：3 分

得 3 分，表明你在速度管理、路线选择和转弯形状的规划方面有扎实的基础，可以满怀信心并以娴熟的技能在整个山地滑行。你有能力参加竞争性滑雪运动，比如自由式滑雪、滑雪比赛和高山自由滑雪竞赛等。可以考虑参加滑雪教练员或指导员职业认证。建议每4 ~ 6周测试一次。

雪包滑雪技能分：2分

你能在雪包场地成功按不同的路线滑行，沿坡面滑下时可保持节奏和动作的连续性。但你是否成功，也取决于当天雪槽的条件和深度。你知道路线的重要性，也懂得如何寻找合适的路线。你敢于尝试不同的滑行战术，这样有助于全面提高自身的战术运用能力。

雪包滑雪技能分：1分

你选择允许失误的简单路线。偶尔的失误或点杖错误不会让你偏离路线。请继续练习第4章的基本技术，保持良好的状态。

雪包滑雪的评分规则和战术提升训练参见表5.2。

表5.2　雪包滑雪的评分规则和战术提升训练

分数	战术提升训练
3分 如符合以下情况，评3分： ● 能够快速滑行，平行转弯动作有力且流畅。止滑动作协调，点杖时机正确，节奏把握适当 ● 你在滑行时可以变更路线和腿部旋转的速度 ● 你擅长止滑调整，用于难度较大的雪包线滑行 ● 当环境条件、坡度或雪包线发生变化时，你可以立即做出调整 ● 你可以娴熟、快速地在基本线、肩线和槽线内滑行	● 调整视线（第164页） ● 挑战速度极限（第171页） ● 根据环境条件调整转弯形状（第165页）
2分 如符合以下情况，评2分： ● 快速滑行时可保持平行转弯动作一致。用双腿缓冲地形变化。擅于使用滑雪杖 ● 通过改变节奏和腿部旋转幅度来减速或加速 ● 擅于把握基本线、肩线和槽线内转弯的位置和时机 ● 你根据槽线的宽度和深度，以及基本线和肩线的高度和长度制订合适的战术 ● 你在槽线、基本线和肩线上以积极姿态滑行	● 解除定格（第164页） ● 找准转弯入口点（第166页） ● J形转弯中的鱼钩收尾（第165页） ● 选择合适的节奏（第171页） ● 跳出雪槽（第173页） ● 控制速度（第171页）
1分 如符合以下情况，评1分： ● 在压雪雪面上快速滑行时可保持基本的平行转弯动作。止滑能力受到关节活动度的限制 ● 在中型或小型雪包的雪道上可保持一致的速度和节奏 ● 你能够对地形和条件的变化做出反应，但可能需要停下来观察路线 ● 你能理解雪包滑雪的基本战术，但仅在坡度平缓且可慢速旋转腿部的路线上运用	● 预判地形变化（第164页） ● 制订备用计划（第165页） ● 保持三点接触（第171页） ● 点杖循径滑行（第173页）

雪沟

如图5.10所示，雪沟滑雪对滑雪者的身体和精神两方面都提出挑战。如果你缺乏信心，不能在窄道中观察和预判前方路线，你就无法成功在雪沟中滑行。在艰难环境中产生积极的联想，可以帮助你放松心情，找出可行的通道。任何由两旁岩石、树木、峰峦或篱笆划定的路线都可视为雪沟。这种天然设定的通道会限制你的活动区域，所以你更需要战术来应对。

如果把理智抛诸脑后，从雪沟上俯冲而下，结果便是器材散落一地，而身体滑落数百英尺。很多滑雪者从来不查看雪沟的地势，但在起滑前花少许时间观察，你总能获得宝贵的信息。

图 5.10　成功的雪沟滑行需要先正确进入

评估雪沟地势时，应仔细思考以下问题：

我应该从哪里进入？我应该如何进入？我应该按哪种路线滑行？有哪些客观存在的危险？雪沟地势通常包含以下部分（示例见图5.11）：

雪沟滑雪路线

雪沟最常见的滑行路线包括中心线、直线和安全线。

中心线

中心线滑雪是指从雪沟的中心线滑下，且中途不做停留。中心线滑雪需要滑雪者保持专注，注意转弯节奏和频繁进行点杖。

直线

直线滑行是自由滑雪运动员采用的一种滑行方法。他们沿直线冲下雪沟，且在结束时不主动减速。整条滑行路径类似于长矛的形状。你必须循序渐进，才能掌握这种高级战术。只要运用得当，这样的滑行会非常刺激。

安全线

雪沟中任何规避风险的路线都被称为安全线。选择积雪条件最佳且危险最少的路线，可以降低困难区段的滑行风险。而且，在此类路线上滑行可以保持最小速度。与雪沟两侧保持距离，这样即使你出现失误或转弯不当，你也不会与沟壁或树木相撞。提前规划好你的路线，并根据障碍物情况进行调整。

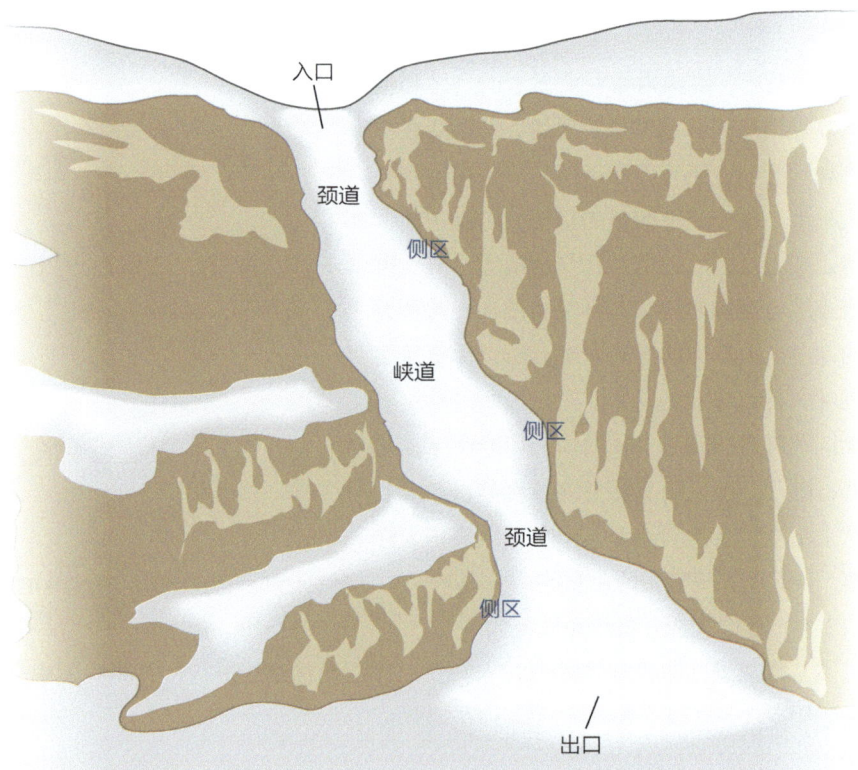

入口

颈道

侧区

峡道

侧区

颈道

侧区

出口

图5.11 雪沟地势

- 入口。入口位于雪沟的顶部，一般设置有檐口和进入标志、首转标志、翻入点、滑入点和跃入点。
- 峡道。雪沟峡道包括转弯线、障碍物、滚落线、融雪带和控制区。
- 颈道。颈道包括起始弯道、窄道、绕行线和侧区（露头岩石后的保护区域）。
- 出口。出口包括结束线、转弯出口线和止滑区。

雪沟滑行时，腿部爆发力和核心稳定性有可能失去效用，你身体肌肉的弹力无法得到充分发挥。核心稳定性是四肢活动的支撑。如果核心不稳定，你的腿部活动就缺乏支点。

如果让恐惧战胜了自己，从窄窄的雪沟中滑下会是一件无法完成的任务。制订计划可以帮助你消除恐惧。雪沟滑雪的成功战术包括准确进入雪沟、控制下滑动作、调整下滑路线和留意疏松雪面等。以上战术都要求动作准确且专注。你首先应该能够平稳地完成平行小回转，熟悉点杖动作，并热衷于探索复杂地形。提高雪沟滑雪的战术水平，需要先正确认识地形，然后根据地形情况制订合适的滑行计划。以下部分列出了雪沟滑雪的各个技能等级。

雪沟滑雪技能分：3分

你在速度管理、路线选择和转弯形状的规划方面有扎实的基础。你在雪沟滑行中可以实现复杂的多次转弯并能规避自然障碍物。你能够适应专业性或竞争性场所的滑雪训练。

参加滑雪比赛、高山自由滑雪竞赛和滑雪教练员或指导员职业认证，都是你合适的选择。建议每 4 ~ 6 周测试一次。

雪沟滑雪技能分：2 分

基础动作熟练，擅长地形评估，掌握急转技巧且入口找寻准确，因而能完全控制下滑过程。你擅于应对突发状况，如流雪和春日融雪等。

雪沟滑雪技能分：1 分

你虽然对雪沟滑雪有了基本的理解，但仍然缺乏足够的经验，无法尝试较为困难的路线。窄道滑行要求能够平稳地进行小回转。把小回转练习好后，积累了窄道滑行的里程。滑雪杖能帮你掌握难滑路段的转弯时机。

雪沟滑雪的评分规则和战术提升训练参见表 5.3。

表5.3　雪沟滑雪的评分规则和战术提升训练

分数	战术提升训练
3分 如符合以下情况，评3分： ●刻滑动作有力，腿部旋转和立刃准确到位，成功实现小回转。点杖操作正确 ●你能通过立刃和施压缩小转弯半径，且能在非匀速和匀速滑行间切换 ●雪道收窄或放宽时，你能迅速变更滑行路线 ●你能够采用滑入、跃入和翻入方法进入雪沟 ●你掌握了融雪带滑行技术 ●遇见窄道时可以临时变更战术	●调整视线（第164页） ●根据环境条件调整转弯形状（第165页） ●挑战速度极限（第171页） ●通过融雪带（第173页）
2分 如符合以下情况，评2分： ●平行转弯流畅，小回转和点杖技术娴熟 ●你通过改变节奏、转弯形状和力量强度来加速和减速 ●你知道雪沟滑行中转弯的时间和位置，擅于控制速度和方向 ●知道如何通过流雪带 ●可采用滑入战术主动进入雪沟	●解除定格（第164页） ●选择合适的节奏（第171页） ●规避障碍（第173页） ●控制速度（第173页）
1分 如符合以下情况，评1分： ●掌握基本的平行转弯技术，懂得运用双侧点杖 ●在中等坡度的雪沟中保持一致的滑行速度和节奏 ●你能够对地形和条件的变化做出反应，但需要停下来观察路线 ●你能理解雪沟滑行战术，但不知道如何实际运用它们 ●可采用滑入战术进入雪沟 ●如果跌倒，你能及时刹车	●点杖循径滑行（第173页） ●制订备用计划（第165页） ●预判地形变化（第164页） ●保持连续滑行（第171页） ●面朝滚落线（第173页）

后碗

前山通常以压雪环境为主，设有中级的漫游雪道和刻滑雪道。而后碗处在滑雪胜地的野外区域。后碗的地形结构较为复杂，山体落差较大，即使对专业滑雪者来说，都有一定难度。

很多滑雪胜地的后碗区域因其高度落差较大，滑行距离较远，要求滑雪者在战术层面应当避免速度过快，并保持足够的体力通过该区域。长距离的陡坡滑行中，效率是第一位的。后碗滑雪战术包括在宽圆兼备的滑雪板上的身体对位、大弧线开阔转弯、横切转弯和浮动滑行。以上战术结合使用，可以帮助你在侧滑和平滑时减速！后碗往往积聚着大量、成堆的粉雪。如果在暴风雪后数日观察后碗区域，你会发现粉雪堆积成大雪包或雪带。后碗滑雪总能让你的滑雪板在未经触碰的天然雪面上滑出大大的弧线。图5.12是滑雪者在后碗滑雪的图片。

后碗滑雪对肌肉耐力和有氧耐力要求也较高，因为你需要足够的动力抵御氧债对身体的消耗。一旦你达到有氧能力的限度，你进行体育运动的能力就会下降。此时，即使你有最好的技术和战术，也无济于事。在后碗远距离滑行时，我们都曾感到腿部发软。这是因为供给腿部肌肉的含氧血液不足所致。你不得不借助滑雪靴后侧塑胶垫和山上滑雪杖支撑身体，并将滑雪杖深深插入身后的雪中。如果你的心肺功能较强，你的敏捷性和肌肉功能就能够胜任后碗地形中多种技术的运用。以下部分列出了后碗滑雪的各个技能等级。

图5.12 后碗滑雪让你在山地自由释放自我

后碗滑雪路线

后碗滑雪最常见的路线包括标准线、脊线、槽线和枕线。

标准线

标准线是直达后碗中心的开放路线。标准线滑行时的速度和转弯形状都较为匀称。对中级滑雪者而言，标准线是他们接受新挑战的另一个起点。

脊线

选择脊线滑行以避免不稳定的积雪环境和雪崩危险。脊线通过的积雪较为密实，坡度角小于30 ~ 40度的临界角，而大多数雪崩都发生在这个临界范围。因此，脊线滑雪是一种安全的选择。对于休闲滑雪者来说，脊线难度比较适中。留意裸露岩石，因为风蚀表面的积雪较少。脊线滑行需要进行小回转以保持方向，同时应与檐边保持安全距离。

槽线

风将湿雪吹至陡坡面上，即形成槽线。雪脊在坡面上垂直延伸。在槽线内滑行需要不断交替，从一侧换至另一侧。交替转弯可以放慢速度，但也会产生流雪堵住前行通道的情况，让你失去平衡。

枕线

枕线滑行时，你从一个雪枕滑至另一个，有时直接在雪枕间滑落。你通过伸缩动作越过一个又一个雪枕或雪丘。在较深的粉雪区，你可以取直线在雪枕间滑落，在轻微颠簸中不断行进。尝试枕线滑行前应检验自己掌握雪丘（雪包）滑行技术的水平。

后碗滑雪技能分：3分

你在深雪滑行中能很好地进行速度管理、路线选择和转弯形状规划。你熟悉多种转弯类型和大小，可以找出最佳路线，并运用一定的战术组合达到最佳滑雪表现。你可以适应专业性或竞争性场合的滑雪运动。建议每4 ~ 6周测试一次。

后碗滑雪技能分：2分

从原先的压雪场地进入道外滑雪的世界，整个过程是新鲜、自由、刺激的。你虽然已经在非压雪环境中取得了长足的进步，但后碗滑雪仍然是一个新的里程碑。你掌握了多种粉雪滑雪战术，能够适应越来越多的地形和条件。你懂得如何掠过雪面和深入雪中滑行。更高的滑行速度能够帮助你实现动作连贯有序。

后碗滑雪技能分：1分

在松软的粉雪雪面上滑行，你会获得更好的体验。你需要试验多种动作以实现连续滑行。

后碗滑雪的评分规则和战术提升训练参见表5.4。

表5.4 后碗滑雪的评分规则和战术提升训练

分数	战术提升训练
3分 如符合以下情况，评3分： ●滑雪速度较快，且转弯运作有力，刻痕较深。使用滑雪杖时可以把握好时机和方向 ●你可以自由变更转弯的形状和速度以规避障碍和调整路线 ●你能根据雪地条件、深度和均匀性变换战术 ●你能临时改变战术，让滑雪过程更流畅和有趣 ●你掌握了平滑、斜切、高速转弯和抹雪转弯的技术	●调整视线（第164页） ●挑战速度极限（第171页）
2分 如符合以下情况，评2分： ●滑雪速度较快，可平稳进行大半径平行转弯。擅于使用滑雪杖 ●可通过改变转弯大小和力度来减速或加速 ●你掌握了基本的粉雪和深雪战术，包括平滑、切线转弯和高速转弯 ●在长距离开放雪道上滑雪时可以始终保持较好的体力	●解除定格（第164页） ●按合适的角度立刃（第166页） ●控制速度（第171页）
1分 如符合以下情况，评1分： ●能够进行基本的平行转弯和适时点杖 ●在深雪中可以保持一致的速度和转弯形状 ●你可以对雪地环境变化做出反应，但可能需要停下来调整方法 ●你能理解后碗滑雪的高级战术，但不确定如何实际运用它们 ●你知晓深雪的危险因素	●预判地形变化（第164页） ●面朝滚落线（第173页） ●保持连续滑行（第171页）

林间

　　银装的树木恰到好处地彼此间隔，留出一片安静的空地。在这里悠闲地滑行，要比在浓密的灌木丛中艰难地推进有趣得多。滑雪胜地对林间区域进行修整，留出足够的空间以满足道外滑雪者的要求。即使他们偶尔转弯失误或路线选择错误，也不会有太大影响。制订合适的林间滑雪战术，可以让人心旷神怡地安全通过天然树木环绕的通道。冬日，选择合适的时间和场地，你就能享受单人滑雪的乐趣。你去的地方是其他滑雪者不愿意去的。精湛的滑雪技能将带给你更多机会和惊奇的体验。

　　林间滑行需要一定的脚部速度和专注力。通过慢速动作的训练，你可以实现林间慢速滑行。在训练中包含横向、斜向、前向和后向的快速起止动作，以培养多样化的快速运动模式。林间滑行也需要有较好的目视技术，因为你需要规避树木，同时保持眼、手、脚的协调。对地形和重要线索的错误判断会影响你的林间滑雪表现。如果视觉出现错误，你的平衡也会被破坏。你试试闭眼做单腿平衡，便能理解这一点。

林间滑雪路线

林间最常见的滑雪路线包括混合线、窄线和弧线。

混合线

林间滑雪涉及的转弯形状各有不同。培养林间滑雪的自信心，要从混合线开始。大多数林间雪道上，树木的间隔并不对称。树林的种类、大小、间隔和密度都不一致。如果你能适应各种大小的转弯，你就会有更多选择。

窄线

林间窄线滑行要求反应迅速、主动出击，包括目视前方，提前观察多个转弯情况，以及精准控制下半身的运动。如果某些动作会扰乱你的节奏或滑行速度，请不要做那些动作。

弧线

弧线滑行适用于树木间距较大、适合漫游的林间场地。你到达树木之前开始转弯，以大大的 C 形弧线绕树而过，然后稳定你的速度，为下一个转弯做准备。弧线滑行可保持滑雪者与树木之间的安全距离，因而非常适合初学者。它也能帮助你更好地控制速度。

流畅的林间滑雪对你的感知能力要求类似于击球时的躲避动作。当球向你飞来时，你本能地将头部和核心移出发射线，准备躲避击球。唯一的区别在于你自身就是那个球，所以请在进入林间场地前就做好滑行计划。林间滑雪的有效战术包括观察林间路线、设想转弯过程、提前规划速度等，以便灵活地穿行于树间，而不是撞到树木上。另外，你还应注意紧贴滚落线滑行。以下部分列出了林间滑雪的各个技能等级。

林间滑雪技能分：3 分

你能自如地变换转弯形状、速度和路线。达到这一战术级别，你可以创造性地和满怀自信地尝试林间滑雪的各种挑战。你能够在专业性的或竞争性的场所进行训练。我曾经的学员中，有人参加了滑雪比赛和自由滑雪竞赛，有人获得了滑雪教练员或指导员认证。建议每 4 ~ 6 周测试一次。

林间滑雪技能分：2 分

你能够在初级和中级的林间路线上滑行。你有时变换林间雪道，且能够控制速度和方向。在较容易的林间雪道上，你能沿滚落线连续滑行并完成多种速度的回转。

林间滑雪技能分：1 分

你正在尝试与你现有体能和技能相适应的战术。你比较适应与树木保持较大间距的弧线滑行。你喜欢将速度保持在低挡，在林间漫游时充分计划好自己的滑行方式。

林间滑雪的评分规则和战术提升训练参见表 5.5。

表5.5　林间滑雪的评分规则和战术提升训练

分数	战术提升训练
3分 如符合以下情况，评3分： ●能够在快速滑行中平稳地实现平行转弯、止滑、立刃和点杖动作协调 ●你能够自如变换转弯的形状和速度，从而随时控制速度和方向 ●你能够灵活切换战术和节奏，以适应树木的不对称分布 ●当进入灌木或岩石地带，以及重新回到林间区域时，你都能临时调整滑雪战术	●调整视线（第164页） ●保持对称的转弯形状（第165页） ●挑战速度极限（第171页）
2分 如符合以下情况，评2分： ●快速滑行时可保持与平行转弯动作一致。擅于使用滑雪杖 ●林间雪道收窄和变宽时，你可以根据需要减速和加速 ●能够掌握转弯的时机和位置，以避免路线与树木相冲突 ●树林间距较小时，你也能保持滑行的节奏和速度	●解除定格（第164页） ●选择合适的节奏（第171页） ●规避障碍（第173页） ●跳出雪槽（第173页）
1分 如符合以下情况，评1分： ●快速滑行时可保持基本的平行转弯动作 ●在树木间距较宽且坡度适中的场地滑行时，可保持一致的速度和节奏 ●你可以对积雪条件的变化做出反应，同时能保持节奏和速度 ●你能理解林间滑行的战术，但在实际运用前需要时间思考 ●你能借助滚落线保持下滑的动力 ●你知晓林间滑行的安全注意事项	●制订备用计划（第165页） ●面朝滚落线（第173页） ●预判地形变化（第164页）

在林间安全地滑雪，需要对安全事项有基本的认识，并且随时注意外部环境。林间滑雪应注意以下几点要求：

- **解下滑雪杖的配带**。如果你的滑雪杖卡在树枝或障碍物上，配带可能会导致肩膀脱臼或身体失衡。有些滑雪杖的配带是可以解下的。
- **佩戴头盔**。头盔可以保护滑雪者的头部，让他们勇敢地在喜欢的路线上滑行。
- **选择与技能水平相适应的路线**。达到相应水平前就在林间窄道滑雪是非常冒失的。
- **避开树坑**。树坑是强降雪期间在树基周围形成的深坑。曾经有滑雪者掉入树坑后因窒息而死亡。因为降雪依然在持续，他们陷入困境无法脱身。
- **与同伴一同滑雪**。林间滑雪时，同伴可以在你遇到困难时提供帮助。

雪山有着多样化的地形和自然条件，因此你需要掌握大量的滑雪战术，方能安全、成功地滑行。滑雪战术需要你多加思考和体会。先辨明情况，寻找方案，然后运用各种滑雪技巧。上述滑雪战术经过了实践的检验。勤于学习、分析和练习这些战术，你就能在高山滑雪中一往无前。

第6章

辨认滑雪者类型及器材要求

当问到自己属于哪一类的滑雪者时，大多数人都按擅长的地形或者技能进展水平给自己分类。比如，他们会说，自己是黑钻滑雪者、漫游式运动员或全山地极限运动员。滑雪者极少根据身体素质或能力状况给自己分类。了解身体运动素质的各项指标，能帮助自己找出需要提升的方面，从而更快地取得进步。

每一位滑雪者都有其自身独特的身体、精神特征和心理动机。这也是我一直坚持滑雪执教的原因之一。这一职业充满着改变，因而非常有趣。与每一位学员互动，都是独一无二的体验。他们如同纯净的调色板一样，由你来画出优美的图案。多年来，我积累了非常有效的教学经验，因而创作了本书。你的训练越有效，滑雪表现就越好。合理的器材搭配可以让你在雪面上的滑行更顺畅。另外你还需要根据地形和个人需求改变滑行方向、速度和用力强度等。

现如今，人们更加积极地参与体育运动和保持健康生活方式。滑雪器材的设计更加先进，场地越来越开放，即使很多老年人也热衷于滑雪运动。在这种背景下，滑雪爱好者有大量的信息可以浏览，以了解自己的整体优势和劣势。但巨大的信息量让人眼花缭乱。通过对体育知识和实践方法的掌握，你完全可以很快达到较高的滑雪水平。过于笼统的训练方法会消耗你宝贵的时间，而且达不到好的效果。大多数追求速效的滑雪爱好者都采用最为直接的方式，从了解他们自身开始。

只有制订出全方位的提升计划，才能在滑雪中取得最佳表现。相对均衡的训练计划可弥补你在前面章节测试中发现的弱点。另外，器材的调整也是有必要的。方法应当因人而异，不可僵化使用。

你是哪一类的滑雪者？

体形、力量、弱点、动作偏好和对称性等个人特质都可以决定滑雪者的类型。确定自己所属类型，你就能制订更为全面、精简的训练计划，以满足自身的特殊需求。定制化的训练并不只侧重于某项技术或器材，而是旨在提升整体的运动表现。根据自己的运动需求调整训练方法，这样你无论在雪坡上还是在其他场地，都可以强化滑雪技能。在室内进行的灵活性、稳定性、有氧能力、敏捷性和爆发力训练能够显著提升你的滑雪表现，为你的雪坡滑行增添乐趣。

第2章至第5章的评估帮助你认识到自己的优势和劣势，而且提供了具体的训练方法，以改进你在金字塔各层级的运动水平。通过评估结果，你能制订出有效的训练计划，最终在滑雪运动中取得明显的进步。首先，回顾你在金字塔四个层级完成的评估，包括功能性动作、体能、技术和战术各项目。在第2章至第4章的评估表内记下应做的练习项目。最后，请思考以下问题。

1. 我的左右侧失衡体现在哪里？
2. 我在哪些项目中的得分最低？分数显示出我有哪些弱项？
3. 我的最薄弱环节在哪方面？有常见的改进方法吗？
4. 我的最薄弱项目属于哪个类别？是功能性动作、体能、技术还是战术？
5. 在功能性动作和体能方面的弱点如何导致技术和战术层面的失误和不良表现？
6. 我选择的器材是否对站姿、平衡和腿部旋转产生了不良影响？

运动表现金字塔和滑雪者类型

运动表现金字塔各层级与四大类型的滑雪者相对应：强体能、弱体能、弱技能和综合式滑雪者。计算第2章至第5章评估得分的方法是将金字塔每一层级的总分除以该层级的测试项目数。使用以上结果确定你的运动类型。

- 如果你的最低分出现在功能性动作环节，你属于强体能滑雪者。
- 如果你的最低分出现在滑雪体能环节，你属于弱体能滑雪者。
- 如果你的最低分出现在技术和战术环节，你属于弱技能滑雪者。
- 如果你的分数在各环节分布较为均衡，你属于综合式滑雪者。我们大多数人都属于这一类型。在此情况下，你应该找出自己的弱点，有针对性地进行强化训练。

比如说，你在功能性动作评估中的得分总是在1 ~ 2之间，而滑雪体能得分为2 ~ 3，技术和战术得分为2，那么，你应该是强体能滑雪者。强体能仅仅是指你在体能方面水平尚佳。如果你属于这一类型，你应该多进行稳定性和灵活性训练，以弥补这方面的不足。很少有滑雪者纯粹属于单一类型。很多人都表现出两个类型的特征，且需要在相应方面进行适当训练。

请记录下哪些方法是有效的，而哪些会阻碍自己进步。强体能滑雪者往往倚靠他们的体能战胜滑雪过程中的困难，所以灵活性和稳定性训练对他们而言显得单调又无聊。但功能性动作的各项基本训练可以提升他们能达到的上限。

优秀滑雪者的运动表现金字塔

我们最终的目标是成为优秀的滑雪者，在运动表现金字塔各层级间保持平衡（如图6.1所示）。优秀滑雪者在功能性动作层面表现优秀，在所有运动平面都能保持敏感的身体知觉。他们通过动作调整和敏捷的身姿适应地形的变化。功能性动作是支撑更高层级训练和技能提升的基础。优秀滑雪者能迅速掌握新的技能，而且很少受伤退场。高效的训练意味着激烈又精准的反复练习。当发生疲劳时，大多数滑雪者都会产生代偿性动作，对结缔组织产生压力。优秀滑雪者拥有良好的整体对位、灵活性和力量，所以能够保持长时间的训练，并且以高质量的动作完成远距离滑雪。

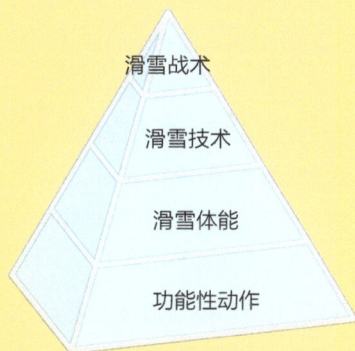

图6.1　优秀滑雪者的各项能力都保持均衡

他们看上去始终是一副轻松的姿态。所有的关节都略微屈曲，与身体各部位保持对齐。在他们身上看不到过度低伏或不自然。他们保持运动姿势，平稳立于滑雪板上。优秀滑雪者的动作总是非常及时，而且恰到好处地与速度和地形保持协调。通过良好的功能灵活性和稳定性，他们可以娴熟地发挥技能和运用爆发力。

　　弱体能滑雪者有时不愿意参加力量和有氧训练，而是喜欢做瑜伽之类的运动。人总是喜欢选择做容易的事情而逃避困难。提高自己薄弱的方面，虽然不总是那么有趣，但它是提升自我的一条捷径。弱技能滑雪者在功能性动作和体能层面表现都还不错，但实际滑雪经验仍然不足。你只有不断重复动作次序，才能把滑雪动作练熟。综合式滑雪者的优势和劣势反映在运动表现金字塔的所有层面。由于我们大多数人都属于这一类型，所以你应该仔细测试，找出所有的弱点。一旦你变弱项为强项，你就会成为优秀滑雪者。

强体能滑雪者的运动表现金字塔

　　强体能滑雪者体格健壮，拥有良好的灵活性和稳定性，可以应对地形带来的挑战。他们利用大肌肉产生高速的弹震式动作，以提高滑雪表现。即使对于高技能的滑雪者，强壮有力的肌肉也会大有裨益。想象你身处白雪皑皑的滑雪胜地，周围是天然的洼地、山峦、雪堤和雪道。你可能会尝试有趣的雪丘滑行，或者离开压雪雪道，进入粉雪或林间区域。为了体验各种各样的滑雪地形，你不仅要有扎实的技能基础，而且身体需要能够承受下滑时的剧烈运动。体能上的任何弱点都会限制你的发挥，妨碍你的战术运用。如果你是强体能滑雪者，你在要求较大关节活动度和多平面平衡的雪地上滑行时，可能会遇到困难。灵活性的缺失会干扰你的转弯战术，进而产生代偿性动作。

　　强体能滑雪者拥有强大的力量和壮硕的身体。他们在转弯时可以施展出很强的爆发力，但缺少足够的关节活动度。他们可以抵御强大的作用力，但身体像雕塑一样僵硬。他们的关节，尤其是髋关节往往缺乏灵活性，而且核心与腿部的动作也不够灵敏流畅。他们的站姿总体较好，但在需要做屈伸活动时，就会显示出关节活动度的不足。因为他们肌肉结实，他们的动作常常仓促且有力。他们使用蛮力完成任务。强体能滑雪者的运动表现金字塔如图6.2所示。

　　强体能滑雪者在滑雪运动中表现出以下不足：

- 外侧腿部僵硬。
- 转弯时身体随着滑雪板移动。
- 转弯时滑雪板弹起。
- 开始转弯时上半身先旋转。
- 上半身主导运动模式。
- 动作节奏不稳或不对称。
- 由于有力的腿部运动占据主导地位，滑雪板承担的压力过大。
- 上半身僵硬。

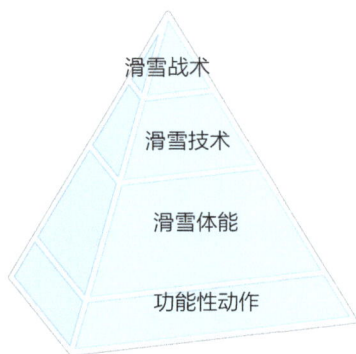

图6.2 强体能滑雪者在金字塔的体能层级表现较佳，但其功能性动作仍有欠缺

（金字塔标注：滑雪战术、滑雪技术、滑雪体能、功能性动作）

　　提高髋部、躯干和肩膀的灵活性和稳定性，培养良好的站姿和身体对位，即可纠正以上缺陷。

髋部支撑骨盆区域，且与构成身体系统的肌肉、肌腱和韧带交叉相连。通过基本的动作训练强化上述部位，即可改善你的运动协调性和平衡。即使你偶尔摔倒，你也可以通过功能性动作模式培养的灵活性快速起身。

弱体能滑雪者的运动表现金字塔

弱体能滑雪者拥有较好的灵活性和核心稳定性，但在体能方面有所欠缺，因此在转弯时易于被各种作用力所左右，从而失去身体平衡。他们也缺乏耐力，无法长时间滑行。因为动态滑雪的身体要求得不到满足，他们的技术也无法充分发挥。如果你是一位弱体能滑雪者，你的运动模式会比较丰富，活动面也较广。你能通过动态平衡战胜山地滑雪时的困难，但因为运动能力的缺乏，你无法有效施展爆发力动作。随着肌肉疲劳和外部作用力的增加，你的动作质量会迅速下滑。因此你必须增强你的力量输出机制。通过培养力量、爆发力、敏捷性和速度，你能显著提升总体表现和运动恢复能力。无论是先天具备，还是经由后天练习获得，你的柔韧性、敏捷性和灵活性都处于较高水平。但如果你除了柔韧性外没有其他强项，你就只能在低难度地形和环境条件中滑雪。

弱体能滑雪者在滑雪时的动作较为敏捷，但有时活动度太大，无法保持其自身形成的戏剧性角度。他们的站姿轮廓显得瘦长，身体角度较大。有时下半身呈 A 字形对位，或者姿势过度屈曲，臀部后坐，且脊柱竖直，因而部分角度看上去不对称。弱体能滑雪者在刚开始滑雪时可以很好地缓冲地形变化，但疲惫感会很快袭来，他们不得不倚靠滑雪鞋的硬塑料壳或滑雪板板尾。他们身体灵巧，对雪地感知敏锐，但缺乏快速恢复或规避障碍物所需的体力。弱体能滑雪者的运动表现金字塔如图6.3所示。

弱体能滑雪者在滑雪运动中表现出以下不足：

- 在雪道前半段可以保持平衡，但很快会产生疲劳，只能借助滑雪板和滑雪杖来稳定身体。
- 难以用腿部肌肉发力启动转弯，而是被动等待转弯的发生，因而导致立刃过晚和侧滑。
- 转弯时以大弧线横切雪坡。
- 快肌因疲劳而无法施力，而且缺乏敏捷性。

改进上述弱点的方法是从核心开始逐渐向外训练力量和爆发力。此过程类似于儿童的发育。核心力量增强后，你就更容易发展滑雪相关小肌肉的力量，以及提高你的柔韧性和敏捷性。

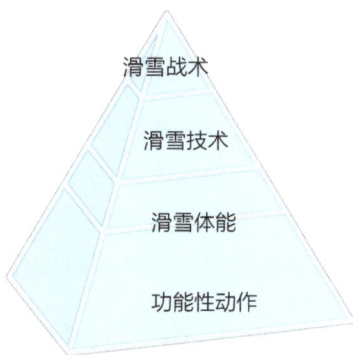

图6.3　弱体能滑雪者的能力集中在功能性动作层级，但体能方面仍然存在不足

由于滑雪者需要同时在多个平面施力，你的力量训练也应该是多维度的。

弱技能滑雪者的运动表现金字塔

弱技能滑雪者在功能性动作和体能层面都有很好的表现，但其在技术和战术方面尚有欠缺。滑雪是一项需要各种运动模式重复进行的运动，而弱技能滑雪者尚未熟悉各种技能动作。他们正是世界各地滑雪学校的招生对象。他们拥有较好的功能性动作基础，但在技能方面有所欠缺。不幸的是，大多数滑雪学校认为每位学员都是弱技能滑雪者。他们专注于技能提升，但没有去解决学员们身体能力存在局限的问题。如果你属于弱技能滑雪者，你的体格和敏捷性应该都不错，但由于缺少实质性的滑雪经验，你的运动模式仍存在问题。你知道自己拥有良好的身体状态，因为你一直在锻炼保持体形。你可能经常参与对关节活动度、力量和耐力有一定要求的其他体育运动。

弱技能滑雪者脚踩滑雪板时看上去健壮有力。因为他们的身体可以承受重复练习，他们在技术和战术层面也可以取得更快的进步。他们可以长时间保持精力旺盛，而且连续数小时都能一直发挥最佳水平。但他们对基本技能不太了解，或者无法在特定情况下运用基本技能。人们会感到惊讶，因为这些滑雪者的健壮体格与他们的技能水平不匹配。滑雪运动的学习曲线较陡，要求学员承受很多生理挑战。但你一定可以取得成功！弱技能滑雪者的运动表现金字塔如图6.4所示。

弱技能滑雪者在滑雪运动中表现出以下不足：

- 用纯粹的体力、耐力和肌肉力量战胜滑雪过程中的困难。
- 滑雪表现上限受限于技能而不是体能。
- 因其体能水平可承受重复的低效动作，他们很容易养成不良习惯。
- 动作以蛮力或弹震的方式产生，导致滑行时积雪四溅。

弱技能滑雪者需要进行更多滑雪实践，方能纠正以上缺陷。基本技能和战术的提高依赖于精心制订的训练计划，在练习时应注意准确性、动作到位以及高质量的

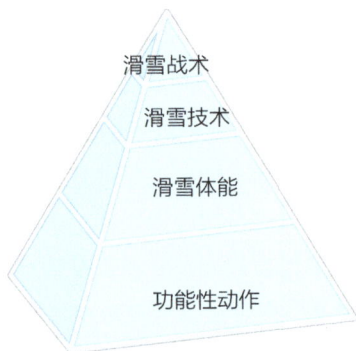

图6.4　弱技能滑雪者在功能性动作和体能层面发展比较均衡，但在技术和战术层面较弱

滑雪过程。弱技能滑雪者在技能方面有较高的可塑性。他们尚未形成根深蒂固的不良习惯。弱体能滑雪者只有先纠正不良习惯，才能进入下一阶段学习。

综合式滑雪者的运动表现金字塔

综合式滑雪者的运动表现金字塔看上去比较均衡，但也很容易找出薄弱环节。他们在各层面的表现也因人而异。不同滑雪者的水平如同大杂烩，各有不同的强项和弱项。

这些滑雪者无法按标准方法分类。他们在金字塔一个或多个层级的若干项目中表现出不足。在技术和战术层面，他们的弱点往往直接体现在某种动作或技术上。比如，技能测试中平行转弯不对称是由髋部旋转稳定性较差导致。

综合式滑雪者的强项和弱项横跨多个层面，因此需要具体加以阐述。比如有些滑雪者拥

有强大的有氧能力，可以连续爬山数个小时，但腿部力量和核心稳定性却比较欠缺，无法在高难度雪地中推进。综合式滑雪者的评估表看起来像拼图一样，总是缺少某些部分。但其优势在于，此类滑雪者只需要针对薄弱项目进行提高。综合式滑雪者的运动表现金字塔如图6.5所示。

综合式滑雪者在滑雪运动中表现出以下不足：

- 左右转弯彼此不对称。
- 进行平衡性运动如单腿滑雪时缺少灵活性。
- 站姿不良，如身体前倾或后倾。
- 动作时间安排不当，比如点杖和腿部动作缺少同步感。

要纠正以上缺陷，综合式滑雪者必须首先认识到，因为他们在金字塔各层级的弱点不同，他们表现出来的运动局限也各有不同。

通过功能性动作、体能、技术和战术环节的评估，可以发现他们自身的弱点。他们必须寻找多样化的解决方案。

认识自身的类型，才能对自己的运动情况有整体的把

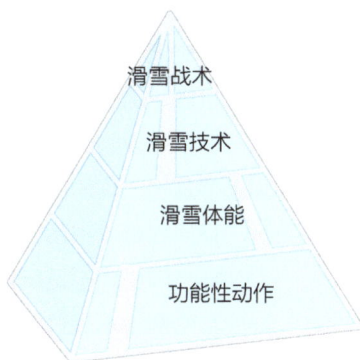

图6.5 综合式滑雪者的运动表现金字塔看上去像部分缺失的拼图，各层级的缺陷会影响他们整体的均衡发展

握。对自身的评估应详细、彻底，应注意你在金字塔各运动项目中的具体表现。评估中涉及的动作和练习将成为你训练计划的一部分。具体指导请参见第3部分。

器材要求

定制器材是将金字塔各层级黏合起来的黏合剂。正确匹配身体和器材，能让你的动作准确流畅，用力灵活自如，为取得成功做好铺垫。发现器材问题，与寻找自身身体弱点一样重要。

滑雪器材在不断地改进，各种环境和地形中的滑雪体验也在不断地提升。滑雪鞋和固定器的设计尤其取得了长足的进步。使用宽度、形状、弧度和用途单一的滑雪板的时代已经结束了。市场上有无数的新产品涌现。如今的滑雪者有多种滑雪板、固定器和滑雪鞋可以选择，以满足其个性化风格要求。难点在于从海量的商品信息中筛选出适合自己的滑雪鞋和固定器产品。下文帮助你缩小选择范围，找到符合你滑雪风格和地形偏好的产品。

滑雪鞋

选择滑雪器材时，最容易忽视的恰恰是滑雪鞋。滑雪鞋是你用来接触滑雪板和雪面的器材。如果滑雪鞋的调整、对位和适用性与你的运动特征不符，你的水平就难以得到提高。除了身体之外，滑雪鞋可以称得上是最重要的器材了。所以在购买时，应选择可调整的合适鞋型，以满足自己的运动需要。身体力量传导至滑雪板，不仅需要良好的对位，而且要有一双合脚的滑雪鞋。专业调鞋师可以帮助你在众多滑雪鞋品牌中找到一款适合你个人特征的鞋。

雪鞋配合度调整

当你在雪山上滑行一段时间后，你的滑雪鞋内胆可能会脱出，这会影响你的滑雪体验。在商店中正确调整雪鞋的配合度，可以从一开始就保证良好的使用效果。如果出现内胆脱出的情况，你就应该调整你的滑雪鞋了。以下情况表明滑雪鞋配合度不理想：

- 脚趾甲变黑。这是滑雪鞋太大引起的常见问题。你的脚前后滑动，脚趾与鞋的前部发生挤压。除了换小一号的鞋壳外，你还可以使用定制的鞋垫或在鞋垫下加放垫片以占据多余空间。
- 脚上部麻木。你的滑雪鞋可能太大了，导致你把鞋扣收得过紧，压迫了脚上部的神经。你同样可以选用小一号的鞋壳，然后穿更轻盈的袜子来适应。此情况也可能是因为鞋壳内空间不足所致。你可以让专业调鞋师进行调整。
- 脚底和两侧麻木。过窄的鞋壳会限制脚的活动并造成疼痛和不适。你可以通过用力挤压鞋子内部或者拿走鞋垫来增大鞋内容积。

你应该知道，生产商是为大众生产产品的。这些大企业不可能专门为了你一人设计滑雪鞋或滑雪板。虽然他们也会调查细分市场并获取少数群体的反馈，但生产的产品仍然不能满足所有人的需求。你的需求应以下列两个问题为准。你是否已经达到滑雪鞋相应的身体能力要求？你的技能水平与滑雪鞋的设计特征是否相符？这两个问题可以帮助你在选择合适的滑雪鞋时节约时间和避免麻烦。

鞋垫

鞋垫指滑雪专用鞋内底，与滑雪鞋一同提供。但它们在设计上都比较柔软，适用于任何鞋底。如果想针对自己的脚形定制鞋垫，请联系认证矫形鞋生产商或专业调鞋师。与滑雪鞋搭配提供的标准鞋垫仅仅为了脚部舒适而采用，但定制鞋垫与你的运动特征相适应，起到良好的机械辅助作用。它们可以很好地衔接你的脚部和滑雪鞋，防止代偿性动作的出现；每次当你穿上鞋，脚部对位都相同，故而保证了站姿的一致性。如果不采用定制鞋垫，滑雪中的运气成分会较多，因为你可能难以保持身体平衡和正确的站姿。定制鞋垫让你的脚部得以放松，而不是费力支撑身体和调整位置，从而你能更好地应对山地滑雪中的挑战。以下情况表明脚部和滑雪鞋相互作用不良：

- 你的脚部和踝关节活动困难，因为器材在妨碍你的运动。
- 腿部肌肉紧张或痉挛，因为你总是在寻找滑雪鞋中的平衡点。
- 穿着滑雪鞋时感觉松弛和不适，尤其在换脚时。

生产商不可能考虑到每一种脚形，所以要由你自己根据需要自行调整，以提升滑雪体验和整体运动表现。

鞋筒硬度

鞋筒硬度是衡量你在基本站姿中让滑雪鞋前屈时塑胶鞋筒可移动和弯曲的程度。如果鞋筒太软，你的动作准确性就不高；如果太硬，你的动作会缺乏容错性。软硬合适的鞋筒不仅会提升滑雪表现，而且让人感觉舒适。有些滑雪鞋带有硬度调整功能，但大多数高性能滑雪鞋必须由调鞋师磨削或加层以降低或提高硬度。对每一类滑雪者来说，都有一些红色信号表明他们的鞋筒硬度存在问题。

强体能滑雪者

强体能滑雪者可能感觉他们的脚挤至鞋的前部，有下沉感，或者踝部无支撑。当你前屈时鞋的下部扭曲，你的滑雪鞋相对于你的力量来说可能太软了。滑雪时滑雪鞋笨重或松弛，以及护踝的缺失，都表明滑雪鞋太软。

弱体能滑雪者

弱能滑雪者可能会感到他们无法活动脚踝，滑雪鞋太僵硬，或者鞋筒在妨碍他们做屈曲动作。如果滑雪鞋前部让你感到在弯曲脚踝时像触到砖墙一样，那你的滑雪鞋可能是太硬了。滑雪过程中，如果你髋部过度屈曲且小腿笔直，可能是因为滑雪鞋太硬或者你的肌肉力量不足。初级滑雪者穿的滑雪鞋往往太硬，与他们的身体力量和技能水平不相称。

弱技能滑雪者

弱技能滑雪者可能会感到横向稳定性缺失。他们可能因腿部过度用力适应环境变化而产生小腿疼痛。弱技能滑雪者通常会配备过大的滑雪鞋。这是调鞋师的失误所致。他们应该知道，内鞋的尺寸与滑雪鞋整体尺寸是不同的。滑雪鞋应该让人感觉舒适合脚，而不是疼痛。在商店里穿上就感觉舒适的鞋不一定是合适的。需要多处调整的滑雪鞋可能看上去较小，但它们常常是最合适的。

综合式滑雪者

综合式滑雪者的鞋筒往往是要么太硬，要么太软。他们需要进行具体的评估，以定制合适的滑雪鞋。所有滑雪者都应该随着能力的提高不断调整鞋筒的硬度，但综合式滑雪者在各个层面会有不同的需求，因而选择的鞋可能太硬或太软。

鞋筒侧调

鞋筒的上部应与小腿位置相匹配。这是一项基本的调整，可以让同伴帮忙完成。取出滑雪鞋内胆，松开鞋侧面脚踝位置的铆钉。将鞋垫放在塑胶鞋壳内的鞋板上。踩进滑雪鞋，让同伴检查鞋筒上部的塑胶面是否在四周都与腿部距离一致。这个过程只需要花10分钟，但能在脚部和滑雪鞋之间形成很好的衔接。同样地，对每一类滑雪者来说，都有一些红色信号表明他们的鞋筒侧调存在问题。

强体能滑雪者

强体能滑雪者可能因鞋筒外侧的过度压力而产生胫骨摩擦感或小腿疼痛。他们身材结实，小腿外展（而不是内收）。虽然这只是个别情况，但如果鞋筒塑胶面接触到胫骨外侧，你就应该进行鞋筒侧调。

弱体能滑雪者

弱体能滑雪者可能因鞋筒上部存在压迫和限制而导致双脚血流不畅。他们的小腿往往形成A字形。当A形腿导致胫骨与滑雪鞋内侧发生摩擦时，你的小腿和脚部都会感到不适和疼痛。只要做出适当调整，他们就会有更好的滑雪表现，而且也能让小腿放松。

弱技能滑雪者

弱技能滑雪者可能因鞋筒位置不正确导致站姿不自然和失去平衡。应该调整鞋垫位置，往上调整鞋筒及至你的全身。尽可能地消除器材问题，这样弱技能滑雪者才能专注于关键能力的提升，并尽快取得训练成效。

综合式滑雪者

对于综合式滑雪者来说，鞋筒位置问题在于过度偏里或偏外。双脚的鞋筒位置可能有所差异，导致两侧不均衡，比如一只鞋筒太过偏里，而另一只太过偏外。当腿部对位不对称时，这种情况比较常见。所有滑雪者都应实现对位均衡，但综合式滑雪者可能存在位置不均衡的情况，在鞋筒调整时便能体现出来。

鞋底平衡

在你运动时，与下半身天然形态相适应的滑雪鞋使用起来既轻便又灵敏。你应当能够在大肌肉不发力的情况下侧向、前向和后向移动腿部。平衡度较佳的滑雪鞋可以改善你自身的平衡以及在长时间滑雪时提供更好的触感和舒适感。鞋底平衡是指将鞋的内底或外底进行磨削调整，从而实现膝盖中心与滑雪鞋中心对齐。通过改变滑雪鞋的几何形状，在滑雪者、器材和雪地之间达成协调一致。这种方法对部分人群效果明显，但对其他人效果微乎其微。以下根据滑雪者的类型，列出鞋底平衡不良的相关红色信号。

强体能滑雪者

强体能滑雪者将滑雪板推向一侧以进行立刃，此时可能产生膝盖疼痛和腿部晃动。他们的下半身姿势形如弯弓。他们在立刃时行进困难，因为相对于转弯的正常倾斜动作而言，他们的屈曲度过大。通过鞋底打磨，滑雪板会变得更轻巧易用，他们也可以不用蛮力且畅通无阻地进行转弯过渡。

弱体能滑雪者

弱体能滑雪者的膝盖可能会与对侧滑雪鞋顶部相冲撞，导致膝盖内侧擦伤。他们的下半身姿势呈A字形。他们常常难以立起板刃滑行。这是一种很不自然的感觉。你无法感觉到刃侧咬合，直到腿部和滑雪鞋倾斜角度达到极限。如果在鞋筒调整后，小腿仍然内敛，他们就必须进行鞋底打磨。

弱技能滑雪者

弱技能滑雪者可能发生髌骨肌腱疼痛，以及在尝试立刃时动作不稳定。他们尚缺乏足够的滑雪经验，不知道正确滑行时应该是什么感觉。所以鞋底平衡的任何问题都会增加他们的滑行困难，导致下半身肌肉和肌腱被过度使用。技术熟练后，他们便能够以合适的力度施加合适的压力。

综合式滑雪者

对综合式滑雪者来说，他们的鞋筒往往偏内或偏外若干度。在鞋底平衡调整时可以发现这种问题。对于所有滑雪者来说，小腿动作的对称与均衡是理想情况，而综合式滑雪者可能存在若干种弱点，比如一条腿内倾多于另一条腿，或者一条腿外展而另一条腿内收。尤其在遭受过骨折或膝盖损伤的情况下，此类问题更为常见。调整腿部位置，便可实现站姿的对称与平衡。

如果你存在以上问题，你膝盖的中心可能与滑雪鞋和滑雪板的中心没有对准，而是偏里或偏外。数毫米的鞋底调整就可以产生很好的效果。在继续下一阶段训练时，应先解决这个问题。最有效和持久的调整方法是按照最佳矫正度数修整鞋底。请选择一家擅长鞋底调整的器材店为你提供服务。

鞋筒旋转

在横平面和前后平面，器材的问题很容易发现和矫正。但旋转平面上的器材问题却较难发现。影响滑雪者脚部和腿部旋转的姿势问题通常都与生物力学相关，比如内八字、外八字、卡槽偏移等。腿部的下述动作会影响正常的身体外旋和内旋：双腿外摆，导致对位不良和失去旋转爆发力；或者双脚内收，干扰了脚部与滑雪鞋正常的作用机制。以下根据滑雪者的类型，列出旋转姿势不良的相关红色信号。

强体能滑雪者

强体能滑雪者的姿势略呈内八字形。他们的双脚脚尖向内，膝盖内收。大多数滑雪鞋的设计都可以适应这种姿势。但当他们换用新鞋时，他们会感觉脚背受压，而且好像脚趾在向内扭动。对鞋垫或鞋筒进行略微调整，即可解决以上问题。

弱体能滑雪者

弱体能滑雪者的小腿往往呈A字形，产生鸭形步。成年人双腿一般呈4 ~ 10度外展，或称外八字。若干种滑雪鞋设计可以适应这种姿势，使转弯更加容易。但滑雪鞋生产商对于外展程度及调整的方式均未能达成一致。身体发育也与对称性有关，因为年龄较小的滑雪者骨骼生长比肌肉和肌腱的生长更快，导致对位不良和过劳性损伤。

弱技能滑雪者

弱技能滑雪者可能会双腿外展或内收以抵消不良的身体对位。滑雪鞋都带有接合槽或接合卡口，用于连接固定器。紧贴脚部的内鞋位于接合槽的上方。接合槽的中心位于内鞋中心略偏里的位置，这样更有利于滑雪者立起内侧板刃。上述偏差称为卡槽偏移。不同的滑雪鞋，槽位偏差也有所不同。膝外展的滑雪者当卡槽偏移时表现较佳，而膝内收的滑雪者应设置更大的卡槽偏移。姿势规范的弱技能滑雪者在卡槽偏移较小时表现较佳。

综合式滑雪者

综合式滑雪者可表现出多种姿势问题。他们可能一条腿外展或两条腿外展，或者一条腿外展而另一条腿内收。因为问题特殊，所以需要专业的调鞋师对症下药。首先需要确定姿势错误之所在。他们需要进行具体的评估，以定制合适的滑雪鞋。

滑雪板

滑雪板对于实地滑雪习惯的培养起着非常重要的作用。挑选与滑雪地形相适应的滑雪板，首先应提出几个有关自身滑雪风格的问题。另外，你还应该了解帮助你进步的若干基本指标。回答滑雪风格相关问题时，你可以看到自己的行动模式，进而了解自身的需求。随后，你应该学习如何在相关地形和环境中适用滑雪板的特征，并且知道哪些类型的滑雪板可以与自身的身体和技术水平相匹配。

- 你是否希望先熟悉某一类地形，然后再接受新的挑战？如果是这样，你可以根据自己最喜欢的山地区域选择使用效果最佳的滑雪板。例如，粉雪滑雪板在深雪中可以抹雪行进和轻松转弯，但在硬雪上却效果欠佳。

- 你是否喜欢在山地漫游，并且花时间尝试每一项挑战，在不断的探索中行进？选择一种通用的滑雪板作为随身装备，在滑雪时应对多种挑战。全山地雕刻滑雪板在大多数环境和地形中都有很好的表现。

- 你是否想准备多种滑雪板以根据当天的环境条件进行选择？在每一类别中挑选性能最佳者，纳入自己的器材库。

- 你是否想在清晨进行道外滑雪，而用下午时间在压雪场地漫游？你需要使用既能掠过粉雪，又能在压雪中立刃的全山地滑雪板。当然，也可以挑选两种类型，在午饭时更换。

请根据你对以上问题的回答来选择满足你实际需要的滑雪板。下面介绍滑雪板的设计，以帮助你选好滑雪板的形状和类型，与你的常用地形相匹配。浏览以下清单时，请对照你的个人喜好，问问你自己，哪类设计对自己是最好的。

全山地滑雪板

全山地滑雪板又称多用途滑雪板，其拥有出类拔萃的设计质量。首先你要在滑雪板的重量、灵活性和稳定性之间进行利弊权衡。窄道滑雪要求动作快速而准确，此时你应该使用轻快灵活的滑雪板。如果滑雪板太重，立刃会比较迟缓，在窄道中滑行时会造成麻烦。而深雪滑行则要求使用略为宽大的滑雪板。考虑一下你喜欢哪些积雪环境和地形，以便选择合适的板形。

全山地滑雪板宽大的面积使其漂浮于粉雪上，其换刃速度快，在窄道中产生动态的反应。它们的长度与你的额头高度相近，有助于在雪包和陡坡窄道等困难地形中行动自如。雪包滑行时，较短的滑雪板（长度低于额头高度）用起来更为灵活，但与长滑雪板相比，你在开阔平坦雪面上滑行时会缺少一种酣畅淋漓的动感。

全山地通用滑雪板：全山地通用滑雪板可代替多种滑雪板的功能。其最适合的地形包括雪包、陡坡、林区和粉雪。这种滑雪板的通用性包括在压雪雪面上刻滑、在粉雪雪面上抹滑，以及在湿雪中全力推进等。它可以胜任多种条件下的滑雪运动，但在特殊情况下却无法取得最佳表现。

滑雪板结构名称

- **板头**——滑雪板前部的翘起部分。粉雪滑雪板拥有弯曲度较大的板头，而刻滑板板头的弯曲度较小。

- **板翘**——板头中最宽大的部分。板翘至板腰收窄幅度越大，滑雪板起滑速度越快。

- **板腰**——滑雪板中部部分，即脚部以下位置。窄板腰适合于硬雪雪面上的快速精准转弯，但宽板腰适合于深雪滑行。

- **板尾**——滑雪板末端的翘起部分。滑雪板板尾收窄至板腰的幅度越大，它结束转弯的速度就越快。为使转弯平稳结束，板尾收窄的幅度要小于板头。

- **正拱**——滑雪板的弓形设计，用于在整条滑雪板上均衡分配滑雪者的体重，以提升其稳定性和控制力。传统的正拱是将两条板底叠放。采用传统正拱的滑雪板适合冰面刻滑和全山地滑雪，但板头提前翘起的冲滑正拱或反拱（香蕉形）适合在深雪中产生大弧度抹滑转弯。

- **侧切**——从板头到板腰以及从板腰到板尾的收窄深度。深侧切的滑雪板适合抓住密实雪面以及进行急转弯。而较浅的侧切则有利于在粉雪和深雪雪面上进行大回转。

- **板芯**——用于使滑雪板保持稳定的木材或泡沫材料。木质板芯在硬度和耐久性方面各有不同，但在转弯过程中通常都比较灵活和有弹性。泡沫板芯价格比较便宜，但使用时往往会感觉有些潮湿。

- **头尾差**——板头和板尾的宽度差。如果两者宽度相近，板尾将遵循与板头几乎相同的弧线，形成急转弯。如果两者宽度相差较大，板尾在转弯结束时产生的影响也较小。

- **板面**——滑雪板最上层的材料，即带有图案的外表面。很多人在选择滑雪板时，板面也是很重要的考虑因素。精品滑雪板生产商可以制作个性化的板面。

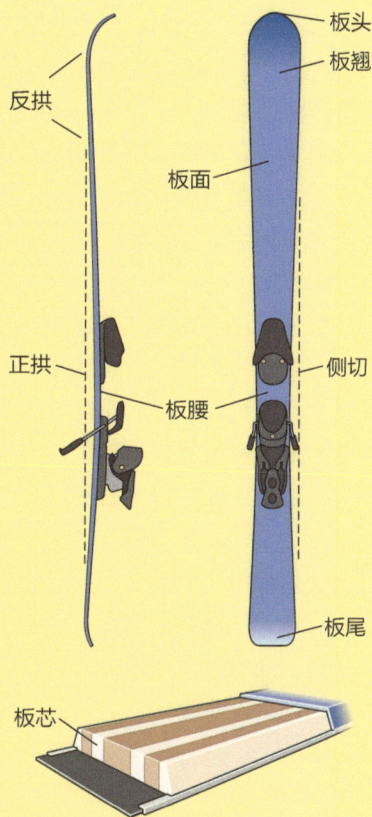

规格

- 板腰宽度：70 ~ 85毫米。
- 转弯半径：18 ~ 30米。
- 正拱：传统正拱、板头提前翘起的反拱、板翘反拱。

身体要求

1. 具备一定的敏捷性和速度，对环境和地形的改变能够做出反应。
2. 上半身和下半身动作灵活，可实现分离。
3. 可驾驭力量输出以施展爆发性动作和快速变向动作。

技能要求

1. 技能运用娴熟，可轻松在强力刻滑与轻盈的抹滑转弯之间做切换。
2. 上半身位置稳定，同时独立旋转腿部，实现沿窄道和滚落线的滑行。
3. 点杖时机得当，动作自然而有节奏感。

全山地中宽滑雪板：这种滑雪板与全山地通用滑雪板相似，但主要倾向于粉雪雪面的滑行。它适合于既喜好滑行粉雪，又爱在压雪雪面上刻滑的滑雪者。全山地中宽滑雪板的适用地形为积雪松软、深厚，且环境条件多变的多样化地形。在开阔的压雪雪道上刻滑，也可以使用此滑雪板。中宽滑雪板的宽度不如全反拱粉雪滑雪板，但其宽度足以在松软的粉雪上抹滑，以及在厚雪中提供一个稳定的台面。在密实的积雪雪面上，此滑雪板的抓地性能良好。全山地滑雪板也属于多用途类型。如果你想只用一条滑雪板实现多种滑行目的，它也是一种不错的选择。

规格

- 板腰宽度：75 ~ 112毫米。
- 转弯半径：17 ~ 21米。
- 正拱：传统正拱、全反拱、板头提前翘起的反拱、板翘反拱。

身体要求

1. 在多样化的地形中滑雪对爆发力有一定的要求。如果你缺乏爆发力，请选择硬度较小、长度较短、便于身体行动的滑雪板。
2. 耐力维系着力量输出，因而是一项基本要求。如果你缺乏耐力，你会产生代偿性动作且有受伤的风险。
3. 力量使你的动作收放自如，且能抵抗地形、环境和自然的作用。

技能要求

1. 掌握粉雪滑行的基本动作，包括双脚平衡和转向。
2. 掌握多种情况下的全山地滑雪战术。
3. 道外刻滑以获得更好的雪感。

刻滑板

刻滑转弯是高水平滑雪的必要环节。根据技术水平选择滑雪板时，你有若干项指标需要注意。为达到最佳刻滑效果，所选滑雪板的板腰应在63 ~ 75毫米之间，转弯半径应在

12 ~ 15米之间。窄板腰滑雪板可快速启动转弯，并划出紧致的弧线。刻滑板可朝各个方向转弯。即使你的技术水平尚需提高，刻滑板仍然是很好的训练器材。

通用刻滑板： 可以设想一下，你在全新的压雪雪面上滑出整洁的两条雪辙时的喜悦心情。即使你是一位弱技能滑雪者，通用刻滑板也能在你急转弯时保持平衡，让重力带给你全新的体验。使用通用刻滑板，弱技能滑雪者能够改进高水平滑雪所需的基本动作。通用刻滑板最适合的地形是环境稳定、地势均匀的压雪坡面。我在滑雪季开始时总是用短刻滑板，因为它能让我重新回顾基本的运动模式。无论对于初学者还是专业滑雪者，通用刻滑板都是很好的选择。但这种滑雪板的缺点在于，高速滑行时稳定性不够，而且在深雪雪面上漂浮能力不强。

规格

- 板腰宽度：65 ~ 75毫米。
- 转弯半径：12 ~ 18米。
- 正拱：传统正拱、板头提前翘起的传统正拱。

身体要求

1. 具备一定的髋部灵活性，以便于立刃操作和通过转弯吸收力量。
2. 具备一定的核心力量，用于在转弯的划弧阶段保持平衡和稳定。
3. 关节的横向稳定性较好，适合渐进立刃动作。

技能要求

1. 掌握基本的刻滑技能，且能在外侧滑雪板上保持平衡站姿。
2. 能够驾驭滑雪板通过急转弯，且不发生侧滑或板刃颤动。

竞赛滑雪板： 竞赛滑雪板穿戴好后感觉非常坚硬牢靠。它们刻滑的精准度极高。适用的最佳地形为均匀、致密的压雪雪面。过夜撒盐化雪后的坡面是竞赛滑雪板的最佳测试场地。软雪覆盖的起伏坡面可用于学习和体会高级竞赛滑雪板的使用方法。竞赛滑雪板是最好的刻滑类滑雪板，在密实雪面上高速滑行时表现优异，且板刃抓雪性能最佳。除了在密实雪面上表现极佳外，竞赛滑雪板也能帮助提高你的整体运动能力和动态滑雪技能。使用这样的滑雪板进行实地滑雪，也能提高动作效率和强化肌肉记忆。

与粉雪滑雪板和全山地滑雪板不同，竞赛滑雪板不适合漂浮抹雪（部分原因在于其较窄的板腰）。如果你确实需要深雪滑行，请加快速度用力推进。竞赛滑雪板在使用时的体力消耗较大。你需要持续专注和准确完成动作。板刃与雪面的接触比较稳定一致。竞赛滑雪板提供稳固、踏实的脚底感受，因而你在密实雪面滑行时会更有自信心。滑出弯道时，你的动作灵活而有力，非常激动人心！

规格

- 板腰宽度：62 ~ 70毫米。
- 转弯半径：12 ~ 40米。
- 正拱：传统正拱。

身体要求

1. 掌握正确姿势，可沿滚落线进行极限滑雪。

2. 动作高效，同时保持动态平衡。

3. 髋部在屈伸时保持稳定。

技能要求

1. 具备侧切意识，可利用滑雪板设计特征进行转弯。

2. 掌握立刃和施压，以收紧和张开弯道。

3. 腿部旋转时与上半身分离。

自由滑雪板或高山滑雪板

如今有更多的人掌握了粉雪滑雪技术。但是刚刚由粉雪覆盖的山峦到中午时便满是雪辙。如果你没法改变环境，那就抓紧时间赶快加入吧。自由滑雪板或高山滑雪板能帮助你积累宝贵的粉雪滑雪经验。而且你的学习曲线不会像使用窄腰滑雪板时那么陡峭。

现代的道外滑雪指的都是自由滑雪或高山滑雪，其战术包括高速大回转、粉雪抹滑、平滑减速、多地形冲刺、腾空翻转、转身逆滑等。高山粉雪滑雪板最适合的滑雪地形为道外地形。在道外区域，你可以选择自己的路线，比如高落差地带等。道外地形坡度各不相同，但由于滑雪板宽大、可漂浮，积雪密度看上去却比较一致。

很多自由滑雪者选用新式的滑雪板。这些滑雪板拥有较宽的鞋位且前体较直，这样在粉雪和深雪中滑行时会比较稳定。它们通过漂浮功能，避开了雪面以下的障碍与颠簸。反拱滑雪板看上去像滑水板，其板头和板尾均抬至雪面以上。这种构造有利于启动转弯，因为它易于漂浮和移位。反拱也有助于粉雪上的抹滑转弯。滑雪板生产商一般会对正拱、形状、硬度和头尾差等指标的多种设计方案进行试验。平直至正拱形的滑雪板用在粉雪雪地上可以带来不错的体验。但目前最常用的是半反拱滑雪板和全反拱滑雪板。

规格

- 板腰宽度：至少80毫米。
- 转弯半径：28 ~ 40米。
- 正拱：反拱、混合、板头提前翘起、板尾提前翘起、全反拱。

身体要求

1. 耐力基础和身体对位较好，可长时间进行高难度滑雪。

2. 凭借准确的运动姿势（而非肌肉力量）实现关节对位和位置稳定。

3. 柔韧性较佳，能够在粉雪高速转弯中传递力量和拉回腿部。

技能要求

1. 能够沿滚落线进行极限滑雪，通过髋部在外侧滑雪板上保持姿势稳定。

2. 熟悉滑雪战术，能够制订有效的休闲滑雪计划和复杂地形滑雪计划。

3. 腿部旋转时与上半身分离。

我们每个人的身体素质和运动能力都各有不同。想找到一种万能方法解决你在功能性动作、体能、技术、战术和器材方面的所有问题是不现实的。了解自己的技能类型，花点时间选择合适的器材，才是提高自身的最有效途径。这项活动不可以仓促进行，否则你一定会遭遇挫折。你将不得不在水平和耐力方面大费周折。慢慢地享受这个过程，乐在其中，你的训练效果会更显著、更持久。

7　8　9

第2部分

滑雪训练项目

第7章

功能性动作训练

正如第2章所言，强化运动表现金字塔中的功能性动作部分，是成为一流高山滑雪者的第一步。如果没有牢固的基础，高级的技术和爆发力动作只会掩盖你的弱点，并在后面的学习中造成更多问题。养成良好的运动习惯并对症下药地纠正弱点，将有助于你提高整体运动表现。

日常生活中的运动模式是你习惯的一部分，它们要么提升你的运动表现，要么妨碍你的运动表现。如果你忽视肌肉紧张、关节无力和身体两侧失衡等问题，不去解决它们，你很快就会觉得这些感觉很自然。你就会开始琢磨自己的运动能力到底出了什么问题。很多人把问题归咎于年老或慢性损伤，无法区分哪些问题是永久性的，而哪些问题是可逆的。你要充分利用休赛期训练身体的平衡性，一旦开始降雪，身体就要应对滑雪过程中严酷的挑战。

以下内容针对第 2 章中的功能性动作评估提供了训练方法。比如，如果你在过顶深蹲评估中表现出力量或关节活动度不足的情况，在本章中可以找到改善此动作的具体练习。如果运动模式中的弱点没有得到解决，关节活动度就无法达到滑雪运动中相应运动面的要求。在薄弱的身体基础上培养力量和爆发力只会适得其反，甚至会加重动作代偿的情况。因此，正确的灵活性和稳定性训练才是实现长远目标的第一步。

过顶深蹲

第 2 章第 11 页的过顶深蹲测试用于评估髋部、膝盖、脚踝和脊柱的双侧对称性以及功能灵活性和稳定性。第 12 页的表 2.1 提供与此测试分数相对应的灵活性和稳定性训练方法。如第 2 章所述，如果评估得分为 3 分，则只需要每 4 ~ 6 周再测试一次，跟踪技能水平的进展。

深蹲稳定性练习

进行下列练习，可在深蹲测试 1 ~ 3 分的基础上提高或保持身体稳定性。

深蹲渐进式
2分

臀肌和腘绳肌紧张会破坏拮抗肌群的平衡，导致关节负荷过大，尤其是膝关节。很多情况下，膝关节前交叉韧带的损伤都由疲劳外加这种常见的失衡现象所致。本练习可以拉伸臀肌、腘绳肌和脊柱。

做本练习时，双脚分开与髋同宽，且双脚保持平行站立。向下深蹲，膝盖与双脚对齐，胸部挺起，双臂上举过头顶。起身回归站姿。

a　　　　b

较容易的变式
- 用垫块把脚后跟垫高 2 英寸（5 厘米），进行同样的练习。

哑铃深蹲式
2分

  滑雪时，速度和地形产生的转向作用力会让腿部感受到更大的压力。负重可以增加灵活性训练的强度。这样当你真正面对高强度转弯运动时，你就能适应这种强度带来的感觉。本练习在增加平衡负重的条件下拉伸臀肌、腘绳肌和脊柱。

  做本练习时，双脚分开与髋同宽，且双脚保持平行站立。双手在身体前方胸部高度握住哑铃。缓慢地深蹲，然后回归站姿。下蹲时应从髋部、腿部和臀肌发力，而不是借助背部的力量。

后跟下沉深蹲式
2分

  僵硬的跟腱会严重影响踝关节连带滑雪鞋的屈曲动作。在深蹲的同时让脚后跟按不同高度垫高和后沉，可以拉伸跟腱和产生正确的肌肉记忆，帮助你做好深蹲动作。

  做本练习时，双脚分开站立，保持平行且与髋同宽。脚后跟垫高1.5 ~ 2英寸（4 ~ 5厘米）。身体深蹲，膝盖与双脚对齐，胸部挺起。伸出手臂，辅助身体平衡，然后回归站姿。重复上述练习，但每次使用更薄的垫板，降低后跟高度。如图所示抬高脚趾时，你会注意到自己的关节活动度和平衡感受到很大的影响。本练习可用做认知练习，用来确定滑雪鞋结构中任何斜坡角度的异常。

迷你带行走
1分

  克服厚重积雪和快速转弯产生的摩擦，需要进行阻力训练。本练习中，迷你带产生的恒定阻力可以帮助臀肌和双腿适应山地滑雪中的反作用力。滑雪板和雪地的相互作用产生阻力，类似于拔河游戏。迷你带行走主要锻炼臀肌和核心稳定肌群。

  首先下蹲四分之一或一半深度，然后将迷你带绕在双腿膝盖以上部位。往前迈步，同时摆动

对侧手臂。另一条腿往前迈步，摆动对侧手臂。整个运动过程中要让迷你带处于绷紧状态。朝前方、后方和两侧做同样的运动。

深蹲灵活性练习

进行下列练习，可在深蹲测试1 ~ 3分的基础上提高或保持身体灵活性。

触足渐进式
2分或1分

脚部的触觉感受器可以帮助你控制姿势以及沿竖向传导至滑雪板的脚底压力。本练习锻炼脚部灵活运动所需的感知力和柔韧性。本练习拉伸腘绳肌、跟腱、下背部和臀肌。

首先站直，脚趾用垫板垫高2英寸（5厘米），双手上举。腰部弯曲，用手触碰脚趾。如果触碰不到脚趾，则尽可能下探，但不要用力过度。双腿保持伸直，弯曲部位应该是髋部，而不是下背部。如果膝盖总是外展或内收，请在双膝之间放一卷毛巾，保持双膝与双脚对齐。在脚跟垫高的情况下重复上述动作。

跨栏步
2分

在困难和崎岖的雪地上滑行时，髋部和躯干的协调与稳定不仅要求有对称良好的功能性动作，而且脚踝、膝盖和髋部相互之间应对位正确。本项练习可以增强身体核心的稳定性与髋部的灵活性，同时在左右侧之间建立平衡。

做本练习时，应先站立在栏架或绳索后面。栏架应位于膝盖前，不高于髌腱底部。单腿平衡站立，另一条腿跨过栏架，在另一侧落地。前脚触地，然后越过栏架回归至原位，但不触碰栏架。

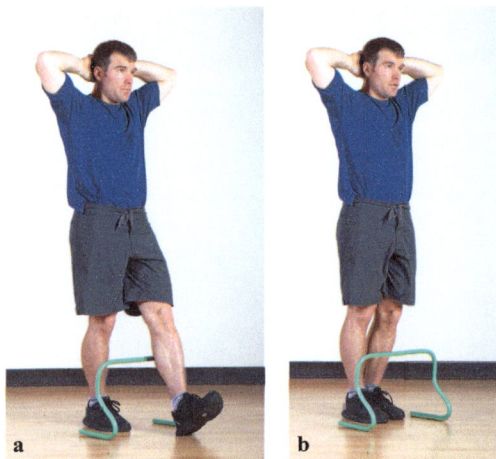

靠壁蝴蝶坐式

2分

柔韧性良好的髋屈肌和腹股沟肌肉可增强髋部灵活性和意外失衡时的复位能力，并且能提高你在腿部旋转和屈曲动作中的灵活性。本练习可以拉伸髋屈肌、股薄肌和缝匠肌，又称腹股沟肌肉群。

后背贴墙壁坐下，双脚脚底相接触。让腿部靠自身重量缓缓拉开膝盖间的距离，然后尽量将双脚拉向腹股沟位置。如果你难以保持背部笔直，请坐在瑜伽砖上。

深蹲伸展式

2分

此灵活性拉伸练习可增加深度屈曲时的关节活动度，对缓冲滑雪时的地形很有利。臀肌、腘绳肌都可以得到拉伸，另外本练习也能增强下背部的灵活性。

身体站直，双脚分开至少与髋同宽。腰部弯曲并用手抓住双脚，然后臀部下坐至脚踝位置，同时挺胸。双手继续抓住双脚，髋部用力起身，腿部伸直。

股四头肌和髋屈肌伸展式

2分或1分

股四头肌的频繁发力会使髂胫束收紧。如果没有进行伸展，膝盖部位会产生疼痛。本练习可以平衡和拉伸因重复运动而收紧的肌肉。它拉伸股四头肌、髂胫束和腹股沟肌肉，并增加前脚的背屈度。

进行本练习时，首先身体半蹲，一条腿弯曲，另一条腿放在稳定球上。向前做弓步，直至产生拉伸感。保持背部笔直和胸部挺起，才能对腹股沟肌肉和腘绳肌产生拉伸。

胸部90度伸展式

1分

部分滑雪者能轻松分离躯干与髋部，从而精准完成腿部转向，而另一些滑雪者却身体僵硬，难以做到。本练习可以放松髋屈肌，让双腿能轻松从一侧运动至另一侧。

做本练习时，首先仰卧，手臂朝两侧张开。双腿抬起呈L形，背部仍继续保持平贴在地上。核心紧绷，腿部下放至身体一侧，然后回归至中间位置，然后下放至另一侧。

稳定球伸展式

1分

滑雪时，肩部和胸部的肌肉始终都在工作，以完成点杖、推杖和稳定身体核心的动作。当天滑雪结束时，你的肩部和胸部会有僵硬感。灵活性训练有助于恢复和提高运动表现。本练习锻炼背部、肩部和核心。

首先，跪在稳定球后面，手臂伸出并放在稳定球上，掌心朝上。朝前推动稳定球，拉长背部并向前拉伸手臂。

较难的变式

● 可以放低姿势，坐在脚后跟上，以增加拉伸强度。

单腿蹲

第2章第13页的单腿蹲测试用于评估单腿支撑身体时的膝关节稳定性和髋关节灵活性。第14页的表2.2给出了与测试分数相对应的灵活性和稳定性训练方法。如第2章所述，如果评估得分为3分，则只需要每4～6周再测试一次，跟踪技能水平的进展。

单腿蹲稳定性练习

进行下列练习，可在单腿蹲测试1～3分的基础上提高或保持稳定性。

单腿蹲渐进式
2分

滑雪运动中，单腿平衡对于保持外侧滑雪板与身体之间的位置协调至关重要。只有通过外侧的位置协调，方能实现高水平的立刃和施压。单腿蹲练习可以在整个关节活动范围内增强力量和稳定性。

进行本练习时，双脚分开与髋同宽，将重心移至一条腿

上，并将双臂向两侧伸出。单腿支撑身体，缓慢降至深蹲位，外伸腿应与地面平行。用板凳支撑外伸腿，身体呈半蹲姿势。熟悉本练习后，可移除外伸腿的支撑物，并做出全蹲姿势。臀肌应保持收缩，且应避免压迫膝关节髌骨肌腱。

实心球单腿蹲
2分

单腿蹲姿势不如双腿蹲稳定。如果股四头肌和腘绳肌力量不平衡，则膝盖会晃动，并且会向内或向外倾斜。本练习可以帮助你适应山地滑雪中多变的地形和环境条件。它可以拉伸股四头肌、小腿肌、下背部和臀肌。

进行本练习时，站立并伸出双臂，将中等重量的实心球保持在胸前位置。单腿下蹲，蹲得尽可能低。稳定髋部和承重腿并缓缓起身。换另一条腿重复上述动作。实心球可以增加平衡，从而降低无负重单腿蹲的难度。

迷你带单腿蹲

2分

单腿蹲时使用迷你带增加阻力，可以帮助你提高在三维滑雪环境中的运动表现。本练习可培养平衡能力和增加下半身的功能性关节活动度。

执行本练习时，用迷你带绕住双腿膝盖。单腿下蹲并保持迷你带的张力。起身站立，同时保持双腿间距和迷你带阻力不变。臀肌应保持收缩，且应避免压迫膝关节髌骨肌腱。

单腿平衡

2分或1分

只有保持敏锐的空间感知，才能适应复杂多变的雪地环境。

执行本练习时，请单腿站立并闭上双眼。在没有视觉辅助的情况下，调整踝关节帮助身体平衡。抬起的腿尝试保持离地15秒，然后换另一条腿做练习。在重复此练习时睁开双眼，且头部向左、右转动。两条腿都需进行以上练习。

较难的变式

- 在做单腿平衡时，闭上双眼，且头部向左、右转动。

室内鹳式站立

1分

单腿稳定练习可以帮助你在滑雪转弯（从入弯到弯心）的整个过程中用外侧滑雪板保持平衡。转弯过程中不断在两条滑雪板间切换重心，会破坏滑雪板的转弯形状并造成滑雪板与雪面接触不良。而当骨骼对位良好，肌群力量均衡时，你才能驾驭滑雪板流畅地滑过雪面。如果关节未能对齐，你就难以保持平衡，且会代偿性地运用滑雪技术。本练习可以拉伸臀肌、股四头肌、腘绳肌和髋屈肌。

站立并挺直脊背，双手自然放在体侧。右脚在身后提起并接触臀部，然后用右手抓住右脚。保持良好的姿势，背部挺直并目视前方。

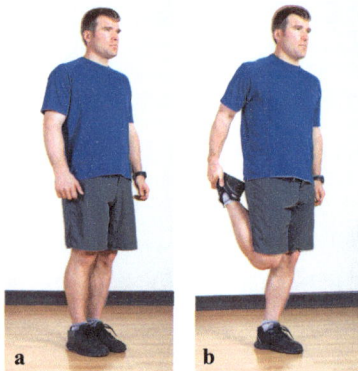

手抓膝踝式

1分

在滑雪转弯的过程中，腿部向外转的同时要保持上半身的良好对位，这样做可以获得稳定性，对于调动臀肌发力至关重要。内侧腿（本练习中为上提腿）让出空间可以帮助下伸腿（承重腿）在更大范围内进行横向运动。本练习可以拉伸髋屈肌和臀肌。

身体站立并挺直脊背。双臂自然放于体侧。提起右腿，一只手抓住膝盖，另一只手抓住脚踝，使膝盖外展。放下右腿，用另一条腿重复上述动作。

单膝跪式

1分

滑雪相关动作对髋部和腿部肌肉的平衡性和力量有一定要求。进入急转弯后，腿部旋转时要保持核心稳定，调整弧线半径。本项练习可以帮助你在旋转腿部时找到平衡。

首先，后退一步并呈弓步姿势，核心下沉，后腿膝盖接触地面。前腿应保持90度，胸部向上、向前挺。髋部和下背部的肌肉应该有收缩感。背部挺直，前腿膝盖不得超过脚尖。

举手单腿蹲式

1分

滑雪运动中身体两侧的协调至关重要，因为对侧的上肢、下肢需要在运动中一直保持平衡。

做本练习时，前跨步形成弓步式，核心下沉并使后腿膝盖接触地面。举起前腿对侧的手臂，以增加平衡难度并拉伸肩部和手臂。前腿应保持90度，挺胸抬头，面向前方。髋部和下背部的肌肉应当有收缩感。背部挺直，前腿膝盖不得超过脚尖。

辅助绳单腿蹲式

1分

　　在变换方向时，外侧腿主导发力对于运动准确性、身体平衡和立刃保持都至关重要。随着内侧腿的进一步弯曲，你必须在外侧滑雪板上保持平衡，因为你此刻的重心集中在外侧滑雪板上。本练习可以拉伸股四头肌、脚踝和臀肌。

　　将绳索系在木桩或固定物上并抓握绳索。单腿下蹲并朝前伸展双臂。身体屈曲至阻力点，但腰部不可弯曲。用脚后跟发力，恢复站立位。

单腿蹲灵活性练习

　　进行下列练习，可在单腿蹲测试1～3分的基础上提高或保持身体灵活性。

臀肌单腿桥式

2分

　　在腿部屈曲和旋转运动中激活臀肌，可以避免过度使用下背部肌肉和背部的过劳损伤。本练习可以拉伸臀肌、腘绳肌和背部。它也能增强髋屈肌的稳定性。

　　进行本练习，首先仰卧在地面上，膝盖弯曲呈90度。臀肌收缩，骨盆上抬，脚后跟和肩膀压住地面。然后一条腿伸直，在肩膀至脚踝之间形成一条直线。将身体重量完全集中在支撑腿上。保持该姿势，然后缓慢降低身体，使臀部略高于地面。

腿部升放式

2分或1分

身体对立两侧的协调运动，是高级滑雪动作的基础。但相当多的滑雪者某一侧身体强于另一侧，因而干扰身体的平衡和灵活性，导致动作低效、不对称和潜在的过劳性损伤。身体各平面的协调动作是对单一维度运动优势的补充，它有助于身体平衡，使你能够优雅又有节奏地转弯和滑行。本练习可以拉伸腘绳肌，同时提高稳定性，增强下背部的支撑基础。它对你的核心稳定性和身体对称性也有帮助。

进行本练习，先仰卧，双腿向上伸展，与地面呈90度。缓慢放下并抬起一条腿，臀部保持水平，下背部始终接触地面。用另一条腿做上述动作。

较容易的变式

- 练习时用弹力带绕住脚部。

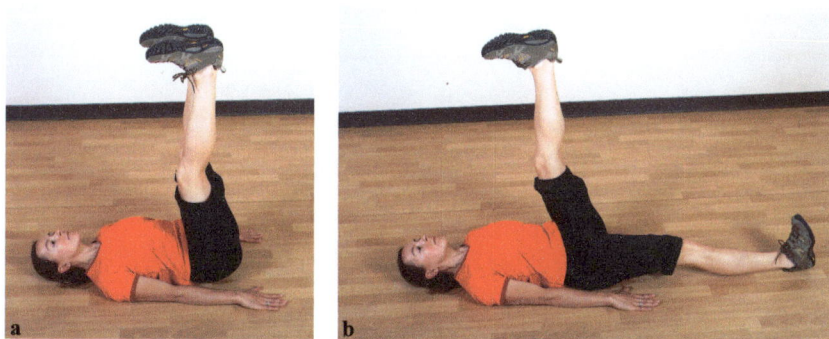

哑铃单膝跪式

1分

灵活性和力量的组合是精准动作的关键。本练习要求你在前后平面具备一定的平衡能力。另外，髋部需要具备一定的灵活性和稳定性，才能保持单腿前蹲姿势。

首先做好站姿，手持轻量级哑铃，用于培养髋部和臀肌的稳定性和力量。后退一步呈弓步式，核心降低，后腿膝盖触地。前腿保持90度，胸部前挺。髋部和下背部的肌肉应当有收缩感。背部挺直，前腿膝盖不得超过脚尖。

股四头肌和髋屈肌向后伸展式
1分

低位身体屈曲要求你的臀肌具有良好的稳定性。如果臀肌稳定性不佳，极限地形或转弯时的作用力都可能让你摔倒在地。

首先站直，抬起手臂，将手指锁扣在后脑位置。一条腿后撤，收缩臀肌。让后膝盖与后脚保持一条直线，放低后膝盖使其略高于地面。姿势不变，臀肌仍然保持紧张状态。后腿伸直，前腿发力回归站姿。在另一侧重复相同动作。

前弓伸展式
1分

虽然恢复性运动和目的性动态运动紧密相连，但两者都可以让关节活动范围达到最大。与雪山的野外环境不同，本练习以一种安全、可靠的方式训练你的全关节活动度。它可以拉伸腘绳肌、腹股沟、肩膀和下背部。

本练习先做好前弓步，后腿在身后伸直。前腿弯曲，膝盖不得超过脚尖。双手前置，手掌放在前腿膝部内侧的地面上。外侧手臂向外向上举，保持拉伸。交换手臂，用内侧手臂上举。回归弓步姿势，换身体另一侧重复上述动作。

旋转稳定

　　第2章第15页的旋转稳定性测试用于评估身体的交叉协调与核心稳定性。第15页的表2.3根据你的测试分数给出了相应的提升方法。如果评估得分为3分，则只需要每4～6周再测试一次，跟踪技能水平的进展。进行下列练习，可在该测试1～3分的基础上提高或保持旋转稳定性。

双臂交替前平板式
2分

　　身体核心发力在一开始可起到稳定躯干的作用，但很快会形成爆发性力量，引导滑雪板进入前方弯道。本练习锻炼肩膀、核心与臀肌。首先，摆出俯卧撑姿势。朝一侧扭转至侧平板式，右臂上举。稳定你的躯干和下背部。在另一侧重复同样动作。

较难的变式

- 摆好俯卧撑姿势。右腿尽量上抬。稳定躯干和下背部。在另一侧重复同样动作。

平板渐进式
2分

　　所有的滑雪动作都发自核心，而优秀的滑雪者都通过稳固的躯干和灵活的髋部产生爆发力。如果没有稳定的核心，你会像布偶娃娃一样松软无力。只有拥有了强健的核心，你的四肢才能协调运作。

　　进行本练习，需要面朝下摆好俯卧撑姿势，由前臂支撑身体。稳定你的躯干并保持该姿势90秒（平板式见图a）。身体中段不要弓起或下垂。身体上、中、下呈一条直线。接下来换侧卧式，用一侧前臂支撑身体并让身体呈一条直线。用下边的脚外侧和前臂支撑身体，保持该姿势90秒（侧平板式见图b）。如果想增加点难度，你可以同时进行这两项练习。先做前平板式，然后横向立起做侧平板式，每项练习保持90秒。增加侧平板式的锻炼强度，可以抬起上边的腿，双脚分开与髋同宽并保持90秒，然后再换对侧。

弓步斜砍式

2分

 旋转能力可以通过锻炼肩部、手臂、躯干和臀肌来提高。本练习可以培养核心稳定性，在身体中央形成支点，以便四肢灵活动作。本练习可以锻炼你的肩部、核心和手臂。

 首先做好弓步式，前腿靠近滑轮机并与其相垂直。握住手柄，将绳索拉至胸部，朝背离滑轮机方向旋转。开始时面向滑轮机做动作，完成动作时，你应背对滑轮机。

半跪棍式

1分

 躯干与腿部分离，是动态转身和强大核心运动的有效技巧。当下半身倾斜且躯干保持平稳时，立刃滑行的角度才能很好地把握。本练习可以拉伸下背部、臀部和肩膀。

 进行本练习需要先弯曲一条腿，双手持棍横过肩背。上半身保持直立，躯干朝前腿方向拧转。保持该姿势30秒，朝另一侧做相同动作。

髋部侧转式

1分

对称转弯要求身体两侧的灵活性相当。本练习可以检测出你身体左右侧的不平衡，可以增强核心和上腹部灵活性。它们对于上下半身分离都是不可或缺的。

进行本练习，应先仰卧，双臂分开，掌心向上。双腿呈90度弯曲，膝盖上提，脚离开地面。将膝盖转至身体一侧，同时背部和肩膀仍紧贴地面。将膝盖转回中心位置，然后转至对侧。膝盖应始终保持90度角。

较容易的变式

- 做上述动作时，用双腿内侧夹住排球或类似大小的球。用双腿将球滚至一侧和另一侧。你朝两侧运动时，球应始终接触地面。

健身马式

1分

相对的身体部位，如右腿和左臂，常常同时动作，形成平衡力以保持身体对位。本练习培养核心稳定性和双侧协调。它锻炼你的躯干、肩膀和臀肌。

首先让身体俯卧在稳定球上。用身体核心固定球体，然后再做手臂和腿部动作。同时伸出一条腿和对侧手臂。将手臂和腿缓缓放下，然后伸出另一侧的腿和手臂。

膝平板式

1分

身体核心的稳定能帮助你把握力量强度和改善运动效率。当重物放在纸牌搭的房子上时，纸牌会倒塌散开。如果你缺少核心稳定性，你的力量就会像那个纸牌房子一样。本练习可以锻炼你的躯干、肩膀和背部。

首先做出俯卧撑姿势，膝盖和前臂放在地面上。稳定你的躯干并保持该姿势90秒。你的膝盖、背部和肩膀应呈一条直线。

稳定球扭转式

1分

如果因为稳定性的短暂缺失而无法立刃，你在多次转弯的过渡期间动作会显得笨拙。强壮的腹肌让身体保持正直和稳定。本练习可以拉伸核心和背部肌肉。

做本练习需要仰卧在稳定球上，双腿弯曲呈90度角。保持球体平稳的前提下将躯干缓缓扭向左侧，腹肌应收缩。应使用肩膀和躯干发力，而不是你的髋部和腿部。回到起始姿势，然后缓慢扭转至右侧。

坐姿旋转式

1分

灵活的躯干有助于变换方向和有效刹车。如果下背部僵硬，关节活动度将受限，转弯也就无法顺利完成。上半身灵活性欠缺，则全身只能作为整体运动，使动作受限。本练习可以拉伸核心肌群和躯干旋转肌。

做本练习，首先应双腿盘坐在地面上，在胸前横向持棍。脊柱正直，肩膀和木棍水平，躯干向左扭转。躯干回到正位，面朝前方，然后向另一侧做同样动作。

侧弓步

第2章第16页的侧弓步测试用来评估你的髋部的横向关节活动度。另外，它还可以评估你的外侧腿伸展，内侧腿屈曲时躯干保持正直的能力。第17页的表2.4根据你的测试分数给出了相应的灵活性和稳定性训练方法。如果评估得分为3分，则只需要每4～6周再测试一次，跟踪技能水平的进展。

侧弓步稳定性练习

进行下列练习，可在侧弓步测试1～3分的基础上提高或保持身体稳定性。

举手后弓步

2分

臀肌的锻炼可以稳定和拉伸髋屈肌，而髋屈肌又带动腿部肌肉的收缩和舒张。本练习拉伸髋屈肌、臀肌、股四头肌、肩膀和核心稳定肌。

进行本练习，先双腿并拢，手臂放在体侧。做后弓步式，臀肌收缩，后脚脚趾与后腿膝盖对齐，胸部挺起。举起前腿对侧的手臂。回到正常站立位，换另一侧的腿部和手臂做动作。

哑铃直臂侧弓步

2分

激烈运动时，强健的股四头肌、髋屈肌和小腿肌对于重心的下沉非常重要。重心放低要求你挺胸做好预备姿势，且腰部不可弯曲。

进行本练习，应双脚分开与髋同宽，在前方持握哑铃。一条腿侧跨步并保持伸直，同时身体下沉，另一条腿屈曲，直至大腿与地面平行。保持该姿势，在胸部高度将哑铃前推。起身回到起始姿势。在另一侧做相同动作。

弹力带旋转式

1分

厚重积雪和陡坡产生的阻力要求你不断地立刃和起刃。如果弹力带的作用导致你的膝盖紧张或颤动，那么，在滑雪转弯时的作用力也会造成相同的结果。训练双腿在阻力作用下运动，可以避免腿部颤动。本练习可以拉伸和稳定你的臀肌、内收肌和外展肌。

进行本练习，应采用半蹲姿势，在膝盖以上部位用弹力带绕住双腿。让左腿保持稳定，髋部和肩膀前挺，右膝来回移动。双腿互换进行上述动作。

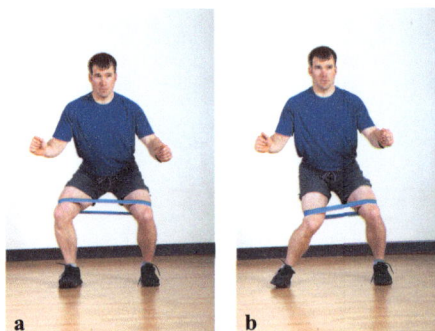

弹力带臀部拉伸式

1分

单腿稳定支撑身体，同时运动另一条腿，可以帮助你独立运用多种滑雪动作。繁多的滑雪动作会在多个平面考验你的平衡能力。本练习可以拉伸和稳定臀肌、内收肌和外展肌。

进行本练习，应将弹力带的一端系于固定桩上，另一端系住一只脚的脚踝。双手叉腰置于髋部，用核心发力。将系弹力带的单腿朝侧面伸展，然后回到原位。为达到最佳锻炼效果，腿部应缓慢地拉紧和释放弹力带。双腿互换进行上述动作。

稳定球侧弓步

1分

在横平面的动态运动中，一条腿屈曲与另一条腿的伸展同时进行。在各水平等级的滑雪运动中，都可以看到以上运动模式。但它在高级滑雪运动中最为明显，因为滑雪运动员采用长短腿技法完成顶峰段转弯。本练习可以拉伸股四头肌、髋屈肌和小腿肌。

做本练习时，首先坐在稳定球上，采用下蹲姿势，双脚分开。横向滑动身体，一条腿弯曲，另一条腿伸展，且姿势放低。胸部挺起，在侧弓步时使用球体保持正确姿势。小心不要下坐或斜倚在稳定球上。回到起始姿势，在另一侧做上述动作。

举手侧弓步

1分

激烈运动时，强健的股四头肌、髋屈肌和小腿肌对于重心的下沉非常重要。重心放低要求你挺胸做好预备姿势，且腰部不可弯曲。

进行本练习应先双脚分开与髋同宽，手臂自然下垂。一条腿侧跨步并保持伸直，同时身体下沉，另一条腿屈曲，直至大腿与地面平行。外伸腿应伸直，双脚压住地面。双脚脚尖朝前。将外伸腿一侧的手臂向上举起。保持该姿势，然后回到起始姿势。在另一侧做相同动作。

侧弓步灵活性练习

进行下列练习，可在侧弓步测试 1 ~ 3 分的基础上提高或保持身体灵活性。

交叉弓步下压

2分

所有的滑雪转弯运动都要求弯曲和伸展腿部。你需要具备一定的横向灵活性和旋转灵活性，才能完成上述动作。我们日常生活中的大部分运动都是直线形的，导致髋部和髂胫束僵硬和不平衡。横平面的柔韧性有助于精细动作，实现立刃和起刃。本练习拉伸髋部、臀肌和髂胫束。

首先双脚分开与髋同宽，手臂举起，将双手扣在脑后。左腿撤到右腿后方，髋部和肩膀前挺。身体下蹲，右脚跟始终踩地。双脚脚趾朝前。回到起始姿势，双腿互换做练习。

内收肌与外展肌弹力带拉伸式
2分

在横穿山地滑雪的过程中，你需要进行很多次小回转和即时打破动作引导滑雪板穿过山丘，此时髋部灵活性就必不可少。灵活的髋部还能帮助你实现上下半身的分离。本练习可以拉伸臀肌和髂胫束。

本练习需要仰卧在地面上，伸展双腿，并将弹力带绕过一只脚。用另一侧的手抓住弹力带的另一头，将系带侧的腿拉至未系带侧的腿的上方。尽可能向上拉伸，但不能产生疼痛。保持该姿势3秒。将系带侧的脚拉至身体对侧，保持该姿势3秒。用另一条腿重复上述动作。

虫式
1分

肩部和核心的稳定能够增强内部支撑，以便进行小回转、大回转和滚落线滑行。滑雪杖用于提供外部支撑，但是内部稳定性也必不可少。本练习可以拉伸臀肌、腘绳肌和小腿肌，以及改善下背部的稳定性。

做本练习应弯曲腰部，用双手接触地面，腿部保持笔直。改变屈体姿势，将双手交替平移至头的前方。继续前移你的双手，达到俯卧撑姿势位置或更远位置。腿部伸直，双脚靠近双手位置，回归屈体姿势。

脚踝拉伸式

1分

　　小腿的前向和斜向对称性动作可改善胫骨和滑雪鞋的接触，以便更好地在滑雪板前段发力。前向发力可调动滑雪板前部进入转弯。本练习可以拉伸小腿肌和跟腱。

　　进行本练习，首先做好半跪姿势，将木棍立在脚的外侧。木棍帮助膝盖始终与脚部对齐。腿部前屈，膝盖与脚的中部对齐。脚后跟应始终触地。

股四头肌拉伸式

1分

　　滑雪中的重复动作会让髋屈肌和股四头肌变僵硬，缩短腰大肌等起支撑作用的肌肉，同时在下背部产生压力。本练习可以拉伸股四头肌、髂胫束、腹股沟，以及增加前脚的背屈度。

　　本练习应采用半蹲式，一条腿弯曲，另一条腿在身后折叠。将后脚脚背倚靠在墙面上。肩膀朝墙面施压，让后腿折叠，后脚接触臀部和墙面。向前做弓步，直至产生拉伸感。交换双腿并重复上述动作。

弹力绳侧臀内收

1分

　　单腿稳定支撑身体，同时运动另一条腿，可以帮助你独立运用多种滑雪动作。繁多的滑雪动作会在多个平面考验你的平衡能力。本练习可以拉伸臀肌并增强其稳定性。

　　进行本练习，应将弹力带的一端系于固定桩上，另一端系住一只脚的脚踝。双手叉腰置于髋部，用核心发力。将系于弹力带的单腿朝侧面伸展，然后回到原位。为达到最佳锻炼效果，腿部应缓慢地拉紧和释放弹力带。双腿互换进行上述动作。

　　做完上述练习，你能很明显地感觉到提高，比如你的髋部动作更加流畅自然，核心也更为稳固。你的躯干会变得更加笔直，而你在日常弯腰时活动范围也会增加。你在雪地上也会找到更好的平衡感，更容易控制四肢运动。建立起良好的运动机制后，你在技术方面才能取得长足的进步。弥补了功能性动作的不足后，就可以开始进行各项力量和爆发力训练，增强技能进步所需的体能。

第8章

体能训练

　　本章与第3章的评估部分配套使用，它提供了用于强化滑雪体能的训练方法，以便你日后进入运动表现金字塔的后两个层级，即技术和战术。功能性动作是你最初的滑雪运动基础。第二层级，体能，是更高层级的基础。你只有先找到合适的训练方法，培养心肺适能、肌肉适能、力量和爆发力，才能打好体能基础。

　　当你的力量和心肺适能得到提高，你就能怀着饱满的热情学习滑雪技术和战术。你将有信心应对山地滑雪中的各种挑战。

心肺训练

以下训练可以和自己喜欢的有氧运动同时进行。根据第3章的心肺适能评估，它们被分为3类：有氧、无氧阈和无氧爆发力。每一类别中都提供了训练相关的详细信息，针对不同的心肺水平采用不同的训练区间。

依据心率（HR）目标和心肺适能目标进行训练时，应当知道，心率的提升需要点时间。你的心率并非总能反映你运动的强度。第3章介绍了运动自觉量（RPE）的概念，以帮助你调整运动强度与心率区间相适应。在训练开始时或间隔期内，运动自觉量非常有用，因为你要用它确定你的运动强度，直至你的心率上升并成为参考指标为止。随后，你的运动间隔期越短，运动自觉量监测就越重要。你可能没有足够时间将心率提升至目标区间，尤其是在最初几组运动中。但随着训练时间的延长，你的心率会提升得更快，让你更快地进入所需的心率区间。最容易监测和控制心率的运动方式包括跑步机、固定自行车和椭圆训练机等。山地骑行、越野跑、徒步旅行、公路骑行、越野滑雪和山岳滑雪都是提升心肺耐力的极好方法；但如果需要按照训练指导中的区间进行，你需要再付出点努力。

进行下列训练时，在最初的3组运动中，你可能难以让心率达到区间2或区间3。疲劳时，你的心率很容易攀升至更高区间，但它可能无法准确反映你的运动强度。在部分情况下，肌肉疲劳会阻止你达到更高的心率区间。在心肺与肌肉训练之间达到平衡，可能纠正上述问题。

有氧训练（区间1）

相信很多人都对有氧训练有所了解。在有氧训练中，你的心跳会加快，然后保持运动心率40 ~ 60分钟。当你做完运动回到家中，你体内的内啡肽会告诉你，今天练习得不错。你会再接再厉。在此区间练习是很有必要的，但它仅仅是训练的一部分。在完整的心肺训练计划中，以上有氧水平仅仅是中速挡，帮助你过渡到无氧区间的更高挡位。

如第3章有氧评估部分（参见第31页）所述，有氧适能的训练在区间1进行。而你的目标是在喜欢的运动项目上延长连续运动的时间。（表3.1提供了跑步和骑行这两种常见运动的计划示范。）以上运动的关键是跟踪你的心率，确保自己的训练强度与区间1相符。这样你就只需要专注于有氧系统的输出。根据你的测试得分（3分、2分或1分）进行合适的有氧训练，相关时间指导可参见第31页表3.1。

无氧训练（区间2和3）

从有氧区间过渡到无氧区间，对于滑雪运动来说是很重要的，但你的训练水平必须能够短期提升心率。以下训练项目可帮助你过渡到区间2。滑雪运动对心肺水平的要求是体现在多方面的。有氧、无氧阈和无氧爆发力训练可以让你在心肺功能都得到提高。

无氧阈训练（区间2）

无氧阈训练包含中度力量的爆发，或者在区间2心率范围内进行2 ~ 5分钟的分组训练。

（更多信息参见第32页的无氧评估部分。）你的目标是在乳酸开始积累时增加运动量，因为乳酸会导致肌肉发热和疲劳。长坡段滑雪要求持续进行肌肉发力，而以上分组练习恰恰能产生好的效果。它们训练身体将过量的乳酸转化为身体燃料，扩大精准运动的范围并延迟疲劳发生的时间。

至少每两周评估一次你的无氧阈，以监测你的进展。你可以自选训练项目进行无氧阈的训练。每项训练都提供了指导，与你在第3章中的评估得分相对应。每次训练时，都要进行5～10分钟的热身运动，让心率进入区间1。

无氧阈基础训练

本项训练与第3章中的无氧阈评估做法相同。你应当至少每两周做一次，以监测你的进步情况。根据第32页的指导，尽可能多次进行3分钟分组运动。让你的心率保持在区间2，如果它在主动恢复期的2分钟内无法再降至区间1，则结束此次运动。

如果能完成4组，请按2分的指导训练。如果能完成7组，请按3分的指导训练。更多信息请参见第33页的表3.2。

无氧阈增强训练

为使区间2的训练更为有效，你在整个分组运动中应保持相同的强度。你的目标是通过RPE和心率监测，在整个分组运动期间保持该运动强度。首先按2分钟一次，做5～10次选定运动（最好是跑步机跑步或骑行）。两次之间积极性休息1～2分钟，休息时心率为区间1。每次恢复期后检查你的心率。如果心率在休息期结束时无法恢复至区间1，则此次运动结束。如果你能完成10组2分钟分组运动，请将分组运动时间延长30秒，以提升自己的能力。开始时可以设定每组5次的目标。如果你能在少于2分钟的休息时间内恢复，你就可以缩短组间的积极性休息时间。

无氧阈梯级训练

本项训练可以增强你用较长时间在区间2运动的能力。长雪道、厚重积雪和大雪包的滑雪环境要求你进行长时间、紧张的肌肉动作，而在本项训练中也有类似的要求。此类训练帮助你逐渐增加滑雪距离并进行更多动态控制。你的目标是根据你的得分从最短运动时间开始训练（参见第33页表3.2）。增加你做每组运动的时间，直至达到最大运动时间。本训练称为梯级训练，因为你会有一个不断攀升的过程。你在两组运动之间可以休息2分钟，但在休息期后无论心率是否恢复，你都应该完成所有分组运动。

3分

如果你的无氧阈评分为3分，你的无氧阈训练组数应比在基础训练中正常完成的组数少2组。在3～5分钟之间均匀分配各组训练。

比如，如果你在基础训练中能完成7组3分钟分组运动，那么在本项训练中应做5组（一组3分钟，一组3.5分钟，一组4分钟，一组4.5分钟，一组5分钟）。

2分

如果你的无氧阈评分为2分，你的无氧阈训练组数应比第117页基础训练中正常完成的组数少1组。同时应在3~4分钟之间均匀分配各组训练。比如，如果当前在基础训练中能完成4组3分钟分组运动，则在本训练中应做3组（一组3分钟，一组3.5分钟，一组4分钟）。

1分

如果你的无氧阈评分为1分，你的无氧阈训练组数应比在基础训练中正常完成的组数多一组。同时应在2~3分钟之间均匀分配各组训练。比如，如果你在基础训练中能完成2组3分钟分组运动，那么在本项训练中应做3组（一组2分钟，一组2.5分钟，一组3分钟）。

无氧阈360度训练

与梯级训练类似，本项训练增强你用较长时间在区间2运动的能力。但区别在于开始时和结束时的分组运动时间相同，这样每次训练在时间上形成一个圆形，即360度角。本训练中间部分所用时间应为相应分数的最大时间（参见第33页表3.2）。你在两组运动之间休息2分钟，但在休息期后无论你的心率是否恢复，你都应完成全部分组运动。

3分

如果你的无氧阈评分为3分，你的无氧阈值训练组数应比第117页基础训练中正常完成的组数少2组。从3分钟分组运动开始，逐渐增加至5分钟，然后减少时间，最终仍为3分钟。比如，如果你在基础训练中完成7组3分钟分组运动，那么在本训练中应做5组（一组3分钟，一组4分钟，一组5分钟，一组4分钟，一组3分钟）。

2分

如果你的无氧阈评分为2分，你的无氧阈训练组数应比第117页基础训练中正常完成的组数少1组。开始和结束时分组运动时间为3分钟，其余分组为4分钟。比如，如果你在基础训练中完成5组3分钟分组运动，那么在本训练中应做4组（一组3分钟，两组4分钟，一组3分钟）。

1分

如果你的无氧阈评分为1分，你的无氧阈训练组数应比第117页基础训练中正常完成的组数多1组。开始和结束时分组运动时间为2分钟，其余分组为3分钟。比如，如果你在基础训练中完成3组3分钟分组运动，那么在本训练中应做4组（一组2分钟，两组3分钟，一组2分钟）。3分钟组的组数始终比基础训练中少一组。

无氧爆发力训练（区间3）

这些训练采用高强度分组运动，时长在20~120秒，心率在区间3。（更多信息请参见第32页的无氧评估部分。）你的目标是增加可以使用爆发力的时间。

无氧爆发力训练可以帮助你用较长时间进行最高强度运动，产生强有力的爆发性动作，以完成整个滑雪过程或摆脱困境。

至少每两周进行一次上述无氧爆发力评估，以监测自己的进步情况。以下基础训练与第 3 章中的评估做法基本相同。你可以自选训练项目以培养无氧爆发力。每项训练都与你在第 3 章中的测试得分相对应。开始训练前，应始终在区间 1 热身 5 ~ 10 分钟。

无氧爆发力基础训练

本训练与第 3 章的无氧爆发力评估做法相同。至少每两周进行一次，以监测你的进步情况。根据第 32 页的指导尽量多次地进行 30 秒分组运动。让你的心率保持在区间 3，如果在主动恢复的 2 分钟内心率未降至区间 1，则此次训练结束。当你能进行 5 组分组运动时，请遵循 2 分对应的训练指导。当你能完成 8 组分组运动时，请遵循 3 分对应的训练指导。

无氧爆发力增强训练

与区间 2 训练一样，为了保持区间 3 的高效训练，你应在整个分组运动期间保持该运动强度。你的目标是通过 RPE 和心率监测，并在整个分组运动期间保持该运动强度。首先按 20 秒一次，做 4 ~ 12 次选定运动。两次之间积极性休息 2 分钟，休息时心率为区间 1。每次恢复期后检查你的心率。如果心率在休息期结束时无法恢复至区间 1，则此次运动结束。只要你完成 12 组 20 秒的分组运动，你就能再增加 5 秒，以提高你的能力。以 4 组为目标，再次进行运动。

无氧爆发力梯级训练

本训练可以帮助你用更长时间在区间 3 进行运动。目标是从测试分数所对应分组的时间下限开始（见第 33 页表 3.3），每组增加时间，直至达到时间上限。如前文所述，本训练称为梯级训练，因为这是一个不断攀升的过程。你在两组运动之间可以休息 2 分钟，但在休息期后无论心率是否恢复，你都应该完成所有分组运动。

3 分

如果目前的无氧爆发力评分为 3 分，则无氧爆发力训练组数应比基础训练中正常完成的组数少 3 组。同时各组训练的时间应在 30 ~ 120 秒之间均匀分配。比如，如果目前在基础训练中完成 8 组 30 秒分组运动，那么在本训练中应做 5 组（一组 30 秒，一组 55 秒，一组 75 秒，一组 95 秒和一组 120 秒）。

2 分

如果目前的无氧爆发力评分为 2 分，则无氧爆发力训练组数应比在基础训练中正常完成的组数少 2 组。同时各组训练的时间应在 30 ~ 60 秒之间均匀分配。比如，如果目前在基础训练中完成 6 组 30 秒分组运动，那么在本训练中应做 4 组（一组 30 秒，一组 40 秒，一组 50 秒和一组 60 秒）。

1 分

如果目前的无氧爆发力评分为 1 分，则无氧爆发力训练组数应比在基础训练（参见第 119 页）中正常完成的组数多 1 组。同时各组训练的时间应在 20 ~ 30 秒之间均匀分配。比如，如果目前在基础训练中完成4组30秒分组运动，那么在本训练中应做5组（一组20秒，一组23秒，一组25秒，一组27秒和一组30秒）。

无氧爆发力360度训练

与无氧爆发力梯级训练类似，本项训练可以增强在区间3运动更长时间的能力。其区别在于开始时和结束时的分组运动时间相同，使得训练时间形成完整的一圈，即360度。训练中间部分的训练时间应为你的分数所对应的最长训练时间（参见第33页表3.3）。两组运动之间休息2分钟，但在休息期后无论心率是否恢复，你都应完成全部分组运动。

3分

如果目前的无氧爆发力评分为3分，则无氧爆发力训练组数应比基础训练（参见第119页）中正常完成的组数少3组。开始和结束时的分组运动时间为30秒，其余每组的训练时间在60 ~ 120秒之间，最长训练时间的分组安排在训练中段。比如，如果目前在基础训练中能完成8组30秒分组运动，那么在本训练中应做5组（一组30秒，一组60秒，一组120秒，一组60秒和一组30秒）。

2分

如果目前的无氧爆发力评分为2分，则无氧爆发力训练组数应比基础训练（参见第119页）中正常完成的组数少2组。以30秒分组运动开始和结束，其余分组的训练时间为60秒。比如，如果目前在基础训练中能完成6组30秒分组运动，那么在本训练中应做4组（1组30秒，2组60秒，1组30秒）。

1分

如果目前的无氧爆发力评分为1分，则无氧爆发力训练组数应比基础训练（见第119页）中正常完成的组数多1组。以20秒分组运动开始和结束，其余分组的训练时间为30秒。比如，如果目前在基础训练中能完成4组30秒分组运动，那么在本项训练中应做5组（1组20秒，3组30秒，1组20秒）。本训练中30秒分组运动的组数始终比基础训练中少1组。

混合心率区间训练（区间1、2和3）

这些训练中的有氧运动流程也包含无氧分组运动。这些训练非常好，因为你可以跨区间进行训练，从而最大限度地延长训练时间并减少起止要求。它们也让你更容易地增加肌肉负荷而不改变心肺负荷，你可以进一步提升速度和力量，更快地跑起来，让心率提上来。但在进行上述训练前，你需要在各区间都打下良好的基础。在第3章的所有3项心肺评估（有氧、无氧阈、无氧爆发力）中均至少达到2分，才能进行混合心率区间训练。

你至少应每3周进行一次无氧阈和无氧爆发力评估，以监测进步情况。如果你发现自己的运动表现进入其中一个特定区间，则在下一个3周的周期内再次进行单一区间训练。在恢复混合心率区间训练时，要重点关注缺少的训练项目。

请记住，在混合训练中，不同区间所用分组训练时间并不一定需要与第3章（以及之前的非混合训练）中的时间范围相匹配。比如，你可以在区间2内做30秒或60秒一组的分组训练，只要平均运动心率靠近或进入区间2，就可以同时提高无氧阈。以下部分列出的混合心率区间训练适用于区间1和区间2，对于分组时间小于2分钟的训练，这些训练可在区间2内进行。

以下是混合心率区间训练的一些示例。在混合心率区间训练前两组中，可以用区间1进行有氧能力训练。它也可以用于区间2和3的主动恢复。每个运动流程中的最末分组始终是区间1内的2分钟恢复期。根据需要放慢速度，但继续保持运动，让心率重新降至区间1。如果没有恢复至区间1，则不要开始下一项运动流程。现在你可以进行放松运动。

区间1和2的混合心率区间训练

以下训练项目是非常好的无氧阈值训练（区间2），同时也适用于锻炼有氧能力（区间1），因为这些训练流程要求做至少7分钟的连续运动。

训练1		
重复以下18分钟的训练流程，直至心率在最后2分钟分组运动中无法再恢复至区间1。重复3～4次是一个很好的目标	●5分钟热身 ●区间2内1分钟 ●区间1内1分钟 ●区间2内1分钟 ●区间1内1分钟 ●区间2内1分钟	●区间1内1分钟 ●区间2内1分钟 ●区间1内2分钟 ●区间2内2分钟 ●区间1内2分钟

训练2		
重复以下12.5分钟的训练流程，直至心率在最后2分钟分组运动中无法再恢复至区间1。重复4～6次是一个很好的目标	●5分钟热身 ●区间2内30秒 ●区间1内30秒 ●区间2内30秒 ●区间1内30秒 ●区间2内30秒 ●区间1内30秒	●区间2内30秒 ●区间1内30秒 ●区间2内30秒 ●区间1内30秒 ●区间2内30秒 ●区间1内2分钟

训练3		
重复以下12分钟的训练流程，直至心率在最后2分钟分组运动中无法再恢复至区间1。重复4～6次是一个很好的目标	●5分钟热身 ●区间2内15秒 ●区间1内15秒 ●区间2内15秒 ●区间1内15秒 ●区间2内15秒 ●区间1内15秒 ●区间2内15秒 ●区间1内15秒 ●区间2内30秒 ●区间1内15秒	●区间2内15秒 ●区间1内15秒 ●区间2内15秒 ●区间1内15秒 ●区间2内15秒 ●区间1内15秒 ●区间2内15秒 ●区间1内15秒 ●区间2内15秒 ●区间1内2分钟

训练4		
重复以下14.25分钟的训练流程，直至心率在最后2分钟分组运动中无法再恢复至区间1。重复3～5次是一个很好的目标	●5分钟热身 ●区间2内1分钟 ●区间1内1分钟 ●区间2内1分钟 ●区间1内1分钟 ●区间2内30秒 ●区间1内30秒 ●区间2内30秒	●区间1内30秒 ●区间2内15秒 ●区间1内15秒 ●区间2内15秒 ●区间1内15秒 ●区间2内15秒 ●区间1内2分钟

区间1和3的混合心率区间训练

以下训练针对无氧爆发力（区间3）和有氧能力（区间1），其训练流程包含至少5.5分钟的连续运动。

训练1

重复以下12分钟流程，直至心率在最后2分钟分组运动期间不再恢复至区间1。重复4～6次是一个很好的目标

- 5分钟热身
- 区间2内1分钟
- 区间3内1分钟
- 区间1内30秒
- 区间3内1分钟
- 区间1内30秒
- 区间3内1分钟
- 区间1内2分钟

训练2

重复以下13分钟流程，直至心率在最后2分钟分组运动期间不再恢复至区间1。重复4～6次是一个很好的目标

- 5分钟热身
- 区间2内1分钟
- 区间3内1分钟
- 区间1内1分钟
- 区间3内1分钟
- 区间1内1分钟
- 区间3内1分钟
- 区间1内2分钟

训练3

重复以下7.5分钟流程，直至心率在最后2分钟分组运动期间不再恢复至区间1。重复2～4次是一个很好的目标

- 5分钟热身
- 区间3内20秒
- 区间1内10秒
- 重复8次
- 区间1内2分钟

训练4

重复以下10.5分钟的训练流程，直至心率在最后2分钟分组运动中无法再恢复至区间1。重复4～6次是一个很好的目标

- 5分钟热身
- 区间2内1分钟
- 区间3内30秒
- 区间1内30秒
- 区间3内30秒
- 区间1内30秒
- 区间3内30秒
- 区间1内2分钟

区间2和3的混合心率区间训练

以下训练用于提高无氧能力（区间2和3中的无氧阈和无氧爆发力），同时通过包含至少7分钟连续运动的训练流程来锻炼有氧能力（区间1）。

训练1

重复以下12分钟流程，直至心率在最后2分钟分组运动期间不再恢复至区间1。重复4～6次是一个很好的目标

- 5分钟热身
- 区间2内1分钟
- 区间3内1分钟
- 区间2内3分钟
- 区间1内2分钟

训练2

重复以下12分钟流程，直至心率在最后2分钟分组运动期间不再恢复至区间1。重复4～6次是一个很好的目标

- 5分钟热身
- 区间2内2分钟
- 区间3内1分钟
- 区间2内1分钟
- 区间3内1分钟
- 区间1内2分钟

训练3

重复以下12分钟流程，直至心率在最后2分钟分组运动期间不再恢复至区间1。重复4～6次是一个很好的目标

- 5分钟热身
- 区间2内1分钟
- 区间3内2分钟
- 区间2内2分钟
- 区间1内2分钟

训练4

重复以下12.25分钟流程，直至心率在最后2分钟分组运动中不再恢复至区间1。重复4～6次是一个很好的目标

- 5分钟热身
- 区间2内2分钟
- 区间3内1分钟
- 区间2内1分钟
- 区间3内30秒
- 区间2内30秒
- 区间3内15秒
- 区间1内2分钟

肌肉适能、爆发力和敏捷性训练

打好灵活性、稳定性和耐力这些基础后，就可以将力量、爆发力和敏捷性的训练组合在一起。滑雪的力量训练可以帮助你提高在山地多变条件下的运动表现。增强力量最终可支持长距离的爆发力输出，而无须牺牲精度或效率。爆发力对于全山地滑雪至关重要，因为需要使用有力的腿部和稳定的躯干来应对陡峭、崎岖的地形。稳定性来自强健、均衡的躯干肌肉，让你在动态滑雪中控制好手臂和腿部。

敏捷性训练可以增强你对外部刺激做出响应并迅速调动肌肉的能力。以下练习会帮助你提高在身体各平面上快速、有效运动的能力。敏捷性练习也会刺激中枢神经系统，帮助你完成快速方向变更、加速和减速。该要素将滑雪表现的各方面联结到一起，包括功能性动作、稳定性、耐力、力量和爆发力。

肌肉适能训练

高山滑雪让身体上下半身都运动起来，下半身肌肉（髋屈肌、股四头肌、腘绳肌、小腿肌、踝和脚部）主要负责转弯。滑雪力量训练必须专门针对用于转弯和应对不同地形的主要肌群。训练内容也必须足够广，让身体保持良好的平衡，可以在所有平面恢复初始姿势并完成对称性动作。虽然下半身的肌群更大，可以在大多数地形和雪面上缓冲直接作用力，但上半身在平衡感、雪杖使用和稳定性方面同样重要。如果没有身体上、下两部分的均衡结合，就容易出现技术缺陷和肌肉失衡。

很多高山滑雪团队都进行了人体运动学测试和运动实验，其表明下半身的肌肉群是竞技滑雪的主要运动肌群。测试和相应的训练专注于上下半身在多个平面上有效运动的能力。核心和上半身力量通过互补的肌群和躯干稳定性使得整体运动表现更完美。腹部、下背部和躯干上部与下半身协同配合，同时通过腿部的扭转和倾斜来操纵滑雪板。肩部和手臂肌肉参与点杖和平衡的动作。虽然下半身的肌肉是关键，但平衡感良好的滑雪者的上半身也拥有肌肉对称性。完成第3章中的评估后，可以使用以下训练达到你的力量、敏捷性和爆发力要求。

从简单地形过渡到困难地形，就是从二维滑雪过渡到三维滑雪。同时涉及平衡多个不同平面和重物移动的交叉力量训练对于高级环境滑雪最为有益。虽然在一个方向上锻炼肌群的练习有助于学习运动模式，但在掌握了正确的姿势和执行技巧后，多平面练习更为可取，如在滑雪模拟器上进行的练习或在其他器材上进行的挑战平衡性的举重练习。针对1分的练习主要是一维的，而3分的练习则是三维的。

上半身力量训练

在转弯过程中积蓄能量时，上半身力量会帮助身体摆出有效的姿势以保持平衡和使用雪杖。为进一步改善或维持上半身适能，请进行以下分别对应1～3分的练习。

俯卧撑

3分、2分或1分

如果支撑肌肉不够强大，无法稳定关节头和关节窝，那么，从雪丘通过滑雪杖传导至肩部的作用力就足以损害肩关节。

在本练习中，首先做好俯卧撑准备姿势，肩关节正确就位。从耳部到脚跟保持一条直线，降低身体直至下巴和胸部同时接触到地面。重新撑起身体并重复上述过程，直至完成建议的重复次数。肩部肌肉必须保持参与，防止肩胛骨打开，并且腹部和臀部的肌肉必须保持活动，以防止腰部下塌。

变式

- 较易：双手放在凳子上做俯卧撑。
- 较难：双脚放在凳子上做俯卧撑。

稳定球俯卧撑

3分

虽然在健身房内运动时，外部影响始终是静态的，但在动态中进行平衡调节让滑雪运动更为独特。因此，你必须进行相应的训练。稳定球为本练习增加另一个维度，它可以向两侧和前后移动。

进行本练习时，应采用俯卧撑姿势，胫骨放在稳定球上并保持平衡，双手撑地且与肩同宽。让身体保持稳定，缓慢降低至地面，然后用力推起身体至起始姿势。有意识地撑起身体可以在本训练中增加爆发力要素。身体应该保持良好对位，以帮助在球上保持稳定。

回到双臂伸展姿势时，不要弓起身体。

变式

- 较易：膝盖放在球上做俯卧撑。
- 较难：脚踝或脚趾放在球上做俯卧撑。

哑铃卧推

3分或2分

滑雪时，你需要不断地使用手臂、胸部和肩膀向上推起或向上抬起，以便推上平缓的雪坡、稳定地点杖，以及通过点杖恢复平衡。

进行本练习时，身体仰卧在长凳上，将重物举在肩膀正上方。保证从肩膀到膝盖对齐。每次在一侧做练习，将重物放低并立即推举起来。用另一条手臂重复该过程，继续练习至完成建议次数。手臂在伸展和弯曲时应达到完整的关节活动范围。保持腹肌的参与，以避免在推举重物时弓背。

变式

- 较易：在练习中同时移动两个哑铃，或者使用杠铃。
- 较难：在练习中每只手使用不同的重物，或者单手持有重物。

脚部抬高仰卧划船

3分或2分

当你跌倒时，你的自然反应是伸出手臂保护头部和核心。如果上半身力量不足，就会失去抵御因跌倒产生的作用力的能力。最常见的滑雪外伤是因收回伸展的手臂而导致的拇指扭伤。

在本练习中，首先将杠铃杆放在深蹲架或史密斯机器上与腰部平齐的高度。仰卧，脚后跟放在稳定球上。核心保持收缩，肩胛骨平贴背部（而不是像鸡翅一样向外张开），拉起身体直至胸部接触杠铃杆，然后降低身体，保持脚后跟放在稳定球上，应避免腰部向下塌。保持身体连线笔直和杠铃杆高度，使手臂可以完全伸展。

变式

- 较易：双脚放在台阶上进行练习。
- 较难：在练习中将胸部下降至低于双脚的位置。

跪姿单臂划船
3分或2分

当野外滑雪环境让你像椒盐卷饼那样弯来扭去时，你的核心肌肉会帮助你保持稳定、平衡和良好的身体对位，使动作更高效。如果这些肌肉力量太弱，你在山上就会感觉被推来撞去。如果肌肉力量较强，你的稳定性会比较好，当遇到困难地形时可以撑起来。

进行本练习时，跪在缆绳拉力器前，双膝放在托垫上，背部挺直。用一条手臂抓住滑轮带，像划船一样拉动。拉起尽可能大的重量，但不要朝任何方向移动躯干。重复进行规定的次数，然后换另一侧手臂执行练习。将配重片下降至手臂伸直的位置，并且你的脊柱应保持与地面垂直。另外，为避免躯干扭转，要收紧腹部和臀部的肌肉。

变式

- 较易：执行练习时单膝跪地，另一侧膝盖则在身体前方。
- 较难：坐在稳定球上执行本练习。

胸部推举
1分

在滑雪运动中，强壮的胸部肌肉可以支撑站立姿势，有助于形成动态运动所需的良好运动姿态。胸部和肩膀肌肉不够发达会导致驼背，这需要下背部和髋部进行代偿，从而造成疼痛和损伤。

执行本练习时，在长凳上仰卧或坐下，将杠铃杆握在胸部水平。用正握法抓住杠铃，向上伸展双臂。将杠铃下降到起始位置，感受胸肌的拉伸。双手握杠的距离应足够宽，以保持肩部的灵活性。将重物缓慢恢复到起始姿势，以受益于肌肉的协同收缩（即负向运动）。

水平划船
1分

    稳定核心并锻炼胸部和手臂，可以增强协调多个身体部位所需的力量。在滑雪中，核心力量可让腿部和手臂高效地工作，并在正确的时机移动，以正确地运用技巧。

    执行本练习时，站在杠铃前面，并稍微弯曲膝盖。保持背部挺直，弯腰抓住杠铃。将杠铃拉起到腰部，核心和背部的肌肉都要参与发力。降低杠铃，直到双臂伸直。保持膝盖稍微弯曲，背部挺直。僵硬的腘绳肌往往会导致背部弯曲。

颈前下拉
1分

    滑雪者要用手臂和背阔肌做出推拉动作，以便在转弯和将自己从一个点推进到另一个点时控制滑雪杖。

    执行此练习时，坐在长凳上并面向配重架。使用宽握法，抓住连接着缆绳的单杠。将单杠拉到胸部，然后使其返回，直到双臂伸直。按建议的次数重复此动作。双手握杠的距离应足够宽，以保证肩部的灵活性，但不要过宽，导致动作范围受限。另外，将单杠缓慢返回，以受益于肌肉的协同收缩（即负向运动）。

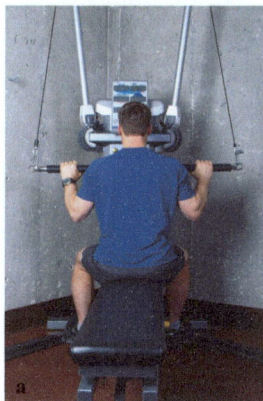

核心力量训练

    核心力量将帮助你高效而精确地移动。由于所有运动都始于身体的中心，因此核心就是身体宇宙的中心。四肢的工作取决于核心力量。如果核心稳定而有力，你就能够有效、动态地让手臂、腿部、臀部的肌肉及其余的外部肌群合作。为进一步改善或维持核心适能，请进行以下分别对应1～3分的练习。

仰卧起坐掷实心球

3分或2分

全山地滑雪者必须能够做出快速的核心反应，以调整平衡或执行弹震式动作。核心和四肢的协调是滑雪成功的基础。本练习可以增强背部和躯干的力量，而抛接则是一项很好的身体核心爆发力练习。

执行此练习时，屈膝躺在地上，并将实心球拿在头顶上方。使用胸前传球技术将球扔给搭档。当搭档接住球并立即将其扔回时，让你的躯干向后摆并为下一次躯干推动的传球重新积蓄能量。避免用手臂完成所有工作，要专注于传球，以使球不会从你的手中溜走。

变式

- 较易：执行此练习时使用过顶传球的方式。
- 较难：增加球的重量。

侧掷实心球

3分或2分

侧向腿部运动要求核心保持朝相反方向用力并准备好能量爆发。缺乏这种能力的滑雪者经常全身用力才可以将滑雪板向两侧移动。上半身稳定会让侧向倾斜和转动双腿的效率高得多。本练习可以增强腹外斜肌的力量，而抛接则是一项很好的身体核心爆发力练习。

执行此练习时，平行于砖墙或混凝土墙站立，半蹲，然后双手握住实心球。肩膀向墙壁的反方向转动，为躯干积蓄能量，然后用尽所有核心爆发力将球击向墙壁。完成动作时，躯干应朝向墙壁。球反弹回来时将球接住。保持稳定，用髋部发起投掷动作，保持挺胸，并通过上背部和手臂旋转，而不是通过下背部旋转。

单杠提膝

3分

如果增强了腹肌和髋部屈肌的力量，就可以在滑雪中更好地控制动作，因为在有限的腿部运动过程中，前后平面的控制取决于强有力的核心。

执行此练习时，握住高杆，双腿伸直悬垂。屈曲髋关节，将膝盖向胸部抬起，直到膝盖向肩膀移动。放低双腿，直到髋和膝呈一条直线。不要弓背。你应该稳定骨盆，保持腹部和臀肌紧绷。

站姿划桨

3分、2分或1分

在紧张的室内训练期，有时候离开健身房是最好的选择。考虑一下水上活动吧。划桨是一项极好的核心有氧训练，因为在水中有力地划桨推进的能力取决于你的总力量。该运动也是在厚厚的积雪中推进滑雪板的写照。在平静水面上的站姿划桨运动可增强核心力量，改善平衡，稳定肌肉并使神经末梢更敏感，这些都有利于滑雪。

基本的划桨动作要求手臂伸直，还需要上半身旋转技巧，这些同样适合滑雪。下半身要在板上保持平衡，同时上肢推动自己和桨板在水中滑行。

执行此练习时，将下臂拉向髋部，完成一次划桨动作。注意手臂不要超过髋部，因为这样做只会带起水花，而不会向前推动，破坏了动作的效果。伸直上臂，将臂部运动和体重的作用结合到划桨中。如果上臂弯曲，力量只会来自双臂。保持划桨动作与桨板平行，使自己直线前进。

仰卧举腿

2分或1分

任何单独训练上半身或下半身的核心力量练习都是好的滑雪练习。本练习要求在训练髋屈肌时借助长凳稳定上半身，然后将腿拉向髋部，然后再拉向天花板。

执行此练习时，仰卧在长凳上，并且双腿在长凳外伸直。抬起双腿直到大腿垂直，并屈膝。将骨盆从长凳上抬起，并尝试让双

脚伸向天花板。将骨盆回到长凳上并重复动作。屈曲幅度越深，下腹部得到的锻炼就越多。确保此活动不会对背部造成压力。记住要保持背部稳定和有力，这样骨盆才能够在任何前后方向的运动中保持稳定。

变式

- 较易：在地板上执行此练习。
- 较难：执行此练习时保持膝关节伸展，也可以在脚踝处添加负重。

仰卧起坐

1分

核心稳定性有助于在滑雪转弯之间的移动中处理各种方向的作用力。仰卧起坐及卷腹、侧卷腹和负重仰卧起坐等变式非常有用，因为它们可以增强核心力量或核心稳定性。

执行此练习时，仰卧并且膝盖弯曲呈90度。上半身作为一个整体抬起，双臂抱在胸前。从地板上抬起时，从腰部和髋部发起动作，而不要卷曲背部。

变式

- 较易：在坐起来时，让搭档按住你的脚。
- 较难：将腰部放在稳定球上，双手放在头后面，然后坐起来。还可以在坐起来时将躯干向一侧扭转。

下半身力量训练

下半身力量可以帮助你保持平衡，高效地旋转滑雪板和立刃，适应崎岖的地形并执行恢复动作。构成下半身的稳定性、灵活性和力量的生物力学链为应对所有滑雪挑战提供了基础。如果这些要素有所缺失或不平衡，你在山上的感觉可能就像从独木舟上开炮——瞬间就会天翻地覆。为进一步改善或维持下半身适能，请进行以下分别对应1～3分的练习。

单腿前蹲

3分、2分或1分

滑雪者需要结合髋部灵活性与核心稳定性，并且把握好动作的正确时机。优秀的滑雪者在主动转腿时上半身会非常平稳。此练习在保持脊柱和胸部竖直的同时可以打开髋屈肌。

执行此练习时，站立且双手在头后面互锁。首先弯曲前侧腿的膝盖和髋部开始下蹲，直到后侧膝靠近地板。重复动作并换腿执行。保持挺侧胸并收紧臀肌。另外，在屈膝时要保持前侧膝在脚的正上方。

变式

- 较易：执行此练习时，将双手放在身体两侧。
- 较难：将一只脚的顶部放在身后的台阶上。穿上负重背心或拿着杠铃、哑铃或壶铃。为了在练习中增加另一个维度并增加腹部的锻炼，可以用一只手握住重物，并垫高脚。

侧弓步

3分、2分或1分

滑雪者需要大范围地左右移动。此练习可以打开髋屈肌，拉伸腘绳肌和股四头肌。

执行本练习时，双脚分开与髋同宽站立。向一侧跨出一步，并向后下蹲，以跨出的腿为支撑腿。在向下屈腿时，双脚的脚尖务必指向前方。弯曲的膝盖应在脚的正上方，而后腿应完全伸直，并且脚平放在地面上。向后蹬起至站立姿势，并按规定的次数重复本练习。换另一侧重复练习。在屈曲时，集中注意力向下、向后移动，屈曲髋部而不是脊柱。

变式

- 较易：执行本练习时，双手在身体两侧拿着重物。
- 较难：双手在身体两侧拿着哑铃，然后在站起来时将哑铃举过头顶。

稳定球桥式

3分、2分或1分

由于滑雪对关节活动度和平衡性都有很高的要求，因此在室内使用稳定球进行练习可以有助于提高雪上技巧。在此练习中，球的不稳定性使得桥式动作的难度更高。

执行此练习时，采用仰卧姿势，并将双脚的脚后跟放在稳定球上。臀肌发力，将髋部向天花板抬高。肩、髋和膝应始终呈一条直线。按规定的次数重复练习。抬起髋部时，应该感觉到臀肌和下背部的参与。

变式

- **较易**：执行练习时，将脚后跟放在长凳上。
- **较难**：执行练习时，将单脚或双脚的脚后跟放在稳定球上。抬起髋部时，弯曲双腿使球靠近自己的臀部。如果只垫高一条腿，则在屈腿时将未垫高侧的大腿带向胸部。

罗马尼亚硬拉

3分、2分或1分

在滑雪中，恢复动作取决于在关节活动度极限上保持平衡的能力。许多练习可以扩大关节活动度并要求在举起重物时保持协调性，这些练习可以帮助你建立可能的恢复动作区域。

进行本练习，应双脚分开与肩同宽，双手握住一个杠铃。以髋部为轴向前弯曲，将身体向地面降低。弯腰时，保持肩、髋和头对齐，并保持背部平直。回到直立姿势，重复动作。弯腰时，尝试向后坐，将重量在整只脚上平均分配。

变式

- **较易**：执行练习时不使用重物，重点是锻炼腘绳肌和臀肌。
- **较难**：执行练习时使用更大的配重。

爆发力和敏捷性训练

　　爆发力和敏捷性练习对运动表现金字塔的滑雪体能板块很重要，因为它们可以帮助你在快速滑雪时自如地完成动态运动。当遇到雪丘、狭窄的滑道、回旋处或穿过密集的树木时，快速而带有预判的移动可以让你避免令人沮丧的启动停止节奏，并流畅且自信地成功应对挑战。大多数技术性动作都对爆发力和技巧有同等的高要求。这些动作的组合可以为滑雪增加必要的速度。

爆发力练习

　　滑雪中的爆发力是加速和减速运动的独特结合，看起来和感觉上都像在斜坡上的韵律舞蹈。在慢镜头中，这些动作看起来完全没有节奏感。它们不断地反复组合前后和侧向的平衡调整、下坡并进入下一个转弯、扭转身体以实现良好的对位，以及用于平衡上下半身的反向运动。除非进行仔细分析，否则很难分辨这些快速的动作。爆发力动作练习可增强存储能量并随心所欲爆发能量的能力。如果缺失此要素，则运动传递可能会勉强且不自然。为进一步改善或维持爆发力，请进行以下分别对应1 ~ 3分的练习。

侧向跳箱

3分、2分或1分

　　在滑雪中，臀肌、腘绳肌和股四头肌像线圈一样蓄能并释放，所产生的爆发力可为长时间艰苦的路段积累体力。较大的垂直路段需要在下坡时滑出环环相扣的连续弧形。

　　执行此练习时，需要找到一个6 ~ 16英寸（15 ~ 40厘米）高的箱子。将一只脚放在地板上，另一只脚放在箱子上。侧向跳过箱子，落地时交换双脚位置（在箱子上的脚应落在地板上，在地板上的脚应落在箱子上）。立即跳回到起始位置。按照与分数相对应的重复次数（参见第38页的表3.7）重复此过程。

单腿交替跳箱

3分、2分或1分

　　前后调整有助于在滑雪板上保持良好的对位，从而保持良好的平衡。此练习着重于独立的腿部动作，这是高级滑雪的重要组成部分。

　　执行此练习时，需要找到一个6 ~ 16英寸（15 ~ 40厘米）高的箱子。采用半蹲姿势，一只脚踩在箱子上，双臂做好准备姿势。跳起来，伸展踝、膝和髋关节。在空中交换双脚位置，落地时将另一只脚踩在箱子上。保持良好姿势，挺胸并协调摆臂动作，就像在跑步一样。脚放在箱子上的时间要尽可能短，按照与分数对应的重复次数（参见第38页的表3.7）重复此爆发性动作。

团身跳

3分、2分或1分

涵盖完整关节活动度的爆发性动作对于动态运动以及恢复和躲避等动作都是必需的。团身跳可以帮助你重新调整对位并重新获得平衡。

执行此练习时，从大腿平行于地板的团身姿势开始。保持下蹲30秒，然后快速用力全身伸展。双腿屈曲轻轻落地，然后恢复为下蹲姿势。按照与分数相对应的重复次数（参见第38页的表3.7）重复此过程。

侧向跳栏

3分、2分或1分

跳过任何物体都会增强腿部弹性和敏捷性；但是，跳起时侧向移动就类似于从一个转弯跳到另一个转弯时的动作。此练习可帮助你在侧向运动中建立快速反应。

执行此练习时，需要找到一个6 ~ 16英寸（15 ~ 40厘米）高的障碍物。越过障碍物并以稳定的姿势落地，然后反方向越过障碍物，并以平衡姿势用另一只脚着地。利用髋部和双臂向上越过障碍物的运动产生爆发力。这也有助于协调全身动作。按照与分数相对应的重复次数（参见第38页的表3.7）重复此练习。

跑步上坡和步行下坡

3分、2分或1分

跑步上坡和步行下坡的结合是滑雪的绝佳组合训练。上坡的阻力有助于训练腘绳肌、小腿、臀肌和髋屈肌的爆发性动作。下坡部分在另一个方向上加强股四头肌和腘绳肌的力量。

同样，离开健身房是保持兴趣的关键。选择户外活动（例如跑步或徒步）可以改变训练节奏。

执行此练习时，可在附近的小山丘或陡峭的山坡的顶部选择一个目的地。跑步上坡，步伐短而快，保持双脚的运动，并且手臂向后、向前和向上移动。保持呼吸放松而稳定，将注意力集中在山顶而不是脚上，否则会破坏姿势和士气。到达山顶或坡顶后，徒步下山。背着负重背包走下山会导致腿部肌肉离心收缩。在下山的每一步中，脚落地都会使其股四头肌拉长和腘绳肌回缩。这种肌肉收缩几乎与在一个强有力的滑雪转弯时腿部肌肉发生的收缩完全相同。

敏捷性训练

敏捷性使你可以在滑雪时高效地存储和释放能量。在短暂的转弯中，上半身和下半身扭转的方向相反，就像螺旋弹簧一样储备能量，随时可以将能量动态地释放出来。当滑雪运动存储和释放能量时，就像弹弓一样，释放的张力将你从一个转弯推进至另一个转弯。另一种可能是陷入困境，每次转弯都要从零开始。反应性和动态的爆炸性能量（通常称为敏捷性）对于在斜坡上运用技巧调整、技巧执行、地形战术和恢复动作也有一定的作用。为进一步改善或维持敏捷性，请进行以下分别对应 1 ~ 3 分的练习。

敏捷梯

3分、2分或1分

本练习中的各种步法模式混合了大部分根深蒂固的默认动作。随机应变地运用各种弹震式动作是模拟山上不可预测地面变化的最佳训练。意外遇到的条件和地形要求快速更改动作，这必须在几秒钟内完成。练习多种动作会在雪地上取得回报。

执行此练习时，你需要在地板上放置敏捷梯或胶带。根据分数，使用以下其中一种变式（参见第39页的表3.8）。

进—进—出—出

1分

在滑雪中需要不断用脚进行微调，以在崎岖不平的地面上保持平衡。此练习要求在进出梯子时快速完成向前和向后的调整。

执行此练习时，站在梯子的一侧并面向梯子。听口令"1、2"，迅速将右脚踩进第一格，然后左脚踩进去。快速将右脚移出这一格，然后是左脚。右脚跳进第二格，然后是左脚。右脚先移出这一格，然后是左脚。重复此模式至适当的次数。

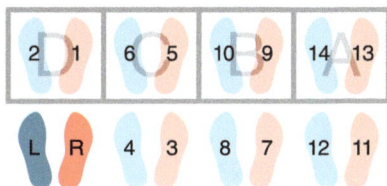

Z形前跳

2分

在滑雪中，准确的侧向脚位可以增加立刃动作的精度。此练习需要注意在横平面的脚位。

执行此练习时，视线与梯子同向，站在第一格的右侧。听口令"1、2、3"，将左脚放进第一格，右脚跟随，然后跳到第二格的外面，用左脚落地。接下来跳进第二格，右脚落地，然后是左脚。再次跳出去并用右脚落地。重复此模式至规定的次数。

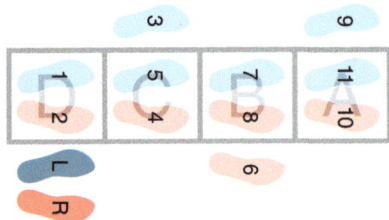

之字跳

3分

在滑雪中，独立控制腿部和髋部动作的能力至关重要。通过此练习可以增强此能力。

开始此练习时，站在第一格的左侧，视线与梯子同向。左脚（外侧）踏进第一格，右脚（内侧）跟随。左脚踏出第一格，右脚跟随。左脚踏进第二格，右脚跟随，然后踏出第二格，左脚先，右脚后。重复该模式。

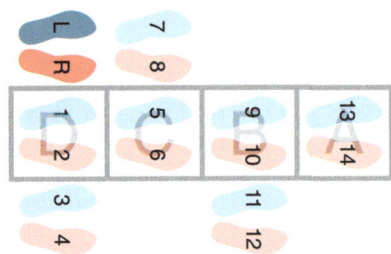

跳绳

3分、2分或1分

跳绳是滑雪的最佳训练方法之一，因为它结合了脚速、脚和踝部的弹震式运动，以及手臂和手的计时。换脚跳的节奏顺序和适时的手部运动与落线滑雪的时机相匹配。

执行此练习时需要一根跳绳。跳起来时，保持脊柱竖直，腹肌紧绷，并且脚踝和手腕要连续运动。你可以通过以下其中一种变式来改变要练习的技巧，并完成与自己的分数相应的规定时间（参见第39页的表3.8）。

经典摇绳式

跳绳旋转一圈，双脚跳一下，这种基本模式是初学者的经典跳法。在腰部高度握住把手，将跳绳放在身后。将绳子摇起来越过头顶，然后在绳子刷过地面时用双脚跳过绳子。开始时跳绳10秒休息10秒，重复5分钟。当有所进步时，可延长跳绳时间以增加训练负荷（请注意，休息时间始终是跳绳时间的一半，最多5分钟），连续跳绳5分钟，然后升级为双摇绳练习，这是一项非常好的爆发力练习。

回转跳

从经典的双脚跳开始，然后双脚并拢向两侧跳跃来模仿回旋动作。尝试跳绳15秒，休息20秒，按这种模式坚持3～6分钟。

双摇绳

双摇绳练习比经典的摇绳旋转一圈跳起一次更困难。它可以训练敏捷性和耐力，也是一项非常好的爆发力练习。在髋部高度握住跳绳的把手，将跳绳放在身后。跳绳的时候，将绳子摇起来，在脚落地之前，绳子应越过头顶、身前和脚下两次。当升级到双摇绳练习时，回到跳绳10秒休息10秒的模式，就像前面提到的经典摇绳式一样，开始时的目标时间是1～2分钟，然后同样是逐步延长至最多连续跳5分钟。

执行弥补自己弱点的练习，这是你取得进步的唯一方法。任何随机练习都可以增强稳定性、灵活性、力量或耐力。但是，通过练习可以确定特定问题的解决办法，这样的练习可以更有效地增强体能。一旦体能计划的各个方面取得平衡，并将其纳入日常训练，你便可以逐步掌握技术和战术。

第9章

技术和战术练习

　　如同任何努力一样，学习滑雪需要确定切合实际的目标和进行长时间的训练。本书旨在改变人们对如何提高技能的认识，使你能够体验每年吸引忠实的滑雪者回到滑雪场的兴奋感。本书的另一个目的是提供各个步骤的指导，也就是说帮助滑雪者从现有水平提高到目标水平。掌握滑雪技巧确实没有捷径。正确掌握基本技能才可以逐渐熟练运用各种技巧。

滑雪技术的训练

需要不断练习才可以将良好的滑雪技巧中的对位模式和高效动作固化下来。在练习这些基本技术时敷衍了事只会导致不良习惯。练习错误的技术最终会抑制你的天赋才能和自然发展。以下练习与第4章中介绍的技术相对应。

采用正位站姿的技术练习

第4章第45页的正位站姿评估着重于脊柱和胫骨的角度、身体左右两侧的对称性以及在两块滑雪板上的均匀重量分布。查看分数了解自己需要改进的地方。以下章节介绍的练习分别用于在现有分数的基础上保持（3分）或提高（2分或1分）水平。这些练习将帮助你学习如何在各种情况下保持运动的正位站姿，从而在多个运动平面上保持平衡。

雪地侧跨步
3分

该练习可以培养侧向意识和敏捷性，同时支持完好的基本正位站姿和斜位站姿。它还通过练习基本施压技巧来增强立刃控制的基础技能，最终可以完成滑冰动作和刻滑转弯。

执行此练习时，以平衡的姿势站立，将体重平均分配在双脚上。在一段较平缓的下坡路段上用雪杖撑地出发，然后右脚向正右方踏出一步，然后左脚跟随过去。在滑过转弯的过程中继续侧跨步。专注于在滑雪板之间干净利落地转移体重。此练习的旱地补充练习是第133页的侧向跳箱。

a

b

雪地弹跳

3分

此练习使下肢关节受力均衡，从而达到良好的运动准备姿势。一旦你在滑雪板上能够保持平衡，你的移动就会变得更高效。

执行此练习时，采用正位站姿并准备直线滑行。同时弯曲踝、膝和髋关节并跳离雪地。保持平衡轻盈地落地，逐渐屈曲踝、膝和髋关节。立即再次跳起来。此练习的旱地补充练习是第134页的团身跳和第133页的单腿交替跳箱。

a　　　　　　　　　　　　　　　　b

雪地拖行

2分

此练习可改善前–后对齐，并使你在滑雪板上保持居中位置。这些技能非常重要，因为在滑雪过程中，力会沿此轴推拉。

执行此练习时，站在两块滑雪板上并保持平衡姿势，所有关节均稍稍弯曲。在直线滑行的同时前后移动双脚（此后可以在转弯中执行该练习）。专注于在移动双腿时要保持髋部稳定。此练习的旱地补充练习是第105页的平板渐进式。

a　　　　　　　　　　　　　　　　b

雪地高低式

1分

在保持平衡和正位姿势的同时，垂直伸展和屈曲身体对于应付地形和压力至关重要。此练习用于完善缓冲地形变化所需的各种垂直运动。

执行此练习时，采用平衡的姿势，并准备同时屈曲所有关节。在一段较平缓的下坡路段上用雪杖撑地出发，降低髋部，并用双手触摸脚踝。身体回归站直的姿势，并重复上述动作。注意抬头挺胸。此练习的旱地补充练习是第101页的举手单腿蹲式和第102页的辅助绳单腿蹲式。

a

b

雪地骑步式

1分

在换脚的同时保持正位站姿，这样做可以增大支撑基础，并为平衡和转弯运动提供平台。该练习增强对身体两侧保持对称性对位的意识。

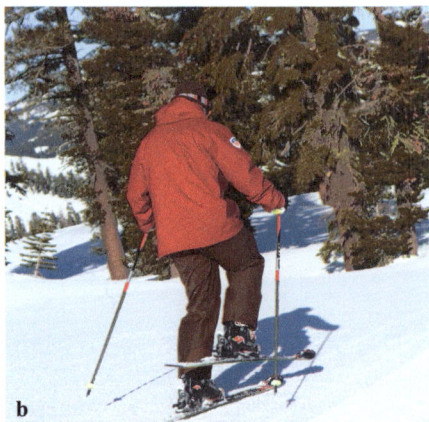

a

b

执行此练习时，站在两块滑雪板上并保持平衡姿势，手臂在胸部下方舒适地伸展。在一段较平缓的下坡路段上用雪杖撑地出发后，将一块滑雪板抬离地面，然后再抬起另一块滑雪板。以连续的踏步运动交替双脚，髋部要保持水平。尝试在每一步中增大滑雪板和雪地之间的距离，注意抬起双腿时不要移动髋部。此练习的旱地补充练习是第100页的室内鹳式站立。

转雪杖

1分

滑雪时在脸部前方转雪杖有助于平衡和调节手的位置，稳定上半身，并协调上下半身的运动。

执行此练习时，沿着斜坡滑下并开始在面前转雪杖，同时保持目视前方。在形成某种转雪杖的节奏时，可以开始转弯。此练习要求专注力，但在数英里的练习后，你将会获得回报。此练习的旱地补充练习是第107页的健身马式和第102页的辅助绳单腿蹲式。

采用斜位站姿的技术练习

第4章第46页的斜位站姿评估着重于在移动和倾斜滑雪板时保持平衡的运动姿势。它也强调在不同坡度的斜坡上保持平衡时的侧向对位，以及脚、膝、髋、手和肩的关系。斜位站姿的技术练习非常重要，因为它是高级滑雪中所有侧向运动的基础。保持上半身控制和平衡的高立刃角度对于高速转弯和刻滑动作至关重要。斜位站姿练习还可以帮助滑雪者协调上半身和下半身，帮助滑雪者在转弯的弧度和转弯之间的过渡期间保持良好对位。在此评估中的得分可清晰指出斜位站姿有待改进的地方。以下练习将帮助滑雪者在现有分数的基础上保持（3分）或提高（2分或1分）水平。

高速斜位滑雪

3分

高速斜位滑雪练习将帮助滑雪者在倾斜立刃的情况下建立动态平衡。

执行此练习时采用斜位站姿,并保持双板的板刃都嵌入雪中。让滑雪板沿着山丘的自然弧线前进,停下来时让滑雪板朝向上坡方向。回头看看你的轨迹。如果正确完成,你身后的雪中应蚀刻出两条边缘平整的像铅笔那么细的线。此练习的旱地补充练习是第105页的平板渐进式。

陡坡横滑

3分或2分

在陡峭的地形上移动时,下半身需要更大角度才可以与上半身保持平衡。这种关系对于高速转弯和陡坡很重要。

执行此练习时,在山上四处滑行,寻找可横滑的陡峭地形。在发现陡坡时,可将双腿向山丘倾斜并且上半身反向倾斜到山下板上方,从而增大立刃角度。此练习的旱地补充练习是第109页的举手后弓步和第105页的平板渐进式。

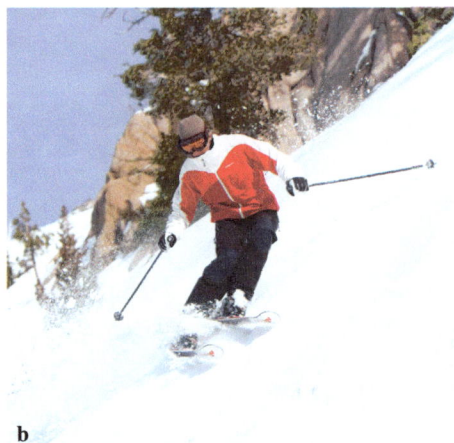

横滑
3分

此练习在身体两侧之间建立联系。在雪地上留下两条边缘齐整的线条需要良好的对位、平衡、两块滑雪板的均等倾斜，并且板刃与雪地之间要有接触。

执行此练习时采用斜位站姿，将双杖压向骨盆后方，然后滑过山坡，在雪地上留下两行边缘齐整的轨迹。当滑雪者到达斜坡的另一侧时，请转身并朝相反的方向滑出新的轨迹。此练习的旱地补充练习是第100页的室内鹳式站立和第108页的稳定球扭转式。

a   b

横滑与反向横滑
2分

此练习将斜位站姿的两种横滑联系在一起，以巩固该姿势的运动和腿部转向。放松并引导滑雪板进入下一次横滑时，在核心部位感觉到的稳定性与所有转弯过渡中的感觉相同。

执行此练习时采用斜位站姿横滑越过山坡。当接近滑道的另一侧时，将滑雪板展平，转动双腿使滑雪板旋转，然后重新进入立刃姿势，以相同的站姿朝相反的方向横滑。此练习的旱地补充练习是第107页的髋部侧转式和第108页的稳定球扭转式。

a   b

单板斜位站姿

1分

此练习可以增强采用斜位站姿在外侧（山下）滑雪板上保持良好对位和平衡的能力。单腿平衡向负重的滑雪板施压并使其弯曲，在越过山丘时会形成更小的弧度。

执行此练习时，将山上板抬离雪地，同时保持斜位站姿，在雪中留下一条边缘齐整的轨迹。在单板上保持平衡，直到完全停下。看看抬起山上板的姿势可以保持多长时间。准备好快速调整方向重新上坡。此练习的旱地补充练习是第100页的室内鹳式站立和第101页的手抓膝踝式。

小立刃斜位站姿

1分

此练习可以扩大以横滑姿势完成的立刃和起刃范围，并使控制板刃抓雪和调节转弯半径强度所需的灵敏度范围增大。

执行此练习时，采用斜位站姿，并用平板在斜坡上移动，留下一条模糊不清的轨迹。保持将体重分布在两块滑雪板上，身体的上坡侧稍稍放在下坡侧的前面。迅速重新立刃并重复该动作数次。此练习的旱地补充练习是第107页的健身马式。

a

b

腿部旋转的技术练习

第4章第49页的腿部旋转评估可以揭示该环节的优点和缺点。本节中的练习有助于巩固转动腿部而不移动躯干所需的动作和技能，例如，感知髋关节位置的意识。在此评估中的得分可清晰指出需要改进的地方。以下练习将帮助滑雪者在现有分数的基础上保持（3分）或提高（2分或1分）水平。

单板腿部旋转

3分

此练习可增强不依靠上半身动作转动滑雪板所需的肌肉力量。这是在全山地滑雪中连续转弯所必需的技术。

执行此练习时采用运动斜位站姿，并将一块滑雪板抬离雪面。开始滑行，并转动仍在雪中的滑雪板，用腿来引导它。在转动滑雪板越过滚落线时，保持髋部朝下坡方向。专注于良好的屈曲和伸展运动，在单板上保持平衡。此练习的旱地补充练习是第107页的髋部侧转式和第111页的交叉弓步下压。

a

b

c

钟面练习

3分

随着旋转范围的增大，滑雪者引导滑雪板而不移动髋部的能力也会增强，使其可以随意将滑雪板移入或移出滚落线。

执行此练习时，采用基本的正位站姿，面向山坡。把直线下山方向想象为12点钟，正左方和正右方分别想象为9点钟和3点钟。旋转滑雪板时，将脚尖指向10点钟和2点钟。逐渐增大关节活动度，将滑雪板移至9点钟和3点钟的位置。注意要同时转动双腿，并且上半身要朝着下坡方向。此练习的旱地补充练习是第108页的坐姿旋转式和第107页的髋部侧转式。

a

b

固定器转腿式

2分

此练习类似于第23页的旋转运动练习2，从静止姿势产生脚和腿旋转的感觉，使你可以专注于技能而不会分心去应付各种速度或地形。首先将滑雪板固定在水平面上。

执行此练习时，首先从正位站姿开始，脚上不使用固定器，但要在固定器的脚趾组件上面保持平衡。用双杖保持平衡，在不移动髋部

a

b

的情况下慢慢旋转双脚。同时转动双脚，然后两只脚朝相反方向旋转回去。重复此动作数

次，以巩固用双脚转弯的感觉。注意在旋转时不要滑脱固定器。此练习的旱地补充练习是第101页的手抓膝踝式和第107页的髋部侧转式。

叉腰式

2分

经过一段时间的训练，滑雪者会逐渐培养出双腿独立于髋部转动的感觉。使用这些有用的运动提示开始每个转弯。用髋部发起转弯的效率比用双腿发起转弯的效率低。

执行此练习时，双手放于两髋位置，保持平衡的姿势。双腿向左右转动，但上半身不要随之转动。双手一直放在髋骨上，将注意力放在正在移动的身体部位。继续转弯，但不要旋转髋部。连接这些转弯，有助于形成小半径，滚落线转弯时的肌肉记忆。此练习的旱地补充练习是第108页的稳定球扭转式和第107页的健身马式。

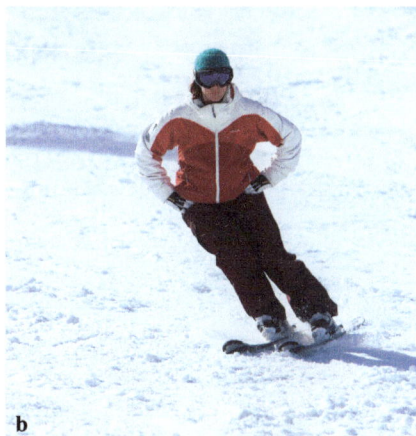

a　　　　　　　　　b

犁式转腿

1分

此练习可在较慢速度下训练平行转弯和高级刻滑转弯所需的腿部旋转动作。

a　　　　　　　　　b

执行此练习时采用犁式滑行，使板头并在一起，而板尾分开。在一段较平缓的下坡路段上用雪杖撑地出发，并引导一只脚滑出新月形，同时将另一只脚定位在汇聚的位置。改变方向后，开始将重心转移到另一只脚上，并引导该滑雪板滑出相同大小的新月弧线。滑雪者会感觉到腿部旋转的动作通过腿部，向上进入髋部的球窝关节。此练习的旱地补充练习是第105页的平板渐进式和第110页的弹力带臀部拉伸式。

坡面转腿
1分

此练习训练在转弯结束时的平行腿部运动，使滑雪者能够在不增加滚落线向下移动压力的情况下，巩固主动的腿部旋转的技术。它可以帮助滑雪者练习连续的腿部旋转并掌握平行结束动作。

执行此练习时，以较浅的犁式滑行开始，将较大的重量分配到山下板（滑雪者在坡面转弯时靠近山脚一侧的雪板）上。在斜坡上做小转弯，当两块滑雪板都转向上坡时，使山上板（滑雪者在坡面转弯时靠近山顶一侧的雪板）与山下板平行。将滑雪板展平，让它们向后向下坡漂移，然后再完成另一次上坡转弯，让滑雪板进入平行位置。专注于用腿而不是髋部转向。此练习的旱地补充练习是第110页的弹力带旋转式和第105页的平板渐进式。

平行转弯的技术练习

第4章第51页的平行转弯评估显示了单腿轴转、独立腿部动作、点杖和起刃这几个方面的优点和缺点。平行转弯是调整滑雪板方向的基础。使用适时的肌肉力量向滑雪板施加扭矩，从而实施转弯动作。转动双腿，同时在滑雪板上保持动态的平衡，这将产生最有效的转弯。如果上半身代替双腿成为转弯的主要动力来源，那么效率就会丧失。滑雪者的分数将突出在平行转弯中需要改进的方面。以下练习将帮助滑雪者在现有分数的基础上保持（3分）或提高（2分或1分）水平。

踏步转弯

3分

　　此练习训练腿部旋转和立刃动作的组合，这是平行转弯所需的技术。

　　执行此练习时采用运动的斜位站姿，滑雪板放在坡面上。滑过山坡，然后开始转弯。踏步时将板头朝着新的转弯方向倾斜，使方向发生微小变化。踏出几步之后，以山下板的外刃引导，滑雪者将完成一个完整的转弯。向山下板的外刃施加压力，使其展平并将滑雪者的身体拉过弧线。此练习的旱地补充练习是第100页的单腿平衡和第103页的腿部升放式。

a

b

c

d

点杖和起杖
3分

滑雪杖摆动不当会让滑雪者无法流畅地转弯，尤其是当滑雪杖绕着滑雪者的身体旋转时。如果滑雪杖朝新的转弯方向摆动，它就成了帮助计时和定向的有用工具。

执行此练习时，从滚落线开始伸出双臂，准备点杖。沿新转弯的顶点方向斜线挥动手腕和前臂，将滑雪杖的摆动作为方向辅助。重点是用手腕摆动阻雪篮。此练习的旱地补充练习是第105页的双臂交替前平板式和第124页的稳定球俯卧撑。

a   b

单腿轴转
2分

此练习可以训练执行和发起纯平行转弯所需的专注力和释放动作。

a   b

执行此练习时，将滑雪板放在坡面上，将山下板的板尾放在山上板固定装置的后跟上。滑雪板现在应该彼此垂直。将髋部移到双脚正上方，释放山上板使其与山下板重新对齐，并以平行转弯结束。注意释放山上板时，要将髋部移到双脚正上方。此练习的旱地补充练习是第100页的室内鹳式站立（闭眼）和第105页的平板渐进式。

双板换单板
2分

此练习培养转弯结束时在外侧滑雪板上保持平衡的能力，帮助滑雪者过渡到完整的单滑雪板转弯，即全身重量都在外部滑雪板上保持平衡。

执行此练习时，在两块滑雪板保持平衡的同时开始转弯。在引导滑雪板滑出弧形时，将重量重新分配给山下板。在完成弧形的最后一部分时，将全身重量集中在该滑雪板上。此练习的旱地补充练习是第109页的举手后弓步和第110页的稳定球侧弓步。

同步换刃

1分

此练习可帮助滑雪者使用平行滑雪板发起所有转弯。从连续运动过渡为平行运动需要有信心，而信心来自于对速度的适应。在滑雪者愿意更快速地完成过渡之前，必须通过一个连续后踩动作开始每一次转弯。速度更快将帮助滑雪者将身体移过滑雪板，从而使滑雪板展平。这通常被称为"漂浮阶段"。如图b所示，滑雪板会漂移并释放一会儿，直到滑雪者的双脚做出下坡倾斜动作。如果滑雪者在过渡过程中感觉到两块滑雪板都是平坦的，这是一个很好的信号，表明其正确执行了动作。可以通过查看过渡中的雪辙来检查自己的执行情况。如果在过渡区域看到两条同样平坦的轨迹，没有板刃或打滑的痕迹，则说明滑雪者已经成功完成了同步换刃。

执行此练习时，以斜位站姿站在山坡上并用雪杖撑地出发。一旦达到所需速度，就可以展平滑雪板，同时释放两侧板刃。身体前倾，将重心放在两块滑雪板的前部。滑雪板自然会寻找滚落线并开始转弯。利用下坡的动量继续转弯。此练习的旱地补充练习是第108页的坐姿旋转式和第105页的平板渐进式。

a

b

c

连环平行转弯

1分

此练习有助于确定每个转弯的结束点和开始点，这对那些担心滚落线的人很有帮助。

执行此练习时，要在山上完成一系列转弯。专注于轻松地启动并快速完成，而无须进入滚落线。此练习的旱地补充练习是第105页的平板渐进式和第108页的坐姿旋转式。

叉腰抬手式

1分

此练习非常适合判断起刃并启动后续转弯的时机。

执行此练习时，将山下侧的手放在同侧髋部上，抬起山上侧的手，保持在同侧肩膀前面。这让滑雪者进入一个有力的姿势，可以通过展平滑雪板来发起平行转弯。让滑雪板漂移下坡，然后迅速立刃，对外侧滑雪板的前部施加压力。滑雪板在反作用力下变成弧形通过转弯。完成转弯时，起刃，使板头重新落在下坡方向。将面向下坡的那只手放在同侧髋部上，抬起外侧的手，保持在同侧滑雪靴的前面。滑雪者会立即感受到髋部保持在水平面上的好处，因为有足够的爆发力、平衡和精确度，可以在转弯之间无缝过渡。此练习有助于增强转弯结束时的平衡，平滑地完成过渡，轻松地调整板刃角度，并巩固在转弯中上半身的正确对位。一个反向且正确对位的上半身姿势有助于完成有效的平行转弯运动。重复此动作数次。滑雪者很快就会感觉到对两块滑雪板施力和释放之间的无缝转换。此练习的旱地补充练习是第101页的手抓膝踝式。

a
b

刻滑转弯的技术练习

第4章第52页的刻滑转弯评估揭示了立刃时的平衡、双板的重量分布以及涉及踝、膝、髋和脊柱的侧向运动等方面的优缺点。要巩固不断换刃的刻滑转弯所需的动作，滑雪者必须练习变换角度并掌握立刃动作。在此评估中的得分可清晰指出滑雪者在刻滑转弯中需要改进的地方。以下练习将帮助滑雪者在现有分数的基础上保持（3分）或提高（2分或1分）水平。

点杖小回转

3分

刻滑出弧形时要在倾斜的滑雪板上保持平衡，这要求上半身和下半身的协调。躯干一侧的肌肉会像手风琴一样折叠。

执行此练习时，采用斜位站姿并握住滑雪杖的把手，将杆身放在肩膀上。完成一个小回转，使滑雪板保持平行，并使膝盖向山坡倾斜。在转弯的顶点伸出外侧雪杖，使杖尖接触雪地并与山下靴对齐。当雪杖接触雪面后，将杆身放回肩膀上，然后伸出另一根雪杖。在转弯时，用雪杖接触另一侧的雪地。在此练习中，注意保持两个节拍的节奏。第1拍时将杖尖触碰雪地，第2拍时将杆身放回到肩膀上。在另一侧重复动作时保持此节奏。此练习的旱地补充练习是第109页的哑铃直臂侧弓步和第99页的单腿蹲渐进式。

a

b

c

手触膝刻滑

3分

　　精确的刻滑源于小腿的倾斜度，这也称为膝关节角度。如果踝和膝关节没有出色的屈曲动作技巧，滑雪者将过多地依靠大关节和肌肉来倾斜滑雪板从而完成立刃。此过程速度慢且效率低下。通过单独运用膝关节进行特定的侧向动作，可以改善在刻滑转弯中所需的微调。它还可以使任何干扰腿部活动的上半身多余动作停下来。

　　执行此练习时，向下伸出双手，抓住膝盖并保持挺胸。保持抓住膝盖的动作，通过将膝盖向山坡倾斜发起转弯动作，然后再用双手推膝盖。双膝应同时屈曲相同幅度。松开手，然后再推向另一侧。注意保持挺胸并目视前方，脚部动作要快。此练习的旱地补充练习是第95页的迷你带行走。

a

b

腿部交替伸缩式

2分

　　腿部的长度变化意味着依次弯曲和伸展双腿。伸展过程中对齐外侧腿可以提高稳定性，从而增加握力和动作范围，这对于提高刻滑速度是必不可少的。内侧腿弯曲有助于提供平衡的基础。内侧腿移开，可以让动作范围更大。

a

b

a   b

    执行此练习时，采用宽距斜位站姿，将大部分重量放在山下板上。双腿朝下坡方向倾斜，开始转弯。在板刃上保持平衡，准备好刻滑。在加快速度时，伸展外侧腿（开始时是山上腿）并弯曲内侧腿，使其比外侧腿短。在过渡到下一次转弯时，将重量重新分配到新的外侧腿，即现在的短腿。逐渐改变在双腿之间分配的重量。注意在伸展外侧腿时要同时弯曲内侧腿。此练习的旱地补充练习是第109页的哑铃直臂侧弓步和第107页的髋部侧转式。

高级半月滑
2分

    在立刃时的正确对位和平衡可以使滑雪者有一条穿过身体、滑雪板和雪地的清晰的控制线。前倾、后倾或侧倾的幅度过大都会使滑雪者失去控制。降低重心可获得在横平面上高效移动滑雪板的空间，从而使基本的转弯运动进入刻滑更加容易。

    执行此练习时，采用双脚距离稍宽并且身体更紧凑的姿势，这样既保证了稳定性又可以轻巧、精确地触地。同时以相等的压力倾斜板刃，在雪中形成半月形轨迹。注意下半身要快速运动，用双脚和脚踝完成立刃、展平和重新立刃的动作。在完成此练习时，尽量做到不打滑。此练习的旱地补充练习是第107页的髋部侧转式（使用稳定球）和第135页的敏捷梯（进—进—出—出）。

a   b   c

横向换刃

1分

　　快速的换刃动作对于转弯之间的过渡很重要。在高级滑雪动作中经常要使用此技能。尽早启动立刃是成功刻滑的重要元素。尽管这是固定位置的练习，但其难度不低，可用于测试实现刻滑转弯所需的提前大角度立刃能力。在图a中要注意，上半身已调整姿势并倾斜至山上板（现在是新的外侧板）的上方。最重要的是，在这项固定位置的练习中一定要使用雪杖，以避免摔倒。此练习还需要将注意力集中在双脚和滑雪板上，保持双脚平行，并且两块滑雪板的立刃倾斜角度相同。双脚的倾斜方向与上半身方向相对应。一旦开始在转弯中融入这一动作，就能让滑雪者有更充分的准备去应付各种困难，实现完整的刻滑转弯。在刻滑转弯的初期，倾斜滑雪板形成大角度立刃，需要两个要素：高速过弯转换和身体越过滑雪板。如果没有这两个重要元素，滑雪者的板刃只会在转弯的后期立起来，从而导致滑雪板打滑。一旦双脚和滑雪板的倾斜动作相匹配，并且相应的上半身朝反方向倾斜，就可以看到练习得到了回报：高效和动态的刻滑转弯。提前换刃是刻滑技术中的一个重要里程碑。

　　执行此练习时，采用正位站姿，在平缓且压过雪的斜坡上开始。两块滑雪板同向倾斜成立刃动作，并不断从一侧换向另一侧，中间不停顿。用滑雪杖帮助滑雪者在滑雪板上保持平衡。练习反复换刃，直到在换刃时不会感觉卡在展平的滑雪板上。注意，要同时逐渐倾斜两块滑雪板。此练习的旱地补充练习是第134页的侧向跳栏和第136页的敏捷梯（Z形前跳）。

a

b

外侧拖杖

1分

当上半身倾斜到外侧滑雪板上方以保持平衡时，滑雪者就可以获得更大的立刃角度，从而产生边缘更齐整、弧度更小的弧线；如果上半身向山坡倾斜幅度太大，滑雪者将失去板刃抓地力和横向平衡。若正确执行此练习，滑雪者会有与触地雪杖同侧的肋骨底部触及髋骨顶部的感觉。这类似于在健身房里做侧卷腹的感觉。当滑雪者开始有这种感觉时，上半身已经在适当的方向找到平衡并准备好刻滑。大多数人都会有这种感觉，但仅仅在转弯的后半阶段才会感觉到。提前倾斜双脚，对应地，上半身要倾斜或侧卷腹，使得对位匹配。如果在平坦的地形上执行此练习，角度将不那么尖锐，但是随着速度和俯仰角的增加，板刃角度和身体角度也会增大。在不同的坡度上以不同的速度进行此练习，这样做可以加速学习曲线的发展，并巩固刻滑技术的这一关键动作。

执行此练习时，采用斜位站姿，并将双臂伸向两侧，并像握剑一样握住雪杖。在滚落线上，手伸过外侧滑雪板，用杖尖和滑雪板在雪地上划出弧形。注意要朝山下板方向弯曲脊柱，并伸出雪杖。此练习的旱地补充练习是第108页的坐姿旋转式和第111页的交叉弓步下压。

a

b

c

d

团身转弯

1分

低重心的团身动作可以分离小腿、脚踝和膝盖，在不涉及上半身的情况下巩固倾斜动作。这使滑雪者可以快速高效地刻滑，不会产生多余的移动。

执行此练习时，采用团身姿势，将滑雪板展平，并将其指向滚落线。首先，将两块滑雪板同向倾斜成立刃动作，不断换刃，在每一个方向的立刃时间要足够完成一次浅的刻滑转弯。保持双腿弯曲，并且上半身在山下板上方保持平衡。注意在倾斜两块滑雪板时，要保持相等的压力和角度。此练习的旱地补充练习是第99页的实心球单腿蹲和第134页的团身跳。

a

b

c

d

练习基本地形转换

滑雪者需要培养在地形变化（例如，雪面的起伏、小坑和雪丘，或者凹凸不平的区域）时滑雪板与雪接触情况的判断。这种意识是技巧中的关键触觉组成部分。为了练习各种地形的感觉，在斜坡上滑过缓和起伏的雪面，用踝、膝和髋关节吸收高峰和低谷产生的作用力，同时保持基本站姿。让踝、膝和髋关节屈曲和伸展，使重心保持在两块滑雪板的中线上。随着滑雪者的进步，滑雪者将陆续遇到以下地形和条件变化。

从缓坡到陡坡

无论不同坡度之间是平缓还是陡急的过渡，这种变化都需要及时而准确的姿势调整。当从平缓的斜坡移动到陡峭的斜坡时，要在转接前完成一些身体调整。执行该动作时采用运动姿势，并且将滑雪板的倾斜角度调整为与山丘的坡度相同，为地形的变化做好准备。滑雪者还必须先调整上半身姿势，然后才能进入过渡。请记住，保持双手向前并在整个滑雪板中保持压力的平衡。从缓坡滑入陡坡时的速度过快会使滑雪者飞向空中。为防止这种情况发生，要控制速度，并将身体前倾，使板头保持接触雪地。由于预期滑雪板会先于身体加速，为了做好准备，双脚要与髋部对齐。坡度的变化并不是导致速度变化的唯一因素，雪道状况的变化也是其中一个因素。从深粉雪斜坡滑到压过雪的斜坡时，滑雪板也会加速。保持核心用力，并且将上半身朝板头移动，为加速做好准备。

在进入陡坡时滑雪板会加速，而在踏上较平坦的斜坡时，滑雪板会减速。这也被称为压缩。稍微弯曲关节并准备快速向下拉。缓冲最初的震动将有助于滑雪者保持平衡，并为伸展和回到中心位置做好准备。

从压雪环境到非压雪环境

从压过雪的斜坡滑到深粉雪的斜坡，以及从粉雪环境滑到压雪环境时，你也会经历压缩。所有这些过渡都需要进行平衡调整。要判断需要执行什么动作，首先需要预测即将发生的雪道条件变化对滑雪板产生的影响。向后或向前，拉或推滑雪板，具体取决于进入过渡之前的要求。从压雪环境滑入粉雪道时，双脚向前推。从粉雪环境过渡到压雪环境时，双脚向后拉。

从密实雪面到松软雪面

对于陡峭而密实的雪面，滑雪者需要将注意力转移到主动引导转弯，通过立刃和旋转的适当组合完成理想的转弯形状。在积雪变软时，滑雪者可以尝试在转弯过程中增大立刃角度。请记住，经过在密实的雪地上的多次刻滑练习后，速度会增加。板刃压力与打滑之间的联系是滑雪者始终必须检查的主题，滑雪者应仔细感觉滑雪板与雪地之间的相互作用。除了滑行方向外，滑雪者的主要任务是根据明显的提示不断调整速度和转弯形状。

从湿雪到干雪

春天时，雪会融化，滑雪者的滑雪板在山上的某些区域一定会被迫停下来，因为湿雪吸住了滑雪板。尽管很难预料到哪些地方会有湿雪，但在阴影处，积雪可以保持更低的温度，并且更干燥，使滑雪者可以保持连续滑行。当滑雪者滑出阴影进入向阳的坡面时，就要做好滑雪板减速的准备。如果其速度急剧下降，则从雪地上抬起一块滑雪板，以降低吸力效果。轻轻将其放下，然后抬起另一块滑雪板。

滑雪战术的训练

　　战术训练可帮助滑雪者避免在没有比赛计划或预期成果的情况下无目的地滑来滑去。以下练习将使滑雪者了解并能够在各种情况下采用不同的战术。首先要观察地形，然后练习转弯类型、速度控制和线路选择的应用。在制订可靠的战术时，滑雪者很快就会意识到，优秀滑雪者与杰出滑雪者之间的差异在于战术。

观察地形的战术训练

　　第5章帮助滑雪者确定了在观察地形的战术运用上的优缺点。查看在地形评估的得分，确定需要改进的地方。以下练习的目标是在现有分数的基础上保持（3分）或提高（2分或1分）水平。

调整视线

3分

　　陡峭的地形和较高的速度会让人紧张，这就会造成隧道视野，并使滑雪者的速度下降。对现场情况的过度分析会使滑雪者的动作不连贯且不完整。随着速度的提高，将注意力稍微转移到山上，以预测即将遇到的地形。这类似于在开车时要看远一点：如果只看保险杠的前面，就无法预判即将发生的变化。在山上滑行时，过长时间的转弯会使滑雪者犹豫不决，就好像在寻找转弯的机会。有一个很好的经验法则是，如果滑雪者在经过弯道中点时尚未开始转弯，那就太迟了。滑雪者可能已经失去了节奏。

解除定格

2分

　　如果发现向下凝视陡坡的时间长于滑下去所需的时间，说明滑雪者已进入了定格状态。不要这样对待自己！放松，简单调整线路，深吸一口气，然后释放滑雪板到斜坡上。如果不能释放，则从3倒数至1，然后出发，不要回头！如果仍陷在定格状态中，则转动山上板使其进入滚落线停住，而山下板则留在坡面并保持立刃。这样就可以使有支点的滑雪板指向下一个弯道的中点。然后，滑雪者可以将重量重新分配到外侧滑雪板上，并在坡面完成滑雪板的转动，从而成功完成一次转弯。

预判地形变化

1分

　　当滑雪板在不同的地形中弯曲拧转时，所产生的作用力会迅速使滑雪者失去平衡。抬起头并扫视地势，这样做可以预判地形的变化。始终注意着目标可有助于滑雪者调整预先计划，从而保持平衡。低着头将破坏滑雪者的整体对位感觉，并导致其在崎岖的地形中向后摔倒。

制订备用计划

1分

遇到陡峭的地形而打退堂鼓绝不是什么坏事。制订备用计划总好过做一些超出自己能力范围的事情，害得自己要到山脚下的诊所求医。在滑陡坡之前，先调查所选择的线路并决定采用什么滑行计划，然后再按计划执行。多数事故的发生是因为滑雪者决定执行某条线路，但之后却犹豫并失去信心。如果滑雪者遇到这种情况，继续滑下去！切勿只穿着滑雪靴爬出来。滑雪板是抓牢雪地的最佳工具。

运用转弯形状的战术训练

第5章介绍了在面对不同地形时运用转弯战术的优缺点。查看在地形评估的得分，确定在运用转弯战术方面需要改进的地方。以下练习的目标是在现有分数的基础上保持（3分）或提高（2分或1分）水平。

根据环境条件调整转弯形状

3分

在温暖的春天，雪包往往等同于比较松软的线路！在春天，由于温度升高，雪丘会变软。这让滑雪者有更大机会滑出更直的线路，例如折线。雪越冷就越硬，滑雪板对雪的反应速度就越快，而滑雪者也必须响应得越快。清晨的雪又硬又脆，此时应该选择难度较低、容错率较高的线路。下午的雪开始软化，可以尝试更笔直、难度更高的线路。在松软的雪地上，滑雪板的反应速度会较慢，使滑雪者有更多的时间思考和对弯曲的滑雪板做出反应。选择合适的时间，拓宽在雪包中的技术线路选择范围！

保持对称的转弯形状

3分

以不对称的之字形从雪沟的一侧滑向另一侧，既没有节奏感也不优美。这种做法只会给下一步要做什么带来困惑和疑问。将一个雪球从雪沟扔下，观察球经过的线路。这条自然的滚落线应位于雪沟中间的某处。使用这条线作为滑雪者的路径，从一侧转到另一侧。保持良好、一致的转弯形状，对称且有节奏，这将产生最佳效果。

J形转弯中的鱼钩收尾

2分

J形转弯的直线部分很容易执行。困难的部分是收尾，即连接转弯的部分，这在陡峭地形上的难度尤其高。跳过收尾是常见的错误，这样做会导致转弯之间的过渡不连贯。太早转动滑雪板会阻碍能量的产生，并导致速度慢且不连贯的转弯。在J形中添加一个鱼钩转收尾，转腿并旋转滑雪板，完成J形。然后，将双腿朝相反方向再次轴转，过渡到下一个转弯。在J形的中途预判收尾位置并做准备，开始倾斜滑雪板和转腿。这样可以做到精确收尾，并便于连接下一个转弯。

调整转弯压力和刃角
2分

在滑雪中，术语"接触"是指让滑雪者的身体放松并保持足够的功能性张力以敏捷地移动。身体太僵硬会导致动作生硬、滑雪板打颤或弹开，并失去抓地力。另一方面，关节过于柔软会破坏平衡。在陡坡上要做到良好接触，关键是脚趾不要用力抓鞋垫，让脚变得柔软。脚现在变成了滑雪靴悬挂系统的一部分。此练习可帮助滑雪者学习如何切换不同的转弯形状，专注于调节立刃角度和施加到滑雪板上的压力。

增强转弯收尾力度
2分

圆形转弯的最大难点是无法完成弧线。滑雪板在收尾处拉直会导致速度逐渐提高到失去控制的程度。该错误与挡风玻璃刮水器正好相反，因为滑雪板从未真正越过山坡。从头到尾保持圆滑的形状可以均衡速度并增加控制力。高线标记是培养完整转弯感觉的好方法。从雪坡的一侧开始，在失速前要在坡面上完整地转一圈。当滑雪者从斜坡的一侧移至另一侧时，板刃将立起来并逐渐爬上山坡。在失速时，停下来并记下高线标记。

找准转弯入口点
2分

不知道如何进入线路，这是任何连续转弯的第一个障碍。第一个转弯将让滑雪者在一条战略正确的路径上启程。如果错过了第一个入弯点，在余下的路程中将事倍功半。为了以最佳状态完成第一个转弯，就要瞄准入弯目标，朝线路的入口点释放滑雪板，然后将滑雪板移入线路。视野必须至少包含前方一个转弯，以便看到下一步应该去哪里。

按合适的角度立刃
2分

刻滑技术是优秀滑雪技术的基础，但是在深雪中，抹滑转弯的效果最佳。在粉雪中使用较宽、较软的滑雪板时，立刃角度过大只会使滑雪板陷入雪中并停滞不前。留在滑雪板上，使用刻滑和抹滑相结合的方法找到在深雪中的最佳转弯战术。滑雪者如果还是像在刻滑转弯那样让关节屈曲成大角度，只会对板刃施力过大，使其陷入雪中。将重心保持在两块滑雪板中心的位置，以获得一个可用于高山滑雪和后碗战术的大平台。另一方面，如果抹滑时的立刃角度太小，则会失去控制，向侧面漂移。这可能很好玩，就像横刹一样，但是在此级别上，最好在滑行时立刃稍大一点，以产生摩擦。

巩固 C 形弧线滑行

1分

如果滑雪者倾向于滑出过大或过小的 C 形弧线，可以在雪地上放一个呼啦圈或用一条绳子在雪地上摆成圆形，不断练习连续转弯。绕着呼啦圈或绳子转弯，重点是滑出圆形。使滑雪板的旋转轨迹与目标曲线相匹配。

在 C 形转弯中避免横刹

1分

尽管横刹是提高腿部转向技能的有效练习，但在进行连续 C 形转弯时可能是一个错误。滑雪者有时会被地形吓倒，本能地使用这种技术，急于将滑雪板滑过坡面。正确的做法应该是降低腿部旋转的速度，并注意逐步引导腿部完成整个转弯。除了雪中的视觉辅助之外，还要练习将滑雪板指向下坡时，至少留出一个滑雪板可以通过的长度。然后，将滑雪板转过斜坡。该练习可以提醒滑雪者保持圆形的转弯弧线。

控制转弯速度

1分

腿部旋转被动且保守，甚至在滑雪板上保持不动的姿势，这会适得其反，容易导致滑倒和节奏不稳。通过前两个转弯控制速度，并且腿部旋转与点杖的节奏要匹配起来。继续转弯并下坡。停下来会妨碍滑雪者的动作流畅性。切记，立刃时间不可过长。这种坏习惯使滑雪者在坡面滑出太远，从而破坏节奏并偏离线路。为了使身体保持连续运动，许多滑雪者在练习转弯时都会大声喊出节奏，例如"一、二、三、恰、恰！"。

重心放在滑雪板中点

1分

尽管是不正确的做法，但许多滑雪者在粉雪中仍将身体向后靠。一些教练甚至指导学生在粉雪中要身体后倾。正确的做法是在中点保持平衡，在滑雪板的整个长度上分配重量。可以在头两圈弯曲关节，以使自己位于中心。接下来，在粉雪中撑地出发，快速屈曲踝、膝和髋关节，先下后上。居中的姿势使滑雪者更适应深雪中的速度，并为方向变化和速度调整做好准备。

转弯管理练习

旧款的滑雪板只允许一种类型的转弯，但新设计的滑雪板创造了许多深雪中的新转弯技巧，包括斜切、抹雪、平滑、打滑、刻滑、侧刻滑和削切。以下粉雪战术将让滑雪者在深雪中有更多技术选择。

斜切

斜切是粉雪环境中的一种混合转弯技术，结合了立刃和轴转，可以对付后碗中的各种特征地形，让滑雪者滑上风唇线，跨立在有凹槽的垂直肋拱上，削雪檐，并炸开雪枕，还可以踢起巨大的雪雾。要进行斜切，在进入地形时要发现其特征并衡量速度。以抹滑开始转弯，让滑雪板漂浮在目标上方。滑到目标特征地形后，稍稍倾斜，将板刃嵌入雪中。刻滑出风唇线、雪檐或雪枕的底部，以完成转弯（图a）。

斜切要求从板头到板尾都施加相等的压力。转弯初期，向前的能量过多会导致滑雪板前部负重过大，破坏平衡。正确的做法是利用自己的体重压弯滑雪板。当滑雪板弯曲时，板头和板尾将同时弯曲，达到圆形的刻滑收尾弧线。

a

抹雪

抹雪可帮助滑雪者在粉雪中控制速度，同时保持漂浮，使用较宽且圆底的滑雪板会更容易做好该技巧。为了在压过雪的斜坡上减慢速度而又不失去动力，可以倾斜滑雪板并以沙漏形状绕过转弯。较大的立刃角度使滑雪板在雪中陷得更深。正确的做法是将滑雪板展平并旋转，以抹过顶层。滑雪者的轨迹看起来应该很模糊（图b）。

b

平滑

平滑（即滑雪板抹过积雪顶层时的动作）类似于冲浪，但所需的力气却少得多。在粉雪中展平较宽的滑雪板，并执行圆形大回转来滑过雪面（图c）。练习转弯形状有助于成功完成后碗的线路。立刃角度过大会破坏效果并使得滑雪板陷在深雪中。

c

打滑

通过腿部转向进行主动打滑不仅适合初学者，还可以使节奏更流畅、降低速度或减少转弯时的能量。但是，过多的打滑会使滑雪者失速。滑雪者也可以使用主动的腿部转弯来减少积聚的能量。随着能量的积累，将滑雪板展平并逐渐转动脚部，以产生打滑（图d）。目标是平稳地过渡。避免立即用力地立刃使其完全停下。

d

刻滑

在深雪中刻滑，转弯开始时要倾斜滑雪板，以适当的身体对位向滑雪板施加压力，并沿弧线移动。积聚能量，在粉雪中完成动态的、非常快的转弯（图e）。在深雪中，狭窄的滑雪板会陷下去，因此要使用类似海豚的动作来开始和结束转弯。板头在转弯开始时陷入雪中，在中间消失，并在结束时重新出现。此技术需要专业的粉雪技能和良好的整体体能。

e

侧刻滑

打滑和刻滑相结合是处理多种积雪条件的陡坡的最佳方法（图f）。在刻滑高速弧线时，迅速进入积雪条件多变的陡坡是愚蠢的做法。大多数专家会判断积雪的稳定性和地形障碍，并在采取行动之前先尝试几种类型的转弯。

削切

在陡峭的地形上滑过压实的雪，需要削切动作（而不是平滑），使滑雪板沿长刃方向做出反应。转动滑雪板至适当的角度停住，然后用板刃削过坡面（图g）。对山下板的过度扭转或力量过大会使其在坚硬的雪地上折断。

速度控制的战术训练

　　第 5 章揭示了在不同地形运用此战术的优缺点。查看在地形评估的得分，确定在运用速度控制战术方面需要改进的地方。以下练习的目标是在现有分数的基础上保持（3 分）或提高（2 分或 1 分）水平。

挑战速度极限
3分

　　在距离更长的雪坡上以持续的节奏和速度滑雪，这是最有效的练习方式。不要害怕挑战个人的速度极限。在准备一系列转弯时，尽力在完成所有转弯时都将重量放在外侧滑雪板上。一两次失误没关系，只要保持持续的动力运转即可。在建立起信心之后，选择更长的雪道，完成 5 ~ 8 个转弯。准备好后，可以尝试 10 ~ 15 个转弯的雪道。不久之后，滑雪者无须停顿就可以完成垂直距离 1,200 英尺（366 米）的滑雪。

控制速度
2分

　　当滑雪者从较圆、较慢的线路移至较快、较直的线路时，速度会提高。这种变化需要专注力和信心。坚持在预定线路上滑行，中间没有休息点或过渡点，这需要一种持续、短暂的转弯方式。在转弯结束时保持旋转范围，并向侧面撞击板刃，这样做可以为滑雪者提供所需的最终速度控制。最后一刻的速度流失使滑雪者可以轻松地进入下一个转弯。

选择合适的节奏
2分

　　节奏不连贯是滑雪中的常见错误。转弯的节奏必须根据地形和所需的结果来选择。快速、准确的转弯需要快速、有力的节奏。更圆的转弯则因其强度和持续时间而需要渐进的节奏。距离较长的转弯需要更多时间和渐进运动，而较短的转弯则需要更少时间和快速响应。

保持连续滑行
1分

　　在陡峭的地形上滑雪需要向下的流畅同步运动。如果连贯性被打断，滑雪者会感觉自己被困在山坡的中间。永远不要停下！如果感觉需要停下，就放慢速度，直至达到可以控制的节奏。如果腿很累，就站直一些，调整骨骼以获取更大的支撑。一旦进入节奏，就可以赢下滑雪者与斜坡之间的能量争夺战。将滑雪板用起来，这比将它们放在路边要有效得多。

保持三点接触
1分

　　错过点杖会导致短暂的失控和不必要的提速。始终保持三个接触点，以扩大基础支撑面，避免"失控列车"综合征。将雪杖想成是沿着不同地形走下楼梯时的扶手。如果两块滑雪板都与雪保持接触并稳稳地点杖，滑雪者就始终会有三个接触点。

在狭窄地形中选择有效的进入点

大多数错误都出现在前两个转弯中，原因是滑雪者低估了他们在斜坡上移动时的重力作用。在滑雪者觉得最舒服的地方进入，寻找与滑雪者的强度级别相匹配的进入点。用雪杖检查雪的硬度并滑入。雪地的质感可以让滑雪者获得更多信息以用于总体规划。分析完雪地后，就可以选择以下三种战术之一，完成良好的第一个转弯。

翻入

此战术适用于了解雪的均匀度并希望有一个惊险起步的高级滑雪者。滑雪者在翻入雪道时会犯三个主要错误。他们通常会失去平衡，因为他们将手放在后面。在空中，其板头可能会随着他们向后坐而向上翘。当他们下来时，他们可能会忘记伸展腿部，砰的一声落地。要正确地翻入，充满信心地从风唇线出发，将双手放在前面并保持平衡。在空中保持姿势平稳，将滑雪板角度调整为与坡度一致。落地时，伸展双腿进行悬空，用眼睛寻找着陆点，然后轻轻落地。

跃入

如果滑雪者在测试雪的均匀度，则跃入是一个不错的选择，因为它可以让滑雪者有机会感受到雪的状况并让双腿为第一个转弯热身。高速和携带着空气的进入会产生瞬时提速。准备好迎接一个大滑坡。当采用跃入战术时，将滑雪板向侧面滑动，横向跳动或在滑雪板指向下坡时跳入。当然，跳跃需要专业的速度控制技术。如果动作正确，这是非常令人高兴的。跃入既可以控制速度，又可以使滑雪者一直向下滑到自己感觉可以轻松地完成第一个转弯。

侧入

侧入是进入雪道的最简单方法，因为当你滑下坡时，可以用板刃控制速度，并让自己的姿势可以轻松地执行第一个转弯。如果滑雪者对第一个转弯感到满意，那么其在随后的转弯也将感到平衡。有意识地滑到陡峭、狭窄的斜坡上可以为滑雪者提供有关脚下积雪的均匀度和稳定性的宝贵线索。要在雪沟中与雪面建立舒适的接触，最好用滑入动作来抚过雪面，并遵循外部提示滑至自然的滚落线。

选择线路的战术训练

第5章列出了在面对不同地形时，运用不同线路战术的优缺点。查看在地形评估的得分，确定需要改进的地方。以下练习的目标是在现有分数的基础上保持（3分）或提高（2分或1分）水平。

通过融雪带

3分

在春季，松散的雪顺着滑道或陡峭的雪沟的中心流下，形成了一条连续不断的雪瀑布，称为融雪带。根据雪流的宽度和强度，融雪带未必会带来麻烦。但是，有时它们会让滑雪者摔倒并滑下去几个身位的距离。为避免陷入融雪带中，在其任一侧转弯，直到线路变窄，并且越过融雪带是唯一的选择。

要越过融雪带，就要在滑过它时减轻滑雪板的负担并缩回双腿，然后在另一侧用板刃落地，以控制速度。如果落在融雪带中，则不要减慢这个势头。保持速度，并以一定角度直接削过去。停在融雪带的中间会导致失控和跌倒。被冰封的融雪带也可能很危险。要避开它们，用双脚缓冲地形的作用力或以立刃姿势小心地穿过它们。

跳出雪槽

2分

滑过雪包时，通常会感觉到被槽线挟持了，因为确实只能沿着预定的凹槽滑行。随着双腿疲劳，反应变慢，滑雪者可能需要跳出槽线并进入更松软、更圆的线路。可以通过三个步骤来摆脱凹槽，而不会失去节奏。确定起跳雪包，跳起并在空中调整方向，然后轻轻落在肩线上。如果滑雪者可以继续前进而又不失去节奏，那么就已经掌握了这一战术。

规避障碍

2分

顺着一条线路下坡通常是一种很好的战术。但是，由于树木、岩石、坡度变化或其他障碍物，滑雪者很容易随时撞到障碍物上，使自己陷入僵局。优秀的滑雪者已经具备能力在遇到障碍物时调整转弯形状，并根据需要加宽或缩短转弯弧度。接近障碍物时，打滑可让滑雪者有时间调整转弯形状，并帮助其在越过障碍物时保持对称。

面朝滚落线

1分

滑陡坡时，背对滚落线是一个真正的致命伤。当滑雪者接近一个特别陡峭的区域时，通常身体会紧绷并朝上坡方向转身。这样做会释放板尾，并使滑雪者向后飞。正确的做法是，当滑雪者接近陡峭的区域时，将双手放在身前，然后上坡手指向山下板的板头。此动作使滑雪者面向下坡方向，并引导身体向下一个转弯运动，从而保持身体动作的流畅性和节奏。

点杖循径滑行

1分

熟练运用雪杖可以在不断变化的滑雪过程中完善并帮助上半身运动。错过点杖机会或根本不点杖会在全山地滑雪技能组合中产生漏洞。多样的地形需要注意节奏和有力的核心动作，这些动作应以滚落线为目标方向。摆动雪杖将动量引向滚落线，并在转弯之间点杖，以稳定身体。首先进入朝下坡方向移动的节奏，然后稳定上半身。

掩盖技能缺陷就像在长途自驾游之前忘记加油一样：走不远！技能是建立在运动表现框架上的。没有什么权宜之计或捷径。通过本章中的练习所建立的基础可帮助滑雪者无极限地提高滑雪熟练度。

10 11 12 13 14

滑雪技能提升计划

第 10 章

如何制订计划

　　根据个人独特的身体条件和技术需求可以制订更有针对性的滑雪训练计划。优秀的训练计划应易于遵循，足够灵活，可以根据滑雪者的进步和恢复情况进行调整，并且有运动项目需求和个人需求的针对性设计。生理和技术特异性是取得进步和持续成功的关键。

　　第3部分中的训练计划针对该项运动的总体需求（而不仅仅是针对技术或器材）进行设计，并根据滑雪者的四种主要类型制订不同的训练需求。针对滑雪者的独特需求采取解决方案，使滑雪者即使不在雪坡上也可以练习滑雪技能。计划中的一系列练习可解决灵活性、稳定性和体能方面的缺陷，并且可以在家中进行。这将使滑雪者的滑雪表现大大提高，并增加滑雪的乐趣。此外，针对技术和战术的专门训练可以使滑雪者在山上的有效时间更长，从而带来更快的持续进步。

针对性的训练计划将像指纹一样独特。就提高滑雪技能而言，并没有一种万能的解决方案。但是，在制订个性化滑雪训练计划时，一些通用的经验法则是任何人都可以采用的。

训练时间表

毫无疑问，最有效的滑雪时间是在滑雪者经过充分休息，没有受伤，并且已掌握应付全山地挑战的技能时。如果没有切合实际的时间表，想在计划的户外训练中达到最佳体能状态可能比想象的更加困难。

要制订可以坚持的训练计划，第一步是诚实地考虑自己可以投入训练计划的时间。据《异类》（*Outliers*）的作者马尔科姆·格拉德韦尔（Malcolm Gladwell）的意见，10,000 小时的锤炼是任何人从平凡变成世界级大师的必要条件。这相当于每天练习 3 个小时，坚持 10 年，或者每天 10 个小时，坚持 3 年。许多人永远不会考虑将这么多的时间投入到训练上；少数人则接受这个时间上的挑战，超越平庸的炼狱，取得先前极少人达到的成就。成功的滑雪者在不知不觉中就达到了 10,000 小时，因为他们享受其运动项目的乐趣，并不觉得这条漫长的进步之路单调乏味。我们大多数人都在享受与不享受之间。如果我们计算在雪地上度过的实际时间，那么要真正成为这项运动的大师，希望似乎就更加渺茫了。大多数滑雪者都会对建议训练量有一定程度的反应；但是，每个人的生理状况决定了对重复活动的响应时间和适应能力。

简而言之，每个滑雪季最多可以花费 100 ~ 150 小时来提高滑雪技能。按该数字计算，要满足 10,000 小时的要求，将需要 100 个滑雪季或 50 个背靠背滑雪季（南北半球时间各半）。实际上，有全职工作的狂热滑雪者可以预期最多在雪地上花费 50 ~ 60 天。大约有 10% 的时间会因为天气恶劣，电梯无法运行，因此每年可能只剩下 35 ~ 45 天的训练时间。

除非滑雪者住在山上，可以滑雪进出，每天能够安排约 6 小时来滑雪。即使这样，滑雪者也必须减去在电梯上花掉的大约 1.5 小时（假设滑 15 趟，每趟需花 6 分钟乘坐电梯）。也就是说，剩下大约 4.5 小时的滑雪时间，但是滑雪者还必须减去大约 50% 的热身、休息和等待伙伴的时间。总体而言，普通滑雪者每天大约有 2.25 小时的实际训练时间来掌握重要的运动模式和战术技能。但是，请不要放弃！滑雪者不需要真的踏上雪地也可以继续进行滑雪训练。以下各章介绍的训练计划包括练习、专项训练、器材调整、技术和战术，让实现 10,000 小时目标的过程效率更高。

滑雪者可以通过将目前的日常生活方式转换为滑雪生活方式来完成 10,000 小时。美国运动医学会（American College of Sports Medicine，ACSM）年会（西雅图，2009 年 5 月）的演讲嘉宾内维尔·欧文（Neville Owen）认为，大多数人平均每天要坐 9.3 小时。即使身体健康的人，如此长时间久坐也不利于健康，更不用说滑雪了。改变一些日常习惯可以使滑雪者离开椅子，更易接近达到目标所需的时间。不要开车，改为步行或骑行去上班，站在办公桌旁，打电话时单脚站立，用深蹲姿势写电子邮件，在非正式会议中站起来或做一下伸展活动，或遛狗。滑雪者现在就可以做出这些改变，但是训练计划的真正功效来自前面各章的内容。对功能性动作、体能、技术和战术的评估可帮助滑雪者提高效率，并为实现滑雪目标制订一条有效的途径，从而减少原本可能浪费在无用的权宜之计上的时间和精力。

一旦发现了技能缺陷并确定了需要改进的练习，就可以开始定制针对性训练计划。计划的设计应根据训练时间表制订切合实际的目标。滑雪季分为三个部分（季前、季中和季后），并且训练时间表应根据滑雪季的时间来安排。

季前

对于竞技运动员，季前期应从赛季开始前的 4 ~ 6 个月开始，并应为以后的所有训练打下坚实的基础。休闲滑雪者通常会尝试为期 4 ~ 6 周的快速恢复计划。这是一个良好的开始，但其训练效果几乎不会导致滑雪技能的突破性改变。判断季前训练时长的最好方法是检查上一季的身体状况。上个赛季你被打败了吗？整个夏季有多少恢复时间？那段时间你能进行训练吗？相对于经过一段时间的积极性休息并且总体基线恢复到标准水平的情况，伤后恢复或慢性疼痛休养期的季前训练过程将会更加有针对性。建议休闲滑雪者的平均季前训练时间至少为 8 ~ 12 周，使休闲滑雪者有时间评估自己的状态，并对功能性动作和体能中潜在的薄弱环节加强训练。

如果从零开始，那么季前训练可能会困难重重。首先要改变生活方式，使休闲滑雪者全年都运动起来并保持基线体能。季前训练的感觉不应该是移山填海这种改变命运的大改造。要侧重于巩固针对滑雪的身体动作，并增强心肺功能和肌肉力量。

季中

在滑雪季节中，专门为排定的活动做准备时，要将重点转移到雪地上，比如计划野外郊游、速滑、自由滑雪比赛、直升机滑雪、雪地车旅行或家庭度假。如果在雪地上的时间有限，就要参加其他活动以保持季前的优势。为季中的活动安排好具体的日期，就能够在活动开始之前增加和减少训练。具体的日期是坚持艰苦训练的绝佳动力。

季后

季后属于积极性休息期，需要通过强度和动作的变化来过渡。身体在经过滑雪季的磨炼之后，需要时间来放松和恢复。参加其他运动项目是扩大动作范围和爆发力输出方式的好方法。这段休息时间也可以让休闲滑雪者保持活力，并有积极性去设定新的目标，重新审视自己的基本体能需求。

训练时间

普通的美国运动员每周在健身房或家里锻炼 5.3 小时。竞技滑雪者可能需要在健身房训练更长时间，尤其是在季前和赛后阶段。

如果滑雪者已确定自身的类型和薄弱环节，就可以将这些时间添加到总训练时间中。使用以上信息来确定训练的重点，同时充分利用训练时间。应合理安排旱地和雪地训练，具体取决于赛季时间，以及根据个人评估结果和滑雪技能特点确定的个性化训练需求。表 10.1 列出了根据每年赛季制订的基本时间表。

表10.1 制订计划中的时间分配

	季前	季中	季后
功能性动作	每周3～6次	每周3～5次	每周3～6次
心肺适能	每周3～5次	每周2～4次	每周2～4次
肌肉适能（力量）以及爆发力和敏捷性	每周2～4次	每周1～3次	每周1～2次
技术		每节雪地训练课*	
战术		每节雪地训练课*	

*滑雪者必须在季中完善技术和提高战术，因此每次的雪地训练都要达到以上需求。

在季前期间，时间会花在旱地训练上。应该每周训练3～6次，且至少休息1天。在季中，每周进行1～2次旱地训练。安排一天的有氧运动，可以帮助滑雪者放松，尤其是在连续多天滑雪或滑雪周末之后休息一天，区间2和区间3的组合训练有助于保持滑雪水平。表10.2提供了针对心肺适能的季前、季中和季后训练周示例。

表10.2A 季前心肺训练

星期一	区间2	心肺
星期二	区间3	心肺、力量和爆发力*
星期三	区间1	心肺
星期四	区间2	心肺
星期五	区间3	心肺、力量和爆发力*
星期六	区间1	心肺
星期日	休息	休息

*力量和爆发力训练可以安排在同一天，也可以拆分为两天。

表10.2B 季中心肺训练

星期一	区间1	心肺
星期二	休息	休息
星期三	区间2和3	心肺和力量
星期四		爆发力
星期五		滑雪
星期六		滑雪
星期日		滑雪

表10.2C 季后心肺训练

星期一	区间1	心肺
星期二	休息	休息
星期三	区间2和3	心肺和力量
星期四	区间1和2	爆发力和敏捷性
星期五	休息	休息
星期六	区间1	心肺
星期日	休息	休息

规划旱地训练

全年都可以安排旱地训练。应该尽可能利用它来解决运动表现金字塔前两个部分中的任何薄弱环节，并在全年中保持特定于滑雪的运动和体能。切记，旱地训练可计入滑雪者的总训练时间！训练课应侧重于功能性动作、心肺适能、肌肉适能、爆发力和敏捷性。训练课的强度和频率取决于赛季和滑雪者的体能水平。

功能性动作训练

由于功能性动作是训练计划的基础，因此它必须完整，以使运动表现金字塔的其余部分可以正确平衡。它对身体准备训练和特定的滑雪运动也起着至关重要的作用。即使训练重点是爆发力和敏捷性，或心肺和骨骼肌系统，在每个训练日或滑雪日之前，都要执行着重于功能性动作的热身训练。功能性动作训练的目标是让身体为运动做好准备，这包括增加血流量和心率，达到必要的关节活动度，并针对计划的旱地或雪上训练的需求做好稳定性、灵活性和平衡能力方面的准备。

根据第2章中功能性动作评估的结果（使用评估表作为指导），选择针对特定薄弱环节的建议进行训练。如果滑雪者的时间，只能够专注于某一部分，那么为了实现长期进步，提高滑雪水平和耐力，功能性动作部分是最佳选择。如果滑雪者错过了一个训练日，则至少再执行一轮功能性动作练习。关于滑雪日，可以参考雪地版本。详情请参见第11章至第14章。

在进行实际的功能性动作训练前，训练前的活动将帮助滑雪者完成热身和动态准备。下一节将详细介绍训练前活动的两个阶段。

热身　训练应从5～10分钟的热身开始，以提高心率并让滑雪者流汗。热身活动最好与实际训练中的运动有关（例如跑步训练前的步行或慢跑），此外，任何增加心率并让肌肉热起来的方法都可以使用。在滑雪日，滑雪者可以在旅馆周围徒步5～10分钟，或者在平坦的地形上滑冰或点杖推撑，让心跳加快。然后，滑雪者将准备好进行训练计划的下一阶段，即动态准备。

动态准备　滑雪者一旦心率加快并且肌肉完成热身，就准备好在训练或滑雪日执行随后的增大关节活动度的练习。表10.3和表10.4提供了旱地和雪地训练日的动态准备计划。这两个计划都结合了全身运动，以进一步加热关键肌肉并激活神经系统。

表10.3中，针对旱地训练日的动态准备计划可增强功能性动作训练的效果。尽管部分练习可能是相同的，但此准备活动不能替代实际的功能性动作训练。无论分数或水平如何，每个人都可以在每次训练之前执行此核心计划。如果在第2章的功能性动作评估中获得3分，则建议滑雪者的训练前计划以拉伸练习结束。但是，滑雪者可能想要在定制的旱地训练计划中包括一些功能性动作练习，以帮助其在评估中保持3分。如果滑雪者选择制订自己的动态准备计划，要确保总体训练针对全身运动。

为了适应滑雪服和器材，表10.4中的雪地训练日动态准备计划是从旱地版本改编的。这些计划是专门针对滑雪的动态需求准备的。它们不能代替根据评估结果所确定的旱地训练。与其他计划不同的是，在这些训练计划后不会进行室内的功能性动作训练课。在完成雪地上的动态准备计划后，滑雪者就可以进行功能性动作计划中的一些伸展活动，然后上缆车去滑第一趟！

表10.3　旱地训练日的动态准备计划

	计划1（10～15分钟）			计划2（10～15分钟）	
1	臀肌单腿桥式（第102页）	2组，每组6～8次重复	1	臀肌单腿桥式（第102页）	2组，每组6～8次重复
2	虫式（第112页）	2组，每组5次重复	2	举手后弓步（第109页）	1组，每组左侧5次重复和右侧5次重复
3	迷你带行走（第95页）	1组；行走30英尺（9米）并返回，横向移动	3	手抓膝踝式（第101页）	1组，每组左侧5次重复和右侧5次重复
4	侧弓步（第16页）	1组，每组左侧5次重复和右侧5次重复	4	侧弓步（第16页）	1组，每组左侧5次重复和右侧5次重复
5	团身跳（第134页）	1组，每组5次重复（保持团身姿势30秒）	5	腿部升放式（第103页）	1组，每组左侧5次重复和右侧5次重复
6	跳绳（第136页）	2组，每组1分钟（经典摇绳式）	6	迷你带行走（第95页）	1组；行走30英尺（9米）并返回，横向移动

表10.4　雪地训练日的动态准备计划

	计划1（10～15分钟）			计划2（10～15分钟）	
1	前后摆腿（不使用滑雪板）	每个方向4～6次重复	1	原地跑10秒	2组
2	左右摆腿（不使用滑雪板）	每侧4～6次重复	2	侧弓步	1组，每组左侧5次重复和右侧5次重复
3	扭转核心，两支雪杖分别放在两侧肩膀上	每个方向6～8次重复	3	扭转核心，两支雪杖分别放在两侧肩膀上	每个方向6～8次重复
4	前后摆臂	每侧6～8次重复	4	半深蹲并举起手臂	1组，每组左侧5次重复和右侧5次重复
5	团身跳（不使用滑雪板）	6～10次重复	5	室外鹳式站立	1组，每组左侧3次重复和右侧3次重复
6	团身跳（使用滑雪板）	20～25次重复	6	反向腘绳肌伸展	1组，每组左侧3次重复和右侧3次重复
7	上坡侧跨步（使用滑雪板）	10～15次重复	7	上坡下蹲走（使用滑雪板）	10～15次重复
8	单腿左右跳（使用滑雪板）	每侧6～12次重复	8	下坡侧跨步（使用滑雪板）	10～15次重复
9	双腿左右跳（使用滑雪板）	6～8次重复	9	原地跳（使用滑雪板）	10～15次重复

在完成旱地的动态准备计划后，滑雪者就可以训练耐力和力量。关于雪地训练日，可以选择第7章中一些调整过的伸展运动，例如，股四头肌、腘绳肌和髋屈肌的伸展运动。一

定要在一周之内完成规定数量的非雪地功能性动作训练课。如果滑雪者在第 2 章的功能性动作评估中获得 3 分，则无须安排训练，只需从第 7 章中选择一些伸展运动，确保拉伸每个主要的肌肉群。

全年都应始终坚持功能性动作训练，以保持运动表现金字塔这一部分的水平。继续评估功能性动作，以了解灵活性和稳定性的变化。运动训练后，测试可能会显示出滑雪者在不对称、力量不足或肢体僵硬方面的改善。在季前期间，应着重动作质量，确保是正确的肌肉在发力，并避免代偿，以防止对位不正和过劳性损伤。记住要重新测试，因为滑雪季的严酷会导致肌肉失衡和过劳性损伤。跟踪进度可帮助滑雪者避免受伤或慢性疼痛等。在季后期间，专注于恢复和重新激活在滑雪季中被忽视的肌肉群。持续使用某个肌肉群会抑制其拮抗肌群，从而导致肢体僵硬和失衡。基本运动练习会锻炼所有肌肉群。

心肺训练

由于可以在三种不同的强度下进行心肺训练，因此要在每个强度级别指定训练时间，让身体做好充足准备。参考第 3 章中的测试结果，以确定滑雪者的训练类型或训练强度级别。在一年中的什么时间安排训练也会被考虑在内。在整个训练过程中，通过监测心率来跟踪强度。三种训练强度各自针对特定的心率区间（以最大心率的百分比计算）。

正如第 3 章所述，最大心率（HRmax）的常见公式是用 220 减去你的年龄，但这个公式只适合一半的人口。最大心率取决于多种因素，如年龄、训练水平和体育运动史等。有一个类似的公式增加了一项计算内容，可以获得更接近实际数字的结果。首先，在早上起床时测量静息心率（RHR），并确定一分钟心跳次数。接下来，将此数字代入以下计算公式中：[(220 − 年龄 − RHR) × 60% ~ 70%]+RHR = 60% ~ 70% 训练区间。例如，滑雪者的年龄为 40 岁，RHR 为 60 次 / 分，则计算出最大心率的 60% 如下：[(220 − 40 − 60) × 0.60] + 60 = 132 次 / 分。最大心率的 70% 是 144 次 / 分。因此，你的"轻松"训练区间将是 132 ~ 144 次 / 分。

有氧训练（区间 1）建立体能基线后，可在季前和积极性休息日中使用此区间进行基础训练。有氧运动时，将心率保持在最大心率的 50% ~ 70%。活动应持续至少 30 分钟。做一些自己喜欢的运动，例如徒步、野外滑雪、游泳、骑自行车、慢跑或滑冰。如果滑雪者在休息日总是不自觉地达到过高运动强度，则使用带提示的心率监测器，在超出目标区间时可以发出提示。

无氧阈训练（区间 2）在此间歇训练阶段，心率应为最大心率的 75% ~ 85%。这种训练强度可训练耐力，以支持季前和季中训练期间在更长距离、更陡峭地形上的训练。每段间隔应持续 3 ~ 10 分钟，然后下降到更轻松的强度运动 2 分钟，使心率恢复到区间 1。

无氧爆发力训练（区间 3）该区间比区间 2 离最大心率更近。滑雪者需要在不舒服的阶段坚持最少 20 秒，最长 2 分钟。每段间隔之间休息 2 分钟，使心率恢复到区间 1。此阶段的持续时间取决于心率回到区间 1 的速度，但通常持续 1 ~ 2 分钟。

在跨强度级别进行训练之前,要在区间1中建立有氧基础。为了建立有氧基础,每周进行3~6次有氧运动,总时间或距离的增量不超过5%~20%,具体取决于所选择的活动(有关准则,请参阅第3章中的表3.1)。在安排任何无氧阈训练之前,滑雪者在评估中至少要获得2分(请参阅第3章第30页)。

建立有氧基础后,根据测试结果,用区间2的无氧阈训练替代心肺训练,或将其添加到心肺训练计划中。为了使无氧阈训练发挥最大效用,滑雪者必须在整个间隔内保持相同的强度(训练方案和步骤的示例请参阅第8章)。无氧阈基础训练与第3章中的评估测试相同,每两周执行一次,以跟踪进步情况。达到得分为2分所要求的无氧阈后,就可以将区间3中的无氧爆发力训练添加到训练计划中。

滑雪者可以将无氧爆发力作为一次单独的训练,也可以将其放在有氧训练(区间1)结束后进行,或者将其作为包含多个阶段与较短时间间隔的组合训练的一部分。这些间歇训练要求滑雪者全力以赴,毫无保留。尽管这些训练极度辛苦,但其可以帮助滑雪者建立信心和意志力。当滑雪者完成区间1的训练,并开始增加更高强度的无氧阈和爆发力训练时,切勿连续进行这些训练。许多人会交替进行有氧训练与力量训练,但高强度的力量训练可能与高强度的有氧运动一样让人筋疲力尽。关注自己的身体,并在训练计划中安排休息和积极性恢复的时间。理想情况下,应在滑雪季开始前的6周进行无氧阈和无氧爆发力训练(区间2和3)。当然,以上时间取决于滑雪者确定的进度。活动量还取决于滑雪量。

在滑雪季中,每周最多进行2次有氧训练课和2次无氧训练课。如果滑雪者每周滑雪几天,甚至可以将训练减少为1次有氧训练和1次无氧混合阶段训练。随着滑雪季的结束,恢复为每周2~4次有氧训练。身体会告诉滑雪者时间表安排是否合适。如果感到疲倦和动力不足,请休息更长时间。完全恢复后,恢复2~4次有氧训练(区间1)。感觉自己更有力时,重新添加无氧阈和爆发力训练(区间2和3)。

力量、爆发力和敏捷性训练

进行力量、爆发力和敏捷性训练时,训练强度取决于施加在肌肉和结缔组织上的压力大小,以及练习中使用的配重。所选择的重量应是滑雪者能够以良好的技术完成必要的重复次数。强度从轻到重,稳步提高。例如,在举重时,使用轻配重完成较多次重复,直到滑雪者可以使用大配重完成较少的重复次数,这样可以帮助其增强力量。在执行练习时,还应重视动作质量和姿势。还记得有氧训练是如何结束的吗?当滑雪者在规定的时间内无法恢复时就应该结束。重量训练也是一样。如果滑雪者无法以良好的姿势执行练习,就要结束这一组练习,并在下一组练习中减轻重量。如果在无法保持良好姿势的情况下继续练习,就可能会使自己受伤或使用代偿。

锻炼关键肌肉时,先训练较大的肌肉群,然后再训练较小的肌肉群,以充分发挥所有的潜在能量。由于较大的肌肉需要更多的能量,如果滑雪者在训练的结尾部分缺乏能量,就很难完成更大配重的练习。如果要打乱熟悉的训练计划,可以先锻炼较小的肌肉。如果需要在训练过程中休息，可以尝试将练习配对组合，同一组中的多个练习包含相互补充的组成部分。例如，在一组练习中安排引体向上、胸部伸展（在稳定球上伸展和滚动）加交替哑铃推举。这种做法可以平衡强度和休息时间，同时连续锻炼所需的组成部分。

季前早期阶段的力量训练要求滑雪者注重低强度和长持续时间训练（较轻的重量和最大重复次数），例如每个练习2或3组，每组8～12次重复。随着滑雪者力量增强并进入季前的中后段，就要增加强度并缩短持续时间。例如，每个练习做3或4组，每组5～8次重复。在这段时间，滑雪者应该在每次训练课之间至少休息一天，并且每周不应超过2次训练课。

当滑雪者进入真正的滑雪季时，继续执行此休息和训练的日程安排（如果需要，可以将训练课减少到每周一次）。在滑雪季中，以良好的姿势举起接近100%的最大重量，保持高强度和低训练量，即每个练习做3～4组，每组3～6次重复。随着滑雪者的进步，最多可举起4～5组，每组4～6次重复。滑雪季开始后，滑雪者将处于最佳力量体能状态，但可能仍需要休息日。有时，滑雪者会进入极佳状态，而有时，滑雪者会感觉好像在用两只左脚滑雪。观察自己的进步，并跟踪睡眠情况、食物质量和补水量，以及精神休息时间。滑雪会使滑雪者感到疲倦，因此，需要用山上训练日取代一些力量训练日。根据经验，在季中应逐渐减少高强度力量训练日，并采用积极性恢复日取而代之。

在季后期间，训练强度会降低，因为滑雪者进入恢复期，身体需要补充能量和休息。但是应继续每周至少进行1次或2次训练，以保持滑雪者的体能水平，或者每周进行2次或3次训练，以提高体能水平。此时，滑雪者可以放松并解决在滑雪季中困扰你的疼痛。专注于身体、精神和灵魂的恢复。

规划雪地训练

在雪地训练时，上山之前，滑雪者必须知道需要做的工作。滑雪目标对于激励和有效的进步至关重要。没有目标，你可能只是漫无目的地从一个滑雪打卡点滑到另一个打卡点。每天将注意力集中在长期目标以及当天训练课的特定技术或战术训练上。滑雪者还应该查看测试结果，并定期进行重复测试，以跟踪自己的进步，了解在训练课中需要努力改进的方面。滑雪之前，复习每日报告，记住自己应该努力的方向。在监控训练的过程中，滑雪者进步的快慢取决于其动机、恢复、季前准备和是否容易受伤。

以下训练计划将指导滑雪者每周的雪地训练和进步。切记，在进行所有训练之前，都要通过热身和雪地训练前准备活动来激活肌肉。以下各节分别介绍雪地训练课的组成部分。

主动自由滑雪

主动自由滑雪是供滑雪者考虑自己的训练重点的一段自由时间。训练重点是什么？训练雪道在哪里？需要经过多长时间才可以接受主动训练？当滑雪者第一次上雪道时，提醒自己要运用直觉，让自己仔细感受雪地、滑雪板以及当天的环境细节。花费30～40分钟的时间检查一下积雪状况，了解自己的精力状态，以及可以做出反应和所需动作的能力。习惯于滑雪板的滑动感并提醒自己保持平衡。

主动训练

实际练习的部分，重点在于正确的执行、练习的结果以及滑雪者是否做得正确。实际练习后，在滑雪时可以依赖对地形和环境运用的感觉。在任何场地实际练习的时间为40 ~ 90分钟，然后再花费相同的时间练习雪地运动。

最好以循序渐进的方式进行雪地练习。始终从静态练习开始，这样就可以专注于练习的目标，而不会因滑动和速度增加其复杂性。例如，如果要练习腿部旋转，可以站在雪道的最高处，抬起腿，并通过旋转股骨来扭转滑雪板。然后，可以升级到与此静态练习相似且以其为基础的补充练习。在雪坡上移动时练习转半圈。最后，滑雪者可以完成另一个练习，移动时，在滚落线上完成完整的转弯。

每个人习得技能所需的时间不同，但过程始终一致。首先是对技能发展练习及完成的基本理解。然后，将关键动作组合起来，直到可以在滑雪中连贯且同步地完成这些动作。这些动作应与滑雪协调起来，并呈现出自然的流畅节奏。最后，完善动作并在具有挑战性的地形和环境条件中运用它们。此过程可能需要几趟、几周或几年，具体取决于动作的复杂性和用于学习技能的时间。

以上过程的结果可帮助滑雪者建立一种植根于良好滑雪基础的风格。它还可以让滑雪者根据自身的直觉和个人喜好创造自己的方法。这个过程不仅可以塑造滑雪者的风格，还可以帮助其发展成为受人尊敬的榜样。在滑雪者能够精确执行技能后，可以看看自己的技能组合是否全面，是否可以经受住高山环境的极端压力。

探索地形和条件

根据不同的地形和其他滑雪条件来运用技术，这有助于巩固动作，并让滑雪者有时间进行战术练习。花费一两个小时进行探索，并完成与即将滑雪的地形有关的练习。例如，如果滑雪者要应付陡峭的地形，就要执行强调控制速度和形成节奏的转弯形状练习。如果滑雪者正在攻克特定的技术难点，比如刻滑，则应选择一两个强调立刃和压力控制的练习。表10.5和表10.6列出了针对各种地形和条件的合适技术和战术。表10.5列出了第4章中的技术以及适合于练习的相应地形。表10.6列出了第5章中的滑雪战术，并将其与关键战术概念和地形关联起来。

放松活动

在放松活动中，以正确的姿势慢慢地滑行。在训练日将要结束时，进行几趟游览式滑行，在没有复杂地形的额外压力下回顾一下自身建立的感觉。在有利于低强度滑雪的地形上完成几趟滑行（角度较低，危险度较低）。在放松时，降低强度并专注于滑雪板和训练课时已探索过的雪地之间的联系。确保姿势良好，并纠正可能因疲劳而产生的任何代偿。享受雪地上的乐趣！

表10.5 滑雪技术及相关地形

技术	地形
基本站姿	●具有自然弯曲面的雪道 ●平缓、均匀的雪坡 ●压实的雪地
斜位站姿	●平缓到中等斜度的雪坡 ●开阔的山坡，人流少 ●压实的雪地 ●密实的雪地
腿部旋转	●平缓到中等斜度的雪坡 ●开阔的山坡，有边坡 ●整齐地形 ●压实的雪地 ●密实的雪地
平行转弯	●中等斜度的雪坡 ●起伏较小且坡度渐增的地形 ●压实的雪地 ●密实的雪地 ●硬雪
刻滑转弯	●陡峭的雪坡（已压实和未压实） ●倾斜度渐增的雪道 ●密实的雪地 ●结冰的雪地，有极硬的雪块

表10.6 滑雪战术及相关地形

地形	关键战术概念			
	观察地形	运用转弯形状	速度管理	选择路线
陡坡	观察坡度	C、J、S和Z形转弯	慢、中或快	安全线和中心线
雪包	看清路线	C、J和S形转弯	慢、中或快	基本线、肩线、槽线和折线
雪沟	了解各部分	Z到S形转弯	慢到快	进入点、中线和顺序
后碗	有创造力	转弯更大，速度更高	中到快	大转弯、滚落线
林间	使用视觉技能看清空白区	各种大小和形状	中到快	改变滑道

在每个滑雪季开始时，滑雪者都应专注于自由滑雪和发展性练习。自由滑雪有助于唤醒神经系统，使其对上一个滑雪季所掌握运动模式产生反射。发展性练习将为动作打下坚实的基础。随着滑雪季的进程，将更多时间花在针对特定地形的训练和战术练习上。当然，滑雪者的日程安排应以其对基本技术要素的掌握程度为基础。如果站姿、平衡等核心技能和双腿旋转滑雪板的能力在新的地形中出现问题，则滑雪者必须花费更多的时间训练这些基本技能。在滑雪季接近尾声时，重新进行功能性动作练习，以此彻底结束滑雪季。

制订计划小结

用高强度和低强度训练日结合安排训练，有助于防止倦怠，保持精力充沛并取得进步。建议搭配不同的训练类型，并在训练时间表中包括恢复日。常见的训练计划是交替安排力量训练日和有氧训练日，让腿部能够以良好状态完成各种类型的训练。例如，滑雪者有一天的训练比较艰苦，侧重于力量训练，那么在下一次大训练量之前应增加一个恢复日。在体能水平有所提高时，也仅能尝试最多连续两天完成大训练量。

当焦点转移到雪地上时，情况会变得复杂，但是滑雪者仍然需要平衡雪地训练日与保持或提高功能性动作和体能水平的训练日。和之前一样，最好将有氧或力量训练日与技术或战术训练日分开。滑雪者可以在雪地训练当天进行轻度的有氧和力量训练，但是最好在雪地训练课之后或当天晚些时候再进行这些训练，以预防损伤并避免双腿在滑雪时过于疲劳，否则会减弱滑雪者执行正确技术或战术的能力，并可能养成不良习惯。力量训练也是一样道理。滑雪训练课后进行力量训练时，要注意安全性和技术。

以下各章列出了针对不同类型滑雪者的训练准则。这些建议将帮助滑雪者尽可能高效地发挥最佳滑雪表现，使其根据第 1 部分评估中确定的具体需求来定制自己的训练计划。该训练计划将为滑雪者指明方向和目标，并产生可衡量的真实结果。

第11章

强体能滑雪者

　　强体能滑雪者会在第3章至第5章的技术、战术和体能评估中得分不错（平均3分），而在第2章的功能性动作测试中则得分较低（1分或2分）。强体能滑雪者通常具有完成计划表中技术和战术的技能，但缺乏稳定性和灵活性，无法在没有代偿或冒受伤风险的情况下应对各种地形。尽管他们可能熟练掌握低级别技巧，但他们在更高级的地形中就会开始有代偿动作。侧重于基本动作和灵活性的计划将提高强体能滑雪者的耐力和持久力。

　　强体能滑雪者的计划结合了发展性练习和矫正性练习，以解决其在评估中确定的薄弱环节。技能和练习的进度可用来识别薄弱环节。第 2 章至第 5 章的内容也显示了需要改进的地方。为避免因效率低下而造成的代偿，需了解以下危险信号，并在这些问题成为不良习惯之前解决它们。

- 外侧的腿僵硬。动作生硬，由于髋关节灵活性不足而导致腿部肌肉绷紧，这是强体能滑雪者的常见症状。因此会产生效率低下的运动模式。
- 转弯时身体随着滑雪板移动。僵硬的髋屈肌和紧张的股四头肌导致下半身和上半身的动作无法分离，使得强体能滑雪者很难在转动腿部时不引起上半身移动。
- 转弯时滑雪板弹起。过于依赖大块肌肉会造成弹射性的、匆忙的动作，无法完成精确的转弯。
- 转弯时上半身先旋转。强体能滑雪者通常小肌肉不够发达，而大肌肉则过于发达。因此，他们会以肩部和腹部主导动作。
- 动作节奏不稳或不对称。缺乏同步运动所需的协调性和敏捷性，破坏了高效滑雪的流畅性。
- 滑雪板承力过大。这是由于有力的腿部运动占据主导地位。缺乏接触或技巧可能与灵活性和协调性较差有关。
- 上半身僵硬。腹部缺乏灵活性使强体能滑雪者看起来像雕像一样。

训练计划设计：强体能滑雪者

由于强体能滑雪者具有坚实的肌肉力量和耐力基础，但缺乏灵活性和敏捷性，因此其训练计划的重点是功能性动作。好处是，他们的最大缺陷可以通过全年的功能性动作训练来改善，并且可以在滑雪季节临近时辅以敏捷性训练。在季前和季中，应增加功能性动作训练的频率，以纠正此薄弱环节。即使有自然的肌肉适能基础，他们也应该根据其评估的结果，在季前和整个滑雪季中重视体能训练。

如果正在执行此计划，需在滑雪季开始前12周开始训练。这是重新测试的好时机，同时确保强体能滑雪者在第3章的体能评估中的平均分仍可达到3分。如果体能评估中的平均分未达到3分，强体能滑雪者还有时间解决赛季外可能出现的任何薄弱环节。每4～6周重新测试一次，以监测是否保持水平并评估进步。

滑雪季开始后，就要减少体能训练。但是，强体能滑雪者可以在不滑雪的日子里继续进行功能性动作训练。在雪地上，专注于精进技术，相对于原始的力量和爆发力，要更多地依赖于灵活性。本章提供了一些雪地训练计划的示例，这些训练计划可以完善正位站姿、斜位站姿、腿部旋转、平行转弯、刻滑转弯，以及不同地形的战术。尽管强体能滑雪者已经掌握了这些技术，但他们仍需要重新进行基础训练，以改善其运动模式。季后训练是为了在季前阶段再次开始之前保持功能性动作和体能的水平。这是尝试新活动，保持新鲜感的好时机。

表11.1列出了典型强体能滑雪者的总体训练时间表，假设每周最多有6个训练日。建议每周至少5个训练日，并注意运动表现金字塔的所有区域。可以将训练课合并在一起，减少总的训练日数（参阅第10章中的准则）。

表11.1　强体能滑雪者的训练时间表

	季前	季中	季后
功能性动作	每周5～6次（含旱地训练）	每周4～5次（含旱地训练）	每周3～6次（含旱地训练）
心肺适能	每周3～4次	每周2～3次	每周2～4次
肌肉适能（力量）以及爆发力和敏捷性	每周2～3次	每周1～2次	每周1～2次
技术		每节雪地训练课	
战术		每节雪地训练课	

以下各节列出一年的训练课安排示例。

季前（12周）

季前阶段开始时，首先完成第1部分中的所有旱地评估，以衡量强体能滑雪者当前的水平并确定可能需要改善的方面。使用这些信息帮助实现季前的以下目标。表11.2～表11.4按周列出了不同的训练安排，第198页的表11.6则是具体的细节说明。

第1～4周（基础）

季前阶段的前4周根据下一个滑雪季的需求和目标确定训练的重点。主要安排功能性动作和有氧（区间1）训练。每周至少增加一次有氧训练时间。尽管强体能滑雪者在力量评估的得分很高，但第2章中的评估可能会指出一些差距。相关练习请参见第8章。在最初几周引入敏捷性练习，以专门针对动作上的缺陷。表11.2显示了第1～4周的季前训练计划示例。

表11.2　第1～4周的季前训练计划示例

	第1天	第2天	第3天	第4天	第5天	第6天	第7天
功能性动作训练(2组，每组8～12次重复的稳定性练习；2组，每组10～20秒的灵活性练习)	动态准备计划（第181页），加上根据第2章评估确定的任何灵活性练习	动态准备计划（第181页），加上根据过顶深蹲和单腿蹲测试（第11页和第13页）确定的稳定性和灵活性练习	动态准备计划（第181页），加上根据旋转稳定性和侧弓步测试（第15页和第16页）确定的稳定性和灵活性练习	动态准备计划（第181页），加上根据过顶深蹲和单腿蹲测试（第11页和第13页）确定的稳定性和灵活性练习	休息或动态准备计划（第181页），加上根据第2章评估确定的灵活性练习	动态准备计划（第181页），加上根据旋转稳定性和侧弓步测试（第15页和第16页）确定的稳定性和灵活性练习	休息
心肺训练	长时间训练：区间1（按照第3章的指示）	休息	中等时间训练：区间1*	休息	休息或短时间到中等时间训练：区间1*	短时间训练：区间1*	休息
力量和敏捷性训练(2～3组，每组8～12次重复的力量练习)	休息	训练方案A或B（第198页），加上根据第3章评估确定的练习	休息	交替执行训练方案A和B（第198页），加上根据第3章评估确定的练习	休息	休息或训练方案C（第198页），加上根据第3章评估确定的练习	休息

*应根据一周长时间训练时间来确定中等时间和短时间心肺训练课的持续时间。通常，中等时间训练时长应为长时间训练的1/2至2/3。短时间训练时长应为长时间训练的1/3至1/2。

第 5 ~ 8 周（发展）

在季前阶段的第 5 ~ 8 周进行无氧阈（区间 2）训练，增加心肺训练的强度。如前所述，每周至少增加一次有氧训练时间。继续解决在力量测试中发现的任何薄弱环节，重点主要是功能性动作、敏捷性和爆发力训练。表 11.3 显示了第 5 ~ 8 周的季前训练计划示例。

表11.3　第 5 ~ 8 周的季前训练计划示例

	第1天	第2天	第3天	第4天	第5天	第6天	第7天
功能性动作训练(2 ~ 3组，每组10 ~ 15次重复的稳定性练习；2 ~ 3组，每组15 ~ 25秒的灵活性练习)	动态准备计划（第181页），加上根据第2章评估确定的灵活性练习	动态准备计划（第181页），加上根据过顶深蹲和单腿蹲测试（第11页和第13页）确定的稳定性和灵活性练习	动态准备计划（第181页），加上根据旋转稳定性和侧弓步测试（第15页和第16页）确定的稳定性和灵活性练习	动态准备计划（第181页），加上根据过顶深蹲和单腿蹲测试（第11页和第13页）确定的稳定性和灵活性练习	动态准备计划（第181页），加上根据旋转稳定性和侧弓步测试（第15页和第16页）确定的稳定性和灵活性练习	休息或动态准备计划（第181页），加上根据第2章评估确定的灵活性练习	休息
心肺训练	长时间训练：区间1(按照第3章的指示)	休息	区间2训练（测试见第3章，训练选项见第8章）	休息	短时间或中等时间训练：混合区间1和2*(训练选项见第8章的第121页)	休息或短时间训练：区间1*	休息
力量、爆发力和敏捷性(2组，每组8 ~ 12次重复的力量练习)	休息	训练方案D或E(第198页)，加上根据第3章评估确定的练习	休息	交替执行训练方案D和E(第198页)，加上根据第3章评估确定的练习	休息	休息或训练方案C(第198页)，加上根据第3章评估确定的练习	休息

*应根据一周的长时间训练时间来确定中等时间和短时间心肺训练课的持续时间。通常，中等时间训练时长应为长时间训练的1/2至2/3。短时间训练时长应为长时间训练的1/3至1/2。

第 9 ~ 12 周（达到高峰）

为完成滑雪的准备，在第 9 ~ 12 周内增加无氧爆发力训练（区间 3）。继续侧重于功能性动作和敏捷性训练。如前所述，每周至少增加一次有氧训练时间。最后，重点在于模拟动态滑雪转弯和地形管理所需关节活动度相近的动作。在继续进行力量训练的同时增加爆发力和敏捷性训练。表 11.4 显示了第 9 ~ 12 周的季前训练计划示例。

表 11.4　第 9 ~ 12 周的季前训练计划示例

	第 1 天	第 2 天	第 3 天	第 4 天	第 5 天	第 6 天	第 7 天
功能性动作训练（3 组，每组 10 ~ 15 次重复的稳定性练习；3 组，每组 15 ~ 30 秒的灵活性练习）	动态准备计划（第 181 页），加上根据第 2 章评估确定的灵活性练习	动态准备计划（第 181 页），加上根据过顶深蹲和单腿蹲测试（第 11 页和第 13 页）确定的稳定性和灵活性练习	动态准备计划（第 181 页），加上根据旋转稳定性和侧弓步测试（第 15 页和第 16 页）确定的稳定性和灵活性练习	动态准备计划（第 181 页），加上根据过顶深蹲和单腿蹲测试（第 11 页和第 13 页）确定的稳定性和灵活性练习	休息或动态准备计划（第 181 页），加上根据第 2 章评估确定的灵活性练习	动态准备计划（第 181 页），加上根据旋转稳定性和侧弓步测试（第 15 页和第 16 页）确定的稳定性和灵活性练习	休息
心肺训练	长时间训练：区间 1（按照第 3 章的指示）	休息	区间 3 训练（测试见第 3 章的第 33 页，训练选项见第 8 章第 118 ~ 120 页）	休息	休息或中等时间训练：区间 1*	短时间或中等时间训练；混合区间 1 和 2*（训练选项见第 8 章第 121 页）	休息
力量、爆发力和敏捷性训练（3 ~ 4 组，每组 5 ~ 8 次重复的力量练习）	休息	训练方案 D 或 E（第 198 页），加上根据第 3 章评估确定的练习	休息	交替执行训练方案 D 和 E（第 198 页），加上根据第 3 章评估确定的练习	休息	休息或训练方案 F（第 198 页）加上根据第 3 章评估确定的练习	休息

*应根据一周的长时间训练时间来确定中等时间和短时间心肺训练课的持续时间。通常，中等时间训练时长应为长时间训练的 1/2 至 2/3。短时间训练时长应为长时间训练的 1/3 至 1/2。

季中（16周）

在滑雪季中，维持目标水平要求强体能滑雪者功能性动作、心肺功能、力量、爆发力和敏捷性训练保持不变。但是，随着掌握程度逐渐提高，技术和战术的训练计划每个月都会更改。表11.5提供了季中的每周训练计划示例。详情可参见第198页的表11.6和第200页的表11.7。

第1 ~ 4周（基础）

在滑雪季的前4周，让身体恢复基本的滑雪技能，并为动作和表现打下坚实的基础。完成雪地评估，确定最需要改善的环节。重点在于按技术表现表掌握动作取得进步，识别并纠正由于灵活性不足和代偿而导致的技术错误。

减少体能训练，将注意力更多地放在维持和恢复上。一整天滑雪会使肌肉（尤其是股四头肌）过度疲劳，因此，通过锻炼较少使用的肌肉（在这种情况下为腘绳肌）来保持肌肉平衡，从而保持全身的力量均等并避免损伤。继续重视功能性动作训练，这是强体能滑雪者的主要限制因素。但是，可以稍微降低训练频率，使腿部在功能性动作和滑雪相结合的训练后至少有一天的休息时间。

第5 ~ 12周（发展）

利用季中阶段的第5 ~ 第12周重新进行技术训练，同时在训练方案中增加战术的探索和训练。主要使用速滑和比赛作为训练工具，在压力下提高技术和战术的运用。换句话说，以先前的表现水平为基础，同时保持训练重点。继续进行功能性动作和体能训练，重点同样放在维持和恢复上。

第12 ~ 16周（达到高峰）

在季中阶段的第12 ~ 第16周，保持技术的精进，同时将重点转移到战术和速滑（适用于有兴趣速滑的人）。这是需要运用新战术尝试新地形和雪地条件的绝佳时机。拓宽针对不熟悉滑雪环境的战术组合，可以提高强体能滑雪者的决策能力。同样，继续进行功能性动作和体能训练，重点放在维持和恢复上。

季后

在季后期间，保持基线体能水平，使强体能滑雪者可以毫不耽误地开始季前训练。尝试其他运动项目来改变节奏。无论强体能滑雪者的体能水平如何，都应尽可能多地安排功能性动作训练，以保持在前一个滑雪季培养起来的灵活性。每6 ~ 8周进行一次测试，以监测自己的水平。如果在评估过程中发现任何得分下降，就需要调整训练计划，并在计划中包括矫正性练习。通过有氧训练（区间1）来保持心肺适能。如果在滑雪季后感到筋疲力尽，就减少有氧运动。为准备季前训练，要保证每周进行2次心肺训练。并且，每周至少进行1次肌肉适能训练。方案C是非滑雪季的理想选择。

表11.5　季中每周训练计划示例

	第1天	第2天	第3天	第4天	第5天	第6天	第7天
功能性动作训练(2组,每组10～15次重复的稳定性练习;2～3组,每组15～30秒的灵活性练习)	动态准备计划(第181页),加上根据第2章中评估确定的灵活性练习	动态准备计划(第181页),加上根据过顶深蹲和单腿蹲测试(第11和13页)确定的稳定性和灵活性练习	动态准备计划(第181页),加上根据第2章中评估确定的灵活性练习	动态准备计划(第181页),加上根据旋转稳定性和侧弓步测试(第15和16页)确定的稳定性和灵活性练习	休息或动态准备计划(第181页),加上根据第2章中评估确定的灵活性练习	动态准备计划(第181页);这是雪地热身,而不是功能性动作训练课	动态准备计划(第181页);这是雪地热身,而不是功能性动作训练课
心肺训练	长时间训练:区间1(按照第3章的指示)	休息	混合训练:区间2和3(训练选项见第8章的第122页)	休息	休息或短时间到中等时间训练:区间1*	休息	休息
力量、爆发力和敏捷性训练**(3～5组,每组4～6次重复的力量训练)	休息	交替执行训练方案D和E(第198页),加上根据第3章的评估确定的练习	休息	交替执行训练方案D和E(第198页),加上根据第3章的评估确定的练习	休息	休息	休息

技术和战术

第1～4周	休息	休息	休息	休息	休息或技能练习课C（第200页）	技能练习课A（第200页）	技能练习课B（第200页）
第5～8周	休息	休息	休息	休息	休息或技能练习课A或B（第200页）	技能练习课C（第200页）	技能练习课D（第200页）
第9～12周	休息	休息	休息	休息	休息或技能练习课A、B或C（第200页）	技能练习课D（第200页）	技能练习课E（第200页）
第13～16周	休息	休息	休息	休息	休息或技能练习课A、B、C或D（第200页）	技能练习课E（第200页）	设计你自己的战术探索

*应根据一周的长时间训练时间来确定中等时间和短时间心肺训练课的持续时间。通常,中等时间训练时长应为长时间训练的1/2至2/3。短时间训练时长应为长时间训练的1/3至1/2。

**如果每周进行一次力量、爆发力和敏捷性训练,则执行训练方案C或F（第198页）,加上根据第3章中的分数确定的提升训练。

强体能滑雪者的训练方案

尽管前面的计划从总体上概述了训练安排，但以下计划具体列出季节性训练方案的实际指导和练习。只需在表11.6和表11.7中找到适当的训练方案，即可组合出当天的训练计划。

功能性动作训练

前面在季节性计划概述中介绍过，动态准备计划可参见第10章的第181～182页。根据第2章评估中的功能性动作得分，按需要添加相应的纠正性练习。

心肺训练

训练时使用第8章中的训练示例和升级指南（请参阅第116～122页），可以对其进行适当调整。

力量、爆发力和敏捷性训练

有关力量、爆发力和敏捷性训练的相应方案见表11.6。训练方案A和B应在同一周进行，从而针对滑雪者的力量需求制订全面的全身训练计划。这些训练方案还引入了敏捷性练习，侧重于解决强体能滑雪者的运动缺陷。训练方案C是一个精简的全身力量训练方案，可以单独使用，也可以与短时间心肺训练结合使用。训练方案D和训练方案E增加了爆发力训练。训练方案F是一个精简的力量、爆发力和敏捷性训练方案。

有关以下练习的介绍和变式，请参见第8章（带有变式的练习标有星号）。在滑雪季初期，可以从较容易的变式开始，但应该努力在滑雪季结束之前逐步升级到较困难的变式。尽管针对上半身和核心的评估得分有不同的练习，但对于腿部，不论评估分数如何，都需要完成相同的提升训练。那么，得分为1的人应该完成较容易的变式，而得分提高到3时应完成较困难的变式。

技术和战术

开始雪地训练课前，首先要热身，并完成一个雪地动态准备计划（请参见第10章中的第181～182页）。接下来，按照第10章所述的3个阶段逐步完成训练课。作为强体能滑雪者，除了敏捷性之外，还必须解决功能性动作的问题，才可以充分利用本节中的技术和战术信息。巩固正确的动作顺序可以提高滑雪的效率。技术和战术的改进也需要功能性、灵活性和稳定性训练。

主动自由滑雪

花费30～40分钟的时间检查一下当天的积雪状况，了解自己的精力状态，以及做出反应和所需动作的能力。逐渐熟悉滑动的感觉和注意力的关键。表11.7提供了每个训练方案的重点。强体能滑雪者可以通过夸大动作幅度来探索在自由滑雪中有效运用技术所需的动作范围。

表11.6 力量、爆发力和敏捷性的训练方案

	训练方案A	训练方案B	训练方案C	训练方案D	训练方案E	训练方案F
上半身力量	•俯卧撑(使用或不使用稳定球)(第124页)* •颈前下拉(第127页)	•脚部抬高仰卧划船(第125页)* •水平划船(第127页)	•哑铃卧推(第125页)* •跪姿单臂划船(第126页)*	•俯卧撑(使用或不使用稳定球)(第124页)* •跪姿单臂划船(第126页)*	•哑铃卧推(第125页)* •脚部抬高仰卧划船(第125页)*	•哑铃卧推(第125页)*
核心力量	•仰卧举腿(第129页)* •仰卧起坐掷实心球(第128页)*	•单杠提膝(第129页)* •侧掷实心球(第128页)	•仰卧起坐(第130页)*	•仰卧举腿(第129页)* •仰卧起坐掷实心球(第128页)*	•单杠提膝(第129页)* •侧掷实心球(第128页)	•仰卧起坐(第130页)*
下半身力量	•单腿前蹲(第131页)* •侧弓步(第131页)*	•罗马尼亚硬拉(第132页)* •稳定球桥式(第132页)*	•单腿前蹲(第131页)* •罗马尼亚硬拉(第132页)*	•罗马尼亚硬拉(第132页)* •稳定球桥式(第132页)*	•单腿前蹲(第131页)* •侧弓步(第131页)*	•单腿前蹲(第131页)*
爆发力**	—	—	—	•侧向跳箱(第133页),2~3组,每组每只脚跳6~10次 •单腿交替跳箱(第133页),2~3组,每组每只脚跳6~10次	•团身跳(第134页),2~3组,每组跳6~10次 •侧向跳栏(第134页),2~3组,每组每只脚跳6~10次	•侧向跳箱(第133页)2~3组,每组每只脚跳5~10次 •团身跳(第134页)2~3组,每组跳5~10次 •单腿交替跳箱(第133页)2~3组,每组每只脚跳5~10次 •侧向跳栏(第134页)2~3组,每组每只脚跳5~10次
敏捷性	•跳绳(回转跳,第136页),遵循第8章中的升级指引	•敏捷梯(进一进一出一出,第135页),通过30英尺(9米)的梯子2次	•敏捷梯(Z形前跳,第136页;之字跳,第136页),2次,每次都要跳完30英尺(9米)的梯子	•跳绳(回转跳,第136页),遵循第8章中的升级指引	•敏捷梯(进一进一出一出,第135页;Z形前跳,第136页;之字跳,第136页),2~4次,每次都要跳完30英尺(9米)的梯子	•敏捷梯(进一进一出一出,第135页;Z形前跳,第136页;之字跳,第136页),2~4次,每次都要跳完30英尺(9米)的梯子

*表示该练习带有变式。

**爆发力练习的组数和重复次数可进行调整,在季前阶段逐渐增加,并在季中阶段适当减少。在季前阶段,开始时使用较少的总跳跃次数,并在12周的过程中逐渐增加。首先增加重复次数(保持2组),然后改为3组,但每组的重复次数减少。在季中阶段将总次数逐渐减少到范围的下限。

主动训练（技术）

表11.7从易到难地提供了可在训练课中使用的5种技能训练方案（A至E）。较容易的训练方案强调基本的滑雪要素，并侧重于为外侧滑雪板建立支撑和平衡基础的训练。强体能滑雪者缺乏源于平衡的技巧，无法与外侧滑雪板一起精确地移动。考虑到这一点，练习应着重于支撑基础、外侧腿平衡、腿部旋转和精确立刃动作。难度较高的训练方案侧重于将这些技术动作有序地组合在一起。训练方案A和B针对以正位站姿、斜位站姿和腿部旋转为起点的训练计划表。训练方案C是基本要素和完成动态训练以及转弯所需的基本动作和连续动作之间的桥梁，重点是平行转弯和刻滑转弯。训练方案D和E帮助精炼完成技能组合所需的动作，同样是强调平行转弯和刻滑转弯。

表11.7为每节训练课分配了用于巩固和熟练掌握技术的建议练习时间。显然，练习时间的长短取决于个人日程安排或条件。为了确定每个训练要花费多少时间，只需将每节训练课的总时间除以建议的练习个数即可。例如，在40分钟内完成4个练习，即每个练习需要10分钟。如果强体能滑雪者需要多练习某个特定的专项技能，既可以增加整体训练方案的时间，也可以减少花在某个练习上的时间，以便增加另一个练习的时间。强体能滑雪者往往会以力量训练结束训练课。改进的关键是控制爆发力动作，并花更多时间建立技巧和接触。

最后，请注意，这些训练课是基于平均进度来安排的。强体能滑雪者要负责监控自身的进度，并认真完成训练课，直到准备好进入下一个阶段。在第1部分中的评估结果应该成为强体能滑雪者完成练习的推动力。不要盲目遵循表中列出的练习。以下训练方案非常适合强体能滑雪者，但其仍需要根据第4章中的测试结果更换或增加练习，个性化这些训练方案。

探索地形和条件（战术）

表11.7还确定了针对每个地形的战术概念，强体能滑雪者应该按特定进度来实践这些概念。表中按最常见到最具挑战性的顺序列出了各种地形和条件。每个滑雪者在实践中的参考框架略有不同，因此需仔细阅读规定的练习和概念，然后以最适合自身为出发点开始练习。例如，大多数强体能滑雪者在技术和战术方面都有很强的优势，因此他们在训练初期自然会选择充满挑战的地形。确保强度和速度不能过高，使身体逐渐适应地形，不要急于向高难度发起挑战。在尝试掌握新的感觉时，不要让身体因同时面对复杂地形、新技能和高难度条件等多种挑战而承受过大压力。强体能滑雪者应缓慢起步，逐渐适应更具挑战性的地形和条件。参考第5章中的战术评估结果，确定最需要改善的方面。记住要评估、练习、实践、探索，然后再次评估。

花费至少1小时，最好是2小时进行地形探索。除练习时间外，还需要一些时间来找到练习期间列出的地形。当强体能滑雪者乘坐缆车，找到地形，完成练习并返回缆车时，这一次练习或这一趟滑行可能已损失20～30分钟。因此，强体能滑雪者将无法在每次训练课中练习所有地形。但是，如果进度够快，强体能滑雪者就可以继续完成所列出的下一个地形的练习建议。实际上，一次训练课只能完成2种或3种地形。选择地形，完成若干趟滑行并练习建议战术。

无论在哪种地形上练习，都可以使用所列出的练习逐步达成第9章中介绍的战术训练计划表。技能练习A、B和C强调基本战术，例如地形过渡、观察地形和运用转弯形状，这对于在练习D和E中出现的高级速度和线路管理战术是必要的基础。再次提醒一下，本章前面的季节性计划示例中所列出的时间是掌握这些概念的平均时间。个性化训练计划，以最适合自己的速度进行，每4周重新测试一次。

表11.7 技术和战术技能练习课示例

主动自由滑雪（30~40分钟）				
	技能练习A	**技能练习B**	**技能练习C**	**技能练习D**	**技能练习E**
重点提示	建立外侧滑雪板上的精确平衡	培养立刃与展平滑雪板的意识	侧重于用腿部转弯	巩固外侧腿主导转弯	体验滑雪板立刃和跟踪的效率

主动训练（40~90分钟）					

每个练习至少完成2趟滑行。花时间完成30~60次高质量动作练习，或者完成总共4,500英尺（1,372米）的垂直距离。滑行的总垂直距离可能会有所变化，具体取决于所在度假村的雪道长度、训练和当天的雪地条件。总垂直距离3,000~6,000英尺（914~1,829米）是一个不错的目标。如果垂直距离超过6,000英尺，则应着重于提高动作完成的质量。

	练习				
技术	**练习A**（40~60分钟）	**练习B**（40~60分钟）	**练习C**（40~60分钟）	**练习D**（60~90分钟）	**练习E**（60~90分钟）
正位站姿	●雪地高低式（第142页）●雪地弹跳（第141页）	●雪地拖行（第141页）●雪地侧跨步（第140页）	●雪地拖行（第141页）●雪地弹跳（第141页）	—	—
斜位站姿	●横滑与反向横滑（第145页）	●横滑（第145页）	●陡坡横滑（第144页）	●高速斜位滑雪（第144页）	●高速斜位滑雪（第144页）
腿部旋转	●叉腰式（第149页）	●单板腿部旋转（第147页）	●钟面练习（第148页）	●单板腿部旋转（第147页）	—
平行转弯	●点杖和起杖（第152页）	●单腿轴转（第152页）	●叉腰抬手式（第156页）	●踏步转弯（第151页）	●双板换单板（第153页）
刻滑转弯	—	—	●腿部交替伸缩式（第158页）	●手触膝刻滑（第158页）	●点杖小回转（第157页）

续表

探索地形和条件（60 ~ 120 分钟）

　　每个练习完成 2 ~ 6 趟，总垂直距离至少 4,500 英尺（1,372 米）。花时间练习，提高动作的质量。滑行的总垂直距离可能会有所变化，具体取决于所在度假村的雪道长度、训练和当天的雪地条件，但总垂直距离 3,000 ~ 6,000 英尺（914 ~ 1,829 米）是一个不错的目标。如果垂直距离超过 6,000 英尺，则应着重于动作完成的质量。

地形	练习				
	练习 A （60 ~ 90 分钟）	练习 B （60 ~ 120 分钟）	练习 C （60 ~ 120 分钟）	练习 D （90 ~ 120 分钟）	练习 E （90 ~ 120 分钟）
陡坡	●基本地形转换（从缓坡到陡坡，第163页） ●观察复杂地形（解除定格，第164页）	●基本地形转换（从压雪环境到非压雪环境，第163页） ●观察复杂地形（调整视线，第164页）	●基本地形转换（从密实雪面到松软雪面，第163页） ●观察复杂地形（解除定格，第164页） ●转弯管理（增强转弯收尾力度，第166页）	●转弯管理（调整转弯压力和刃角，第166页） ●速度管理（控制速度，第171页）	●速度管理（控制速度，第171页） ●转弯管理（抹雪，第168页）
雪包	●基本地形转换（从缓坡到陡坡，第163页） ●观察复杂地形（调整视线，第164页）	●基本地形转换（从压雪环境到非压雪环境，第163页） ●观察复杂地形（解除定格，第164页）	●基本地形转换（从湿雪到干雪，第163页） ●观察复杂地形（解除定格，第164页） ●转弯管理（找准转弯入口点，第166页）	●转弯管理（J形转弯中的鱼钩收尾，第165页） ●速度管理（选择合适的节奏，第171页）	●速度管理（选择合适的节奏，第171页） ●线路管理（跳出雪槽，第173页）

续表

地形	练习				
	练习A （60 ~ 90分钟）	练习B （60 ~ 120分钟）	练习C （60 ~ 120分钟）	练习D （90 ~ 120分钟）	练习E （90 ~ 120分钟）
雪沟	●基本地形转换（从缓坡到陡坡，第163页） ●观察复杂地形（解除定格，第164页）	●观察复杂地形（解除定格，第164页） ●转弯管理（打滑，第169页）	●观察复杂地形（调整视线，第164页） ●转弯管理（平滑，第169页；保持对称的转弯形状，第165页）	●速度管理（选择合适的节奏，第171页） ●线路管理（规避障碍，第173页）	●速度管理（挑战速度极限，第171页） ●线路管理（通过融雪带，第173页）
林间	●观察复杂地形（解除定格，第164页）	●观察复杂地形（调整视线，第164页） ●转弯管理（刻滑，第169页）	●观察复杂地形（调整视线，第164页） ●转弯管理（侧刻滑，第170页；保持对称的转弯形状，第165页）	●速度管理（选择合适的节奏，第171页） ●线路管理（规避障碍，第173页）	●速度管理（挑战速度极限，第171页） ●线路管理（跳出雪槽，第173页）
后碗	●基本地形转换（从压雪环境到非压雪环境，第163页） ●观察复杂地形（调整视线，第164页）	●观察复杂地形（解除定格，第164页） ●转弯管理（打滑，第169页）	●转弯管理（刻滑，第169页） ●速度管理（挑战速度极限，第171页）	●转弯管理（平滑，第169页） ●速度管理（挑战速度极限，第171页）	●速度管理（挑战速度极限，第171页）

第 12 章

弱体能滑雪者

　　弱体能滑雪者在第4章和第5章的技术和战术评估中平均得3分，而在功能性动作和体能评估的得分为1分或2分。强体能滑雪者的薄弱环节主要是灵活性，与之不同，弱体能滑雪者的漏洞是体能。弱体能滑雪者不够强壮，在体能和稳定性方面表现出一些弱点，但仍然能够展示良好的技术和战术技能。弱体能滑雪者能够始终如一地执行大多数任务和动作。

然而，达到某个程度之后，力量和耐力不足会导致运动模式被破坏。该计划侧重于耐力和力量，让弱体能滑雪者能够保持爆发力并帮助其有效地运用技能。

弱体能滑雪者的训练计划着重于第 1 部分中揭示的代偿安排纠正性和发展性练习。它还包含了技术动作的关键。为避免因效率低下而造成的代偿，需了解以下关键，并在这些问题成为不良习惯之前解决它们。

- 平衡能力不足。弱体能滑雪者在雪道前半段可以保持平衡，但很快会疲劳，只能借助山上板和滑雪杖来稳定身体。
- 缺乏主动性动作。由于弱体能滑雪者预测并利用腿部肌肉进入转弯的能力不足，因此他们被动转弯。这种习惯会导致立刃过迟和失控打滑。
- 无法将短弯直接连接到滚落线。弱体能滑雪者选择较宽的路径，转过坡面。
- 肌肉容易过劳。快肌因疲劳而无法施力，而且缺乏敏捷性。

训练计划设计：弱体能滑雪者

弱体能滑雪者具有功能性动作灵活性、核心稳定性和自然敏捷性的坚实基础。但是，他们缺乏整体的功能性动作稳定性、耐力、力量和爆发力。其训练计划设计的主要重点是体能和稳定性训练。针对这一弱点，应在季前和季中提高训练频率，只有全年训练才能带来持久的进步。在旱地训练中，即使是有灵活性基础也必须通过功能性动作训练来维持。

为了增加训练的多样性，弱体能滑雪者可以在非滑雪季中使用不同的体能训练方法。但是，在整个滑雪季开始之前和整个滑雪季中，应该将体能训练的重点放在根据第1部分评估结果确定的方法、练习和专项练习上。在滑雪季开始之前的12周，将这一重点添加到弱体能滑雪者的运动计划中。这个时间点也非常适合重新进行测试，并确保弱体能滑雪者在功能性动作评估中的得分仍可达到3分。如果功能性动作评估得分未达到3分，弱体能滑雪者还有时间解决非滑雪季期间可能出现的任何薄弱环节。此后，应每4～6周重新测试一次，以监测是否能保持水平并评估进步。

滑雪季开始后，减少旱地训练的频率。但是，它对于保持水平仍然很有用。在雪地上，着重于复习基本技术和探索战术，利用新近提高的体能完成更复杂的地形或更长的雪道。季后训练是为了在季前再次开始之前保持功能性动作和体能的水平。这是尝试新活动，保持新鲜感的好时机。

表12.1列出了典型弱体能滑雪者的总体训练时间表。它假设每周最多有6个训练日。建议每周至少5个训练日，并注意运动表现金字塔的所有区域。也可以将训练课合并在一起，减少总的训练日数（参阅第10章中的准则）。

表12.1　弱体能滑雪者的训练时间表

	季前	季中	季后
功能性动作	每周5～6次（含旱地训练）	每周4～5次（含旱地训练）	每周3～6次（含旱地训练）
心肺适能	每周3～5次	每周2～4次	每周2～4次
肌肉适能（力量）以及爆发力和敏捷性	每周2～4次	每周2～3次	每周2次
技术		每节雪地训练课	
战术		每节雪地训练课	

以下各节列出一年的训练课安排示例。

季前（12周）

季前阶段开始时，首先完成第1部分中的所有旱地评估，以衡量弱体能滑雪者当前的水平并确定可能需要改善的方面。使用此信息帮助实现季前的以下目标。表12.2～表12.4按周列出了不同的训练方案，第212页的表12.6则是具体的细节说明。

第1～4周（基础）

季前的最初4周中用于恢复特定的训练重点，提高体能训练的级别，并根据弱体能滑雪者的具体需求和目标调整训练计划。心肺训练的重点应该放在通过有氧训练（区间1）来增强耐力。每周至少增加一次有氧训练时间。在力量训练期间，使用第8章中的提升训练专门解决通过测试确定的任何薄弱环节。所制订的训练方案应均衡地锻炼身体的各个部位，以便在后续4周中增加爆发力训练。在进行心肺和力量训练之前，应进行功能性动作训练，专门为季中阶段做准备。在总体上，弱体能滑雪者在功能性动作部分的平均得分很高，尽管如此，可能仍需要执行第2章所述的一些提升训练。表12.2显示了第1～4周的季前训练计划示例。

表12.2 第1～4周的季前训练计划示例

	第1天	第2天	第3天	第4天	第5天	第6天	第7天
功能性动作训练(2组,每组8～12次重复的稳定性练习;2组,每组10～20秒的灵活性练习)	动态准备计划（第181页），加上根据第2章评估确定的灵活性练习	动态准备计划（第181页），加上根据第2章评估确定的稳定性和灵活性练习	动态准备计划（第181页），加上根据第2章评估确定的灵活性练习	动态准备计划（第181页），加上根据第2章评估确定的稳定性和灵活性练习	动态准备计划（第181页），加上根据第2章评估确定的灵活性练习	休息或动态准备计划（第181页），加上根据第2章评估确定的灵活性练习	休息
心肺训练	长时间训练:区间1（按照第3章的指示）	休息	中等时间训练:区间1*	休息	短时间或中等时间训练:区间1*	休息或短时间训练:区间1*	休息
力量和爆发力训练(2组,每组8～12次重复的力量练习)	休息	交替执行训练方案A和B（第212页），加上根据第3章评估确定的练习	休息	交替执行训练方案A和B（第212页），加上根据第3章评估确定的练习	休息	休息或训练方案D（第212页），加上根据第3章评估确定的练习	休息

*应根据一周长时间训练时间来确定中等时间和短时间心肺训练课的持续时间。通常，中等时间训练时长应为长时间训练的1/2至2/3。短时间训练时长应为长时间训练的1/3至1/2。

第5 ~ 8周（发展）

在季前阶段的第5 ~ 8周，利用额外的体能训练课提高心肺耐力、力量和爆发力。通过增加无氧阈（区间2）训练，提高有氧运动的频率和强度。如前所述，每周至少增加一次有氧训练时间。在每周的训练计划中增加1节力量训练课，增加2节爆发力和敏捷性训练课。继续功能性动作训练，以进一步巩固良好的运动模式。表12.3显示了弱体能滑雪者在第5 ~ 8周的季前训练计划示例。

表12.3　第5 ~ 8周的季前训练计划示例

	第1天	第2天	第3天	第4天	第5天	第6天	第7天
功能性动作训练(2 ~ 3组,每组10 ~ 15次重复的稳定性练习;2 ~ 3组,每组15 ~ 25秒的灵活性练习)	动态准备计划（第181页),加上根据第2章评估确定的灵活性练习	动态准备计划（第181页),加上根据第2章评估确定的稳定性和灵活性练习	动态准备计划（第181页),加上根据第2章评估确定的灵活性练习	动态准备计划（第181页),加上根据第2章评估确定的稳定性和灵活性练习	动态准备计划（第181页),加上根据第2章评估确定的灵活性练习	动态准备计划(第181页),加上根据第2章评估确定的稳定性和灵活性练习	休息
心肺训练	中等时间训练:混合区间1和2*(训练选项见第8章第121页)	休息	长时间训练:区间1(按照第3章的指示)	短时间训练:区间1*	区间2训练(测试见第3章第33页,训练选项见第8章第116~118页)	短时间训练:区间1*	休息
力量、爆发力和敏捷性训练(2 ~ 3组,每组8 ~ 12次重复的力量练习)	训练方案C(第212页),加上根据第3章评估确定的练习	训练方案D(第212页),加上根据第3章评估确定的练习	休息	训练方案E(第212页),加上根据第3章评估确定的练习	休息	训练方案F(第212页),加上根据第3章评估确定的练习	休息

*应根据一周长时间训练时间来确定中等时间和短时间心肺训练课的持续时间。通常，中等时间训练时长应为长时间训练的1/2至2/3。短时间训练时长应为长时间训练的1/3至1/2。

**理想情况下，弱体能滑雪者应该每周训练6天。如果弱体能滑雪者没有足够时间，可以在第4天休息，并在第6天交替进行训练方案E和F（第212页）。

第9～12周（峰值）

为完成滑雪季的准备，在第9～12周内增加无氧爆发力训练（区间3）。如前所述，每周至少增加一次有氧训练时间。像第5～8周一样，继续进行力量训练，但更侧重于增加力量和爆发力，方式是增加训练时要举起的重量并减少重复次数。完成的组数增加，并且要求提高速度。爆发力训练的级别将会提高，体现在重复次数和完成速度方面。最后，继续进行敏捷性和功能性动作训练，以达到模拟动态滑雪转弯和地形管理所需关节活动度相近的动作目标。表12.4显示了弱体能滑雪者在第9～12周的季前训练计划示例。

表12.4　第9～12周的季前训练计划示例

	第1天	第2天	第3天	第4天	第5天	第6天	第7天
功能性动作训练(3组,10～15次重复的稳定性练习;3组,每组15～30秒的灵活性练习)	动态准备计划（第181页),加上根据第2章评估确定的灵活性练习	动态准备计划（第181页),加上根据第2章评估确定的灵活性练习	动态准备计划（第181页),加上根据第2章评估确定的灵活性练习	动态准备计划（第181页),加上根据第2章评估确定的灵活性练习	动态准备计划（第181页),加上根据第2章评估确定的稳定性和灵活性练习	动态准备计划（第181页),加上根据第2章评估确定的稳定性和灵活性练习	休息
心肺训练	短时间或中等时间训练:混合区间1和2*（选项见第8章第121页）	长时间训练:区间1（按照第3章第31页的指示）	区间2训练(训练选项见第8章第116～118页)	休息	区间3训练(测试见第3章第33页,训练选项见第8章第118~120页)	短时间训练:区间1*	休息
力量、爆发力和敏捷性训练(3～4组,每组5～8次重复的力量练习)	训练方案E（第212页),加上根据第3章评估确定的练习	休息	训练方案C（第212页),加上根据第3章评估确定的练习	训练方案D（第212页),加上根据第3章评估确定的练习	休息	训练方案F（第212页),加上根据第3章评估确定的练习	休息

*应根据一周长时间训练时间来确定中等时间、短时间及混合心肺训练课的持续时间。通常，中等时间训练时长应为长时间训练的1/2至2/3。短时间训练时长应为长时间训练的1/3至1/2。

**理想情况下，弱体能滑雪者每周应训练6天。如果弱体能滑雪者没有足够的时间，可以在第1天休息，并在第6天交替进行训练方案E和F（第212页）。在第6天，可以选择在区间1中的短时间训练或混合区间1和2的短时间或中等时间训练。

季中（16周）

在滑雪季中，维持水平的目标要求弱体能滑雪者功能性动作、心肺功能、力量、爆发力和敏捷性训练保持不变。但是，随着弱体能滑雪者的掌握程度逐渐提高，技术和战术的训练计划每个月都会更改。表12.5提供了季中的每周训练计划示例。详情可参见第212页的表12.6和第214页的表12.7。

第1～4周（基础）

在季中阶段的第1～4周，使身体重新熟悉基本的滑雪技能，并为动作和运动表现打下坚实的基础。此时，完成第1部分中的雪地评估，确定最需要改善的环节。在该月中，应集中精力再次训练并按顺序完成技术时间表，并在较长的雪道中保持良好的技术水平。

弱体能滑雪者可以减少体能训练，将注意力放在维持和恢复上。一整天滑雪会使肌肉（尤其是股四头肌）过度疲劳，因此，通过锻炼较少使用的肌肉（在这种情况下为腘绳肌）来保持肌肉平衡，从而保持全身的力量并避免损伤。像季前阶段一样继续进行功能性动作训练。

第5～12周（发展）

利用季中阶段的第5～12周提高技术水平，在更艰苦的地形和条件下更频繁地完成较长雪道的滑行。主要使用速滑和比赛作为训练工具，在压力下提高技术和战术的运用。换句话说，以先前的表现水平为基础，同时保持训练重点。继续进行功能性动作和体能训练，重点同样放在维持和恢复上。

第12～16周（峰值）

在季中阶段的第12～16周，保持技术的精进，同时将重点转移到全山地战术和速滑（适用于有兴趣速滑的人）。这是运用新战术尝试在新地形和雪地条件中认真训练的绝佳时机。针对不熟悉的场地扩展战术组合，可提高弱体能滑雪者的决策能力。继续进行功能性动作和体能训练，重点同样放在维持和恢复上。

季后

在休赛期间，保持基线体能水平，使弱体能滑雪者可以毫不耽误地开始季前训练。尝试其他运动项目来换一种节奏。无论弱体能滑雪者的体能水平如何，每周都应安排至少2次有氧运动训练，并将力量训练方案A和B纳入每周训练中，以保持自己的体能水平。每6～8周进行一次测试，留意是否有明显的体能下降。如果发现有任何下降，则在季后训练中增加纠正性练习。

表12.5 季中每周训练计划示例

	第1天	第2天	第3天	第4天	第5天	第6天	第7天
功能性动作训练（2组，每组10~15次重复的稳定性练习；2组，每组15~30秒的灵活性练习）	动态准备计划（第181页），加上根据第2章评估确定的稳定性和灵活性练习	动态准备计划（第181页），加上根据第2章评估确定的灵活性练习	动态准备计划（第181页），加上根据第2章评估确定的稳定性和灵活性练习	动态准备计划（第181页），加上根据第2章评估确定的灵活性练习	休息或动态准备计划（第181页），加上根据第2章评估确定的灵活性练习	动态准备计划（第181页）；这是雪地热身，不是功能性动作训练课	动态准备计划（第181页）；这是雪地热身，不是功能性动作训练课
心肺训练	休息或短时间或中等时间训练：混合区间1和2*	长时间训练：区间1（季前训练最长时间应不超过10分钟）	休息	区间3训练（见第8章第118~120页），或短时间或中等时间训练：混合区间2和3*	休息或短时间训练：区间1*	休息	休息
力量、爆发力和敏捷性训练（3~5组，每组4~6次重复的力量练习）	训练方案C（第212页），加上根据第3章评估确定的练习	休息	训练方案D（第212页），加上根据第3章评估确定的练习	休息	休息或交替执行训练方案E和F（第212页），加上根据第3章评估确定的练习	休息	休息

技术和战术训练

第1~4周	休息	休息	休息	休息	休息或技能练习课C（第214页）	技能练习课A（第214页）	技能练习课B（第214页）
第5~8周	休息	休息	休息	休息	休息或技能练习课A或B（第214页）	技能练习课C（第214页）	技能练习课D（第214页）
第9~12周	休息	休息	休息	休息	休息或技能练习课A、B或C（第214页）	技能练习课D（第214页）	技能练习课E（第214页）
第13~16周	休息	休息	休息	休息	休息或技能练习课A、B、C或D（第214页）	技能练习课E（第214页）	设计你自己的战术探索

* 应根据一周长时间训练时间来确定中等时间、短时间及混合心肺训练课的持续时间。通常，中等时间训练时长应为长时间训练的1/2至2/3。短时间训练时长应为长时间训练的1/3至1/2。

** 如果无法每周完成3次力量、爆发力和敏捷性的训练计划，则执行训练方案E和F（第212页）。

弱体能滑雪者的训练方案

尽管前面的计划从总体上概述了训练安排，但以下的计划具体列出季节性训练方案的实际指导和练习。只需在表12.6和表12.7中找到适当的训练方案，即可组合出当天的训练计划。

功能性动作训练

前面在季节性计划概述中介绍过，动态准备计划可参见第10章的第181 ~ 182页。根据第2章评估中的功能性动作得分，按需要添加相应的纠正性练习。

心肺训练

为了保持季前的心肺水平，训练时使用第8章中的训练示例和升级指南（请参阅第116 ~ 122页），可以对其进行适当调整。

力量、爆发力和敏捷性训练

有关力量、爆发力和敏捷性训练的相应方案见表12.6。训练方案A和B应在同一周进行，从而提高弱体能滑雪者的力量和耐力水平，形成各方面平衡的全身训练计划。训练中还会引入爆发力练习。训练方案C是以上半身、核心为重点的训练，而训练方案D则以下半身、核心为重点的训练，两者组合完成全面的全身力量和爆发力训练。训练方案E和训练方案F结合了力量、爆发力和敏捷性的练习。

有关以下练习的介绍和变式，请参见第8章（带有变式的运动标有星号）。在滑雪季初期，可以从较容易的变式开始，但应该努力在滑雪季结束之前逐步升级到较困难的变式。尽管针对上半身和核心的不同评估得分有不同的练习，但对于腿部，不论评估分数如何，都需要完成相同的提升训练。那么，得分为1的人应该完成较容易的变式，而得分提高到3时应完成较困难的变式。

技术和战术

开始雪地训练课时，首先要热身，并完成其中一个雪地动态准备计划。接下来，按照第10章所述的3个阶段逐步完成训练课。作为弱体能滑雪者，应该调整自身的重复次数、组数和垂直距离，循序渐进，避免疲劳和代偿运动。

主动自由滑雪

花费30 ~ 40分钟的时间检查一下当天的积雪状况，了解自己的精力状态，以及做出反应和所需动作的能力。熟悉滑动的感觉和注意力的关键。表12.7提供了每个训练方案的重点。借助滑雪感觉唤醒神经肌肉系统，这是自由滑雪的关键组成部分。

表12.6 力量、爆发力和敏捷性的训练方案

	训练方案A	训练方案B	训练方案C	训练方案D	训练方案E	训练方案F
上半身力量	●俯卧撑(第124页)* ●水平划船(第127页)	●胸部推举(第126页) ●颈前下拉(第127页)	●俯卧撑(使用或不使用稳定球)(第124页)* ●水平划船(第127页) ●颈前下拉(第127页) ●胸部推举(第126页)	—	●脚部抬高仰卧划船(第125页)* ●哑铃卧推(第125页)*	●稳定球俯卧撑第124页)* ●跪姿单臂划船(第126页)*
核心力量	●仰卧起坐(第130页)* ●仰卧举腿(第129页)*	●仰卧起坐(第130页)* ●仰卧举腿(第129页)*	●仰卧起坐掷实心球(第128页)* ●侧掷实心球(第128页)	●仰卧举腿(第129页)* ●仰卧起坐(第130页)*	●仰卧起坐掷实心球(第128页)* ●仰卧举腿(第129页)*	●侧掷实心球(第128页) ●单杠提膝(第129页)
下半身力量	●单腿前蹲(第131页)* ●稳定球桥式(第132页)*	●罗马尼亚硬拉(第132页)* ●侧弓步(第131页)*	—	●单腿前蹲(第131页)* ●侧弓步(第131页)* ●稳定球桥式(第132页)* ●罗马尼亚硬拉(第132页)*	●单腿前蹲(第131页)* ●稳定球桥式(第132页)*	●罗马尼亚硬拉(第132页)* ●侧弓步(第131页)*
爆发力**	●跳绳(经典摇绳式,第136页),遵循第8章中的升级指引	●跳绳(经典摇绳式,第136页),遵循第8章中的升级指引	—	●侧向跳箱(第133页),2～3组,每组每只脚跳4～8次 ●单腿交替跳箱(第133页)2～3组,每组每只脚跳4～8次	●团身跳(第134页),2～3组,每组跳5～15次 ●侧向跳栏(第134页),2～3组,每组每只脚跳5～15次	●侧向跳箱(第133页),2～3组,每组每只脚跳6～10次 ●单腿交替跳箱(第133页),2～3组,每组每只脚跳6～10次*
敏捷性	—	—	—	—	●敏捷梯(进—进—出—出,第135页;Z形前跳,第136页),2～3次,每次都要跳完30英尺(9米)的梯子	●跳绳(回转跳,第136页),遵循第8章中的升级指引 ●敏捷梯(之字跳,第136页),2～3次,每次都要跳完30英尺(9米)的梯子

*表示该练习带有变式。

**爆发力练习的组数和重复次数可进行调整,在季前阶段逐渐增加,并在季中阶段适当减少。在季前阶段,开始时使用较少的总跳跃次数,并在12周的过程中逐渐增加。首先增加重复次数(保持2组),然后改为3组,但每组的重复次数减少。在季中阶段将总次数逐渐减少到范围的下限。

主动训练（技术）

表12.7从易到难地提供了可在训练课中使用的5种技能训练方案（A～E）。较容易的训练方案强调基本的滑雪要素，而较困难的训练方案则将重点放在结合运用技术的顺序。训练方案A和B是针对以正位站姿、斜位站姿和腿部旋转开始的训练计划表。训练方案C是基本要素和完成动态训练以及转弯所需的动作之间的桥梁，重点是平行转弯和刻滑转弯。训练方案D和E帮助精炼完成技能组合所需的动作，同样是强调平行转弯和刻滑转弯。训练计划表可能与力量和耐力的进步相关。感到疲倦或筋疲力尽，是身体在发出信号，弱体能滑雪者需要降低训练强度，侧重于恢复或更容易的训练计划表。弱体能滑雪者开始通常感觉自己精力充沛，有能力完成3分滑雪者的练习，但很快就会发现1分或2分滑雪者的练习才更为合适。

表12.7为每节训练课分配了用于巩固和熟练掌握技术的建议练习时间。显然，练习时间的长短取决于个人日程安排或条件。为了确定每个训练要花费多少时间，只需将每节训练课的总时间除以建议的练习个数即可。例如，在40分钟内完成4个练习，即每个练习需要10分钟。弱体能滑雪者可以调整时间安排，使其符合当天的能量水平。如果身体需要，也可以用40分钟完成2个练习。时间建议只是参考，可以根据自身的特定需求放心修改训练计划。

最后，请注意，这些训练课是基于平均进度来安排的。弱体能滑雪者要负责监控自己的进度，并认真完成训练课，直到准备好进入下一个阶段。在第1部分中的评估结果应该成为弱体能滑雪者完成练习的推动力。不要盲目遵循表中列出的练习。以下训练方案非常适合弱体能滑雪者，但需要根据第4章中的测试结果更换或增加练习，个性化这些训练方案。

探索地形和条件（战术）

表12.7还确定了针对每个地形的战术概念，弱体能滑雪者应该按特定进程来实践这些概念。表中按从最常见到最具挑战性的顺序列出了各种地形和条件。每个滑雪者在技能练习课中的参考框架略有不同，因此需仔细阅读规定的练习和概念，以最适合自己为出发点开始练习。例如，大多数弱体能滑雪者在滑完陡峭且略微颠簸地形的当天便会疲惫不堪。这是根据弱体能滑雪者的特点判断良好的依据。参考第5章中的战术评估结果，确定最需要改善的方面。记住要评估、练习、实践、探索，然后再次评估。

花费至少1小时，最好是2小时进行地形探索。除训练时间外，还需要一些时间来找到训练部分中列出的地形。当弱体能滑雪者乘坐缆车，找到地形，完成练习并返回缆车时，这一次练习或这一趟滑行可能已损耗20～30分钟。因此，弱体能滑雪者将无法在每次技能练习课中练习所有地形。弱体能滑雪者可能需要保守的训练安排，比如1小时的练习课。如果弱体能滑雪者精力充沛并且能够重复进行高质量的动作，则可以延长训练课的时间，并继续完成所列出的下一个地形的建议练习。实际上，一次训练课只能完成2种或3种地形。选择地形，并滑若干趟，练习建议战术。

无论在哪种地形上练习，都可以使用所列出的练习逐步达成第9章中介绍的战术训练计划表。训练方案A、B和C强调基本战术，例如地形过渡、观察地形和运用转弯形状，这对于在练习D和E中出现的高级速度和路线管理战术是必要的基础。再次提醒一下，本章前面的季节性计划示例中所列出的时间是掌握这些概念的平均时间。个性化训练计划，以最适合自己的速度为主，每4周重新测试一次。

表12.7　技术和战术技能练习课示例

主动自由滑雪（30～40分钟）				
	技能练习A	技能练习B	技能练习C	技能练习D	技能练习E
重点提示	建立在滑雪板上重心居中的姿势	用快速弹震式动作完成立刃和起刃	注意精确、主动的脚部和腿部旋转，同时保持上半身稳定	巩固用快速、动态立刃和轴转动作完成平行转弯	体验更高速度和下坡强度的动态刻滑转弯

主动训练（40～90分钟）				

　　每个练习至少完成2趟滑行。花时间完成20～30次高质量动作的练习，或者平均每趟滑行完成1,000英尺（305米）的垂直距离。滑行的总垂直距离可能会有所变化，具体取决于所在度假村的雪道长度、训练和当天的雪地条件，但总垂直距离2,500～6,000英尺（762～1,829米）是一个不错的目标。如果垂直距离超过6,000英尺，则应着重于提高动作完成的质量。

技术	练习				
	练习A（40～60分钟）	练习B（40～60分钟）	练习C（40～60分钟）	练习D（60～90分钟）	练习E（60～90分钟）
正位站姿	•雪地高低式（第142页）	•转雪杖（第143页）	•雪地骑步式（第142页）	•雪地侧跨步（第140页）	•雪地拖行（第141页）
斜位站姿	•小立刃斜位站姿（第146页）	•小立刃斜位站姿（第146页）	•单板斜位站姿（第146页）	•陡坡横滑（第144页）	•陡坡横滑（第144页）
腿部旋转	•固定器转腿式（第148页）	•犁式转腿（第149页） •固定器转腿式（第148页）	•叉腰式（第149页）	•单板腿部旋转（第147页） •叉腰式（第149页）	•钟面练习（第148页）
平行转弯	—	—	选择1项： •同步换刃（第154页） •连环平行转弯（第155页）	选择1项： •双板换单板（第153页） •单腿轴转（第152页）	•叉腰抬手式（第156页） •单腿轴转（第152页）
刻滑转弯	—	—	•横向换刃（第160页）	•团身转弯（第162页）	•腿部交替伸缩式（第158页） •团身转弯（第162页）

续表

探索地形和条件（60～120分钟）

每个练习至少完成2趟滑行。花时间练习，提高动作的质量。滑行的总垂直距离可能会有所变化，具体取决于所在度假村的雪道长度、练习和当天的雪地条件，但总垂直距离2,500～6,000英尺（762～1,829米）是一个不错的目标。如果垂直距离超过6,000英尺，则应着重于动作的完成质量。

地形	练习				
	练习A（60～90分钟）	练习B（60～120分钟）	练习C（60～120分钟）	练习D（90～120分钟）	练习E（90～120分钟）
陡坡	●基本地形转换（从缓坡到陡坡，第163页） ●观察复杂地形（解除定格，第164页）	●基本地形转换（从压雪环境到非压雪环境，第163页） ●观察复杂地形（解除定格，第164页）	●基本地形转换（从密实雪面到松软雪面，第163页） ●观察复杂地形（调整视线，第164页） ●转弯管理（增强转弯收尾力度，第166页）	●转弯管理（保持对称的转弯形状，第165页） ●速度管理（挑战速度极限，第171页）	●速度管理（控制速度，第171页） ●转弯管理（刻滑，第169页）
雪包	●基本地形转换（从缓坡到陡坡，第163页） ●观察复杂地形（解除定格，第164页）	●基本地形转换（从压雪环境到非压雪环境，第163页） ●观察复杂地形（解除定格，第164页）	●基本地形转换（从湿雪到干雪，第163页） ●观察复杂地形（调整视线，第164页） ●转弯管理（找准转弯入口点，第166页）	●转弯管理（J形转弯中的鱼钩收尾，第165页） ●速度管理（控制速度，第171页）	●速度管理（挑战速度极限，第171页） ●转弯管理（抹雪，第168页）
雪沟	●基本地形转换（从缓坡到陡坡，第163页） ●观察复杂地形（调整视线，第164页）	●观察复杂地形（解除定格，第164页） ●转弯管理（打滑，第169页）	●观察复杂地形（调整视线，第164页） ●转弯管理（平滑，第169页） ●线路管理（点杖循径滑行，第173页）	●速度管理（选择合适的节奏，第171页） ●线路管理（规避障碍，第173页）	●速度管理（控制速度，第171页） ●转弯管理（平滑，第169页）
林间	●基本地形转换（从缓坡到陡坡，第163页） ●观察复杂地形（解除定格，第164页）	●观察复杂地形（调整视线，第164页） ●转弯管理（打滑，第169页）	●观察复杂地形（解除定格，第164页） ●转弯管理（刻滑，第169页）	●速度管理（选择合适的节奏，第171页） ●线路管理（规避障碍，第173页）	●速度管理（选择合适的节奏，第171页） ●转弯管理（侧刻滑，第170页）

续表

地形	练习				
	练习 A （60 ~ 90 分钟）	练习 B （60 ~ 120 分钟）	练习 C （60 ~ 120 分钟）	练习 D （90 ~ 120 分钟）	练习 E （90 ~ 120 分钟）
后碗	●基本地形转换（从压雪环境到非压雪环境，第163页） ●观察复杂地形（解除定格，第164页）	●观察复杂地形（调整视线，第164页） ●转弯管理（打滑，第169页）	●转弯管理（刻滑，第169页） ●速度管理（挑战速度极限，第171页）	●转弯管理（平滑，第169页） ●速度管理（挑战速度极限，第171页）	●速度管理（挑战速度极限，第171页） ●转弯管理（斜切，第168页）

第13章

弱技能滑雪者

　　弱技能滑雪者在第2章和第3章的功能性动作和体能评估中平均得3分，而在第4章和第5章的技术和战术评估中平均得1分或2分。弱技能滑雪者拥有良好的体能和功能性动作表现基础，但缺乏雪地技巧，因此在应对不同地形挑战时运用技术和战术的能力较差，并且滑雪效率较低。

弱技能滑雪者在雪地上训练的距离可能不足，或者未正确学习基本技能。如果训练距离不足，则可以在雪地训练中通过一系列基本动作的渐进变式练习帮助弱技能滑雪者取得进步。如果弱技能滑雪者养成了低效动作的习惯，则需要制订一个纠正性运动计划，以重新建立扎实的技能基础。

弱技能滑雪者的训练计划重点为发展性练习。滑雪的基础包括站姿、腿部旋转、平行转弯、刻滑、地形利用和战术。坚实的体能基础和正确合适的器材将帮助弱技能滑雪者有效地完成不同级别的渐进式练习。在练习技能的过程中，可能会突然出现低效动作，影响训练的进度。弱技能滑雪者容易养成不良习惯，因为体能水平较高，使他们能够重复错误的动作。为避免因效率低下而造成的代偿，需了解以下危险信号，并在这些问题变得根深蒂固之前解决它们。

- 害怕跌倒。这会导致滑雪者在不受控制的情况下迅速将滑雪板推过坡面。
- 在滚落线变得保守。在过于保守时，滑雪者经常会没有点杖或低效地利用点杖。如果没有点杖的稳定作用，就会错失时机，导致滑雪者失去平衡并采取大幅度的复位动作。
- 动作不连贯。零散的动作源于技能不足，导致协调性较差，无法平稳有序地将动作连接起来。动作以蛮力或弹震的方式产生，导致滑行时积雪四溅。
- 平衡被破坏。支撑基础较小（例如试图在翘起的滑雪板上平衡时）会导致滑雪者失去控制和直立的能力。

训练计划设计：弱技能滑雪者

弱技能滑雪者在功能性动作和体能方面已经具有坚实的基础，很可能是由于制订了体能训练计划或参加了其他运动项目。但是，随着滑雪季的临近，训练应针对滑雪。

在滑雪季开始之前的 12 周，开始将此训练重点放在运动计划中。切记，功能性动作训练可以帮助弱技能滑雪者记录掌握技术所需的时间，即使看不到雪的时候也可以！这个时间点非常适合重新进行测试，并确保弱技能滑雪者在功能性动作和体能评估中的得分仍达到 3 分。如果评估未达到 3 分，弱技能滑雪者在滑雪季开始之前还有时间解决非滑雪季期间可能出现的任何薄弱环节。此后，应每 4 ~ 6 周重新测试一次，以监测是否能保持水平并评估进步。

滑雪季开始后，减少旱地训练，以掌握基本技术、探索战术和运用技能为重点。本章提供的一些雪地训练计划示例可以帮助弱技能滑雪者逐步完成正位和斜位站姿、腿部旋转、平行转弯及刻滑转弯的训练。弱技能滑雪者还将学习在各种地形中运用不同的战术。季后训练是为了在季前再次开始之前保持功能性动作和体能的水平。这是尝试新活动，保持新鲜感的好时机。

表 13.1 列出了典型弱技能滑雪者的总体训练时间表，假设每周最多有 6 个训练日。建议每周至少 5 个训练日，并注意运动表现金字塔的所有区域。也可以将训练课合并在一起，减少总的训练日数（参阅第 10 章中的准则）。

表 13.1　弱技能滑雪者的训练时间表

	季前	季中	季后
功能性动作	每周 5 ~ 6 次（含旱地训练）	每周 4 ~ 5 次（含旱地训练）	每周 3 ~ 5 次（含旱地训练）
心肺适能	每周 3 ~ 4 次	每周 2 ~ 3 次	每周 2 ~ 4 次
肌肉适能（力量）以及爆发力和敏捷性	每周 2 ~ 3 次	每周 1 ~ 2 次	每周 1 ~ 2 次
技术		每节雪地训练课	
战术		每节雪地训练课	

以下各节列出一年的训练课安排示例。

季前（12 周）

季前阶段开始时，首先完成第 1 部分中的所有旱地评估，以衡量弱技能滑雪者当前的水平并确定可能需要改善的方面。使用此信息帮助弱技能滑雪者实现季前的以下目标。表 13.2 ~ 表 13.4 按周列出了不同的训练方案，第 226 页的表 13.6 则是具体的细节说明。

第 1 ~ 4 周（基础）

季前阶段的前4周根据下一个滑雪季的需求和目标确定训练的重点。侧重于功能性动作训练和有氧（区间1）训练。虽然弱技能滑雪者在功能性动作评估的平均得分很高，他们仍可能需要完成第2章所述的一些提升训练。每周至少增加一次有氧训练时间。在力量训练中，解决评估中确定的任何薄弱环节，或者使用第8章中的练习来补充训练内容，以维持现有的水平。表13.2显示了第1 ~ 4周的季前训练计划示例。

表13.2　第 1 ~ 4 周的季前训练计划示例

	第1天	第2天	第3天	第4天	第5天	第6天	第7天
功能性动作训练(2组，每组8 ~ 12次重复的稳定性练习;2组，每组10 ~ 20秒的灵活性练习)	动态准备计划（第181页），加上根据第2章评估确定的稳定性练习	动态准备计划（第181页），加上根据第2章评估确定的稳定性和灵活性练习	动态准备计划（第181页），加上根据第2章评估确定的灵活性练习	动态准备计划（第181页），加上根据第2章评估确定的稳定性和灵活性练习	休息或动态准备计划（第181页），加上根据第2章评估确定的灵活性练习	动态准备计划（第181页），加上根据第2章评估确定的灵活性练习	休息
心肺训练	长时间训练：区间1（按照第3章的指示）	休息	中等时间训练:区间1*	休息	休息或短时间到中等时间训练：区间1*	短时间或中等时间训练:区间1*	休息
力量训练（2组，每组8~12次重复）	休息	交替执行训练方案A和B（第226页），加上根据第3章评估确定的练习	休息	交替执行训练方案A和B（第226页），加上根据第3章评估确定的练习	休息	休息或训练方案C（第226页），加上根据第3章评估确定的练习	休息

*应根据一周长时间训练时间来确定中等时间和短时间心肺训练课的持续时间。通常，中等时间训练时长应为长时间训练的1/2至2/3。短时间训练时长应为长时间训练的1/3至1/2。

第5 ~ 8周（发展）

利用季前阶段的第5 ~ 8周进一步为滑雪季做准备，每周增加一天的爆发力和敏捷性训练，并通过无氧阈（区间2）训练来增加心肺训练的强度。如前所述，每周至少增加一次有氧训练时间。在力量训练中，继续解决评估中发现的任何薄弱环节，或用滑雪的特定练习来补充训练内容。表13.3显示了弱技能滑雪者在第5 ~ 8周的季前训练计划示例。

表13.3　第5 ~ 8周的季前训练计划示例

	第1天	第2天	第3天	第4天	第5天	第6天	第7天
功能性动作训练（2 ~ 3组，每组10 ~ 15次重复的稳定性练习；2 ~ 3组，每组15 ~ 25秒的灵活性练习）	动态准备计划（第181页），加上根据第2章评估确定的灵活性练习	动态准备计划（第181页），加上根据第2章评估确定的稳定性和灵活性练习	动态准备计划（第181页），加上根据第2章评估确定的灵活性练习	动态准备计划（第181页），加上根据第2章评估确定的稳定性和灵活性练习	休息或动态准备计划（第181页），加上根据第2章评估确定的灵活性练习	动态准备计划（第181页），加上根据第2章评估确定的稳定性和灵活性练习	休息
心肺训练	长时间训练：区间1（按照第3章的指示）	休息	区间2训练（测试见第3章第33页，训练选项见第8章第116 ~ 118页）	休息	休息或中等时间训练：区间1*，或短时间训练：混合区间1和2*（训练选项见第8章第121页）	短时间训练：区间1*	休息
力量、爆发力和敏捷性训练（2 ~ 3组，每组8 ~ 12次重复的力量练习）	休息	交替执行训练方案A和B（第226页），加上根据第3章评估确定的练习	休息	交替训练方案A和B（第226页），加上根据第3章评估确定的练习	休息	训练方案F（第226页），加上根据第3章评估确定的练习	休息

*应根据一周长时间训练时间来确定中等时间和短时间心肺训练课的持续时间。通常，中等时间训练时长应为长时间训练的1/2至2/3。短时间训练时长应为长时间训练的1/3至1/2。

**如果没有足够的时间安排每周3次针对力量、爆发力和敏捷性的训练，则执行训练方案C和F（第226页）。

第9～12周（峰值）

为完成滑雪季的准备，在季前阶段的第9～12周内增加无氧爆发力训练（区间3）。如前所述，每周至少增加一次有氧训练时间。像第5～8周一样，继续进行力量训练，但更侧重于增加力量和爆发力，方式是训练时增加要举起的重量并减少重复次数。完成的组数增加，并且要求提高速度。爆发力训练的级别将会提高，体现在重复次数和完成速度方面。最后，重点在于与动态滑雪转弯和地形管理要求的关节活动度相近的运动。该计划每周增加一次爆发力和敏捷性训练课。表13.4显示了弱技能滑雪者在第9～12周的季前训练计划示例。

表13.4 第9～12周的季前训练计划示例

	第1天	第2天	第3天	第4天	第5天	第6天	第7天
功能性动作训练（3组，每组10～15次重复的稳定性练习；3组，每组15～30秒的灵活性练习）	动态准备计划（第181页），加上根据第2章评估确定的灵活性练习	动态准备计划（第181页），加上根据第2章评估确定的稳定性和灵活性练习	动态准备计划（第181页），加上根据第2章评估确定的灵活性练习	动态准备计划（第181页），加上根据第2章评估确定的稳定性和灵活性练习	休息或动态准备计划（第181页），加上根据第2章评估确定的灵活性练习	动态准备计划（第181页），加上根据第2章评估确定的灵活性练习	休息
心肺训练	长时间训练：区间1（按照第3章的指示）	休息	区间3训练（测试见第3章第33页，训练选项见第8章第118～120页）	休息	休息或短到中等时间训练：区间1*	短时间或中等时间训练：混合区间1和2*（训练选项见第8章第121页）	休息
力量、爆发力和敏捷性训练（3～4组，每组5～8次重复的力量练习）	休息	训练方案D或E（第226页），加上根据第3章评估确定的练习	休息	交替执行训练方案D和E（第226页），加上根据第3章评估确定的练习	休息	休息或训练方案F（第226页），加上根据第3章评估确定的练习	休息

*应根据一周长时间训练时间来确定中等时间、短时间及混合心肺训练课的持续时间训练时长。通常，中等时间训练时长应为长时间训练的1/2～2/3。短时间训练时长应为长时间训练的1/3至1/2。

季中（16周）

在滑雪季中，维持水平的目标要求弱技能滑雪者功能性动作、心肺功能、力量、爆发力和敏捷性训练保持不变。但是，随着弱技能滑雪者的掌握程度逐渐提高，技术和战术的训练计划每个月都会更改。表13.5提供了季中的每周训练计划示例。详情可参见第226页的表13.6和第228页的表13.7。

第1 ~ 4周（基础）

在季中阶段的第1 ~ 4周，让身体重新熟悉基本的滑雪技能，并为动作和练习打下坚实的基础。此时，完成第1部分中的雪地评估，确定最需要改善的环节。在这个月中，应将重点放在按顺序掌握并逐步完成技术训练时间表。此训练和进度可能会超出第一个训练月。

弱技能滑雪者可以减少体能训练，将注意力放在维持和恢复上。一整天滑雪会使肌肉（尤其是股四头肌）过度疲劳，因此，通过锻炼较少使用的肌肉（在这种情况下为腘绳肌）来保持肌肉平衡，从而保持全身的力量均等并避免受伤。像季前阶段一样继续进行功能性动作训练。

第5 ~ 12周（发展）

利用季中阶段的第5 ~ 12周掌握训练关键技术，在训练方案中增加战术的探索和训练。速滑应主要使用比赛作为训练方式，在压力下提高技术和战术的运用。换句话说，以先前的表现水平为基础，同时保持训练重点。继续进行功能性动作和体能训练，重点同样放在维持和恢复上。

第12 ~ 16周（峰值）

在季中阶段的第12 ~ 16周，保持技术的精进，同时将重点转移到战术和速滑（适用于有兴趣速滑的人）。这是需要运用新战术尝试新地形和雪地条件的绝佳时机。拓宽针对不熟悉情况的战术组合，这样有助于了解滑雪环境，从而提高决策能力。继续进行功能性动作和体能训练，重点同样放在维持和恢复上。

季后

在非滑雪季期间，保持基线体能水平，使弱技能滑雪者可以毫不耽误地开始季前训练。尝试其他运动项目，换一种节奏。无论弱技能滑雪者的体能水平如何，都应在训练之前完成一套动态准备计划，以保持功能性动作的评估得分。每6 ~ 8周进行一次测试，以保持自己的水平。如果在评估中发现水平下降，则在季后训练中增加纠正性练习。

弱技能滑雪者可以通过有氧训练（区间1）来保持心肺适能。如果在滑雪季后感到筋疲力尽，就减少有氧运动。但是，为准备季前训练，弱技能滑雪者必须保证每周进行2次有氧运动。并且，应每周至少进行1次肌肉适能训练。方案C是在非滑雪季中保持水平的理想选择。

表13.5 季中每周训练计划示例

	第1天	第2天	第3天	第4天	第5天	第6天	第7天
功能性动作训练(3组,每组10～15次重复的稳定性练习;3组,每组15～30秒的灵活性练习)	动态准备计划(第181页),加上根据第2章中评估确定的灵活性练习	动态准备计划(第181页),加上根据第2章中评估确定的稳定性和灵活性练习	动态准备计划(第181页),加上根据第2章中评估确定的灵活性练习	动态准备计划(第181页),加上根据第2章中评估确定的稳定性和灵活性练习	休息或动态准备计划(第181页),加上根据第2章中的评估确定的灵活性练习	动态准备计划(第181页);这是雪地热身,不是功能性动作训练课	动态准备计划(第181页);这是雪地热身,不是功能性动作训练课
心肺训练	长时间训练:区间1(在季前训练中,最长不应超过10分钟)	休息	短时间训练:混合区间2和3*(训练选项见第8章中第122页)	休息	休息或短时间到中等时间训练:区间1*	休息	休息
力量、爆发力和敏捷性训练**(3～5组,每组4～6次重复的力量训练)	休息	交替执行训练方案D和E(第226页),加上根据第3章的评估确定的练习	休息	交替执行训练方案D和E(第226页),加上根据第3章中的评估确定的练习	休息	休息	休息

技术和战术

第1～4周	休息	休息	休息	休息	休息或技能练习课C(第228页)	技能练习课A(第228页)	技能练习课B(第228页)
第5～8周	休息	休息	休息	休息	休息或技能练习课A或B(第228页)	技能练习课C(第228页)	技能练习课D(第228页)
第9～12周	休息	休息	休息	休息	休息或技能练习课A、B或C(第228页)	技能练习课D(第228页)	技能练习课E(第228页)
第13～16周	休息	休息	休息	休息	休息或技能练习课A、B、C或D(第228页)	技能练习课E(第228页)	探索你自己的战术

*应根据一周长时间训练时间来确定中等时间、短时间及混合心肺训练课的持续时间。通常,中等时间训练时长应为长时间训练的1/2至2/3。短时间训练时长应为长时间训练的1/3至1/2。

**如果每周进行一次力量、爆发力和敏捷性训练,则执行训练方案F(第226页),加上根据第3章中的评估确定的练习。

弱技能滑雪者的训练方案

尽管前面的计划从总体上概述了训练安排，但以下计划具体列出季节性训练方案的实际指导和练习。只需在表13.6和表13.7中找到适当的训练方案，即可组合出当天的训练计划。

功能性动作训练

前面在季节性计划概述中介绍过，动态准备计划可参见第10章的第181 ~ 182页。根据第2章评估中的功能性动作得分，按需要添加相应的纠正性练习。

心肺训练

为了保持季前的心肺水平，训练时使用第8章中的训练示例和升级指南（请参阅第116 ~ 122页），可以对其进行适当调整。

力量、爆发力和敏捷性训练

有关力量、爆发力和敏捷性训练的相应方案见表13.6。训练方案A和B应在同一周进行，从而针对滑雪者的力量需求制订全面的全身训练计划。训练方案C每周提供另一个力量训练方案，重复针对上半身、核心和下半身的两个最好的练习。训练方案D和E增加了爆发力和敏捷性训练。训练方案F是一个精简的力量、爆发力和敏捷性训练方案。

有关以下练习的介绍和变式，请参见第8章（带有变式的运动标有星号）。在滑雪季初期，可以从较容易的变式开始，但应该努力在滑雪季结束之前逐步升级到较困难的变式。尽管针对上半身和核心的不同评估得分有不同的练习，但对于腿部，不论评估分数如何，都需要完成相同的提升训练。那么，得分为1的人应该完成较容易的变式，而得分提高到3时应完成较困难的变式。

技术和战术

开始雪地训练课时，首先要热身，并完成其中一个雪地动态准备计划（请参见第10章中的第181 ~ 182页）。接下来，按照第10章所述的3个阶段逐步完成训练课。作为弱技能滑雪者，应该使自己的动作精确而对称。重复错误的动作将使未来的发展偏离原定进程。

主动自由滑雪

花费大约30 ~ 40分钟的时间检查一下当天的积雪状况，了解自己的精力状态，以及做出反应和所需动作的能力。熟悉滑动的感觉和注意力的关键。表13.7提供了每个训练方案的重点。借助滑雪感觉唤醒神经肌肉系统，这是主动自由滑雪的关键组成部分。

主动训练（技术）

表13.7从易到难地提供了可在训练课中使用的5种技能训练方案（A ~ E）。较容易的训练方案强调基本的滑雪要素，而较困难的训练方案则将重点放在有序地结合运用这些滑雪技能要素。训练方案A和B针对以正位站姿、斜位站姿和腿部旋转为起点的训练计划表。训练方案C是基本要素和完成动态训练以及转弯所需的动作之间的桥梁，重

表13.6 力量、爆发力和敏捷性的训练方案

	训练方案A	训练方案B	训练方案C	训练方案D	训练方案E	训练方案F
上半身力量	● 俯卧撑（第124页）* ● 颈前下拉（第127页）	● 胸部推举（第126页） ● 水平划船（第127页）	● 哑铃卧推（第125页）* ● 跪姿单臂划船（第126页）*	● 俯卧撑（使用或不使用稳定球）（第124页）* ● 颈前下拉（第127页） ● 跪姿单臂划船（第126页）*	● 脚部抬高仰卧划船（第125页）* ● 哑铃卧推（第125页）*	● 哑铃卧推（第125页）*
核心力量	● 仰卧举腿（第129页）* ● 仰卧起坐（第130页）*	● 仰卧起坐掷实心球（第128页）* ● 侧掷实心球（第128页）	● 仰卧举腿（第129页）* ● 仰卧起坐（第130页）*	● 单杠提膝（第129页） ● 仰卧举腿（第129页）*	● 仰卧起坐掷实心球（第128页）* ● 侧掷实心球（第128页）	● 仰卧起坐（第130页）*
下半身力量	● 单腿前蹲（第131页）* ● 侧弓步（第131页）* ● 罗马尼亚硬拉（第132页）* ● 稳定球桥式（第132页）*	● 单腿前蹲（第131页）* ● 侧弓步（第131页）* ● 罗马尼亚硬拉（第132页）* ● 稳定球桥式（第132页）*	● 单腿前蹲（第131页）* ● 罗马尼亚硬拉（第132页）*	● 稳定球桥式（第132页）* ● 罗马尼亚硬拉（第132页）*	● 单腿前蹲（第131页）* ● 侧弓步（第131页）	● 单腿前蹲（第131页）*
爆发力**	—	—	—	● 侧向跳箱（第133页）2~3组，每组每只脚跳4~8次 ● 团身跳（第134页），2~3组，每组跳4~8次 ● 单腿交替跳箱（第133页），2~3组，每组每只脚跳4~8次 ● 侧向跳栏（第134页），2~3组，每组每只脚跳6~10次	● 跳绳（经典摇绳式，第136页），遵循第8章中的升级指引	● 侧向跳箱（第133页），2~3组，每组每只脚跳6~10次 ● 团身跳（第134页），2~3组，每组跳4~10次* ● 单腿交替跳箱（第133页），2~3组，每组每只脚跳6~10次 ● 侧向跳栏（第134页），2~3组，每组每只脚跳6~10次
敏捷性	—	—	—	● 跳绳（回转跳，第136页），遵循第8章中的升级指引	● 敏捷梯（进一进一出一出，第135页；Z形前跳，第136页；之字跳，第136页），2~3次，每次都要跳完30英尺（9米）的梯子	● 敏捷梯（进一进一出一出，第135页；Z形前跳，第136页；之字跳，第136页），2~3次，每次都要跳完30英尺（9米）的梯子

*表示该练习带有变式。

**爆发力练习的组数和重复次数可进行调整，在季前阶段可适当增加，并在季后阶段适当减少。在季前阶段，开始时使用较少的总跳跃次数，并在12周的过程中逐渐增加。首先增加重复次数（保持2组），然后改为3组，但每组的重复次数减少。在季中阶段将总次数逐渐减少到范围的下限。

点是平行转弯和刻滑转弯。训练方案D和E帮助细化完成技能组合所需的动作，同样是强调平行转弯和刻滑转弯。如本章所述，弱技能滑雪者的训练计划表可能不是线性发展的。滑雪者不按规定的顺序完成动作或练习，忽略某一种而花更多时间在另一种动作或练习上，以便在最短的时间内有最大的提高，这种情况并不罕见。如果弱技能滑雪者认为自己已经掌握了某个训练计划表或练习，可继续进行下一个建议的训练计划表。

表13.7为每节训练课分配了用于巩固和熟练掌握技术的建议练习时间。显然，练习时间的长短取决于个人日程安排或条件。为了确定每个训练要花费多少时间，只需将每节训练课的总时间除以建议的练习个数即可。例如，在40分钟内完成4个练习，即每个练习需要10分钟。如果弱技能滑雪者需要多练习某个特定的技能专项，则可以增加整体训练方案的时间，也可以减少花在某个练习上的时间，以便增加另一个练习的时间。

最后，请注意，这些训练课是基于平均进度来安排的。弱技能滑雪者要负责监控自身的进度，并认真完成训练课，直到准备好进入下一个阶段。在第1部分中的评估结果应该成为弱技能滑雪者完成练习的推动力。不要盲目遵循表中列出的练习。以下训练方案非常适合弱技能滑雪者，但仍需要根据第4章中的测试结果更换或增加练习。

探索地形和条件（战术）

表13.7确定了针对每个地形的战术概念，弱技能滑雪者应该按特定进程来实践这些概念。表中按从最常见到最具挑战性的顺序列出了各种地形和条件。每个滑雪者在技能练习课中的参考框架都略有不同，因此需仔细阅读规定的练习和概念，然后以最适合自己为出发点开始练习。例如，大多数弱技能滑雪者会先尝试陡峭且略微颠簸的地形，然后才敢进入难度更高的滑雪场地或后碗。话虽如此，即使是经验更丰富（但仍属于弱技能）的滑雪者也将受益于针对所列出的前两种地形的基本战术训练。参考第5章中的战术评估结果，确定最需要改善的方面。记住要评估、练习、实践、探索，然后再次评估。

花费至少1小时，最好是2小时进行地形探索。除训练时间外，还需要一些时间来找到训练部分中列出的地形。当弱技能滑雪者乘坐缆车，找到地形，完成练习并返回缆车时，这一次练习或这一趟滑行可能已损失20～30分钟。因此，弱技能滑雪者将无法在每次技能练习课中练习所有地形。但是，如果弱技能滑雪者的进度很快，就可以继续完成所列出的下一个地形的建议练习。实际上，一次训练课只能完成2种或3种地形。选择地形，完成若干趟滑行并练习建议战术。

无论在哪种地形上练习，都可以使用所列出的练习逐步达成第9章中介绍的战术训练计划表。技能练习A、B和C强调基本战术，例如地形过渡、观察地形和运用转弯形状，这对于在练习D和E中出现的高级速度和路线管理战术是必要的基础。再次提醒一下，本章前面的季节性计划示例中所列出的时间是掌握这些概念的平均时间。个性化训练计划，以最适合自己的速度进行，每4周重新测试一次。

表13.7 技术和战术技能练习课示例

主动自由滑雪（30～40分钟）				
	技能练习A	**技能练习B**	**技能练习C**	**技能练习D**	**技能练习E**

	技能练习A	技能练习B	技能练习C	技能练习D	技能练习E
重点提示	建立在滑雪板上重心居中的姿势	提高立刃意识和腿部旋转	注意精确、主动的脚部和腿部旋转	巩固平行转弯，并运用立刃和轴转	体验速度更快的动态刻滑转弯

主动训练（40～90分钟）

每个练习至少完成2趟滑行。花时间完成20～30次高质量动作的练习，或者每趟滑行完成1,000英尺（305米）的垂直距离。滑行的总垂直距离可能会有所变化，具体取决于所在度假村的雪道长度、训练和当天的雪地条件，但总垂直距离2,000～5,000英尺（610～1,524米）是一个不错的目标。如果垂直距离超过5,000英尺，则应着重于动作完成的质量。

技术	练习				
	练习A （40～60分钟）	**练习B** （40～60分钟）	**练习C** （40～60分钟）	**练习D** （60～90分钟）	**练习E** （60～90分钟）
正位站姿	•雪地高低式（第142页） •雪地骑步式（第142页）	•雪地拖行（第141页） •转雪杖（第143页）	•雪地拖行（第141页） •雪地骑步式（第142页）	—	—
斜位站姿	•小立刃斜位站姿（第146页）	•小立刃斜位站姿（第146页）	•单板斜位站姿（第146页）	•陡坡横滑（第144页）	•陡坡横滑（第144页）
腿部旋转	•固定器转腿式（第148页）	•犁式转腿（第149页） •固定器转腿式（第148页）	•叉腰式（第149页）	•单板腿部旋转（第147页） •叉腰式（第149页）	•钟面练习（第148页）
平行转弯	—	—	•同步换刃（第154页） •连环平行转弯（第155页）	•双板换单板（第153页） •单腿轴转（第152页）	•叉腰抬手式（第156页） •单腿轴转（第152页）
刻滑转弯	—	—	•横向换刃（第160页）	•手触膝刻滑（第158页） •高级半月滑（第159页）	•腿部交替伸缩式（第158页） •团身转弯（第162页）

探索地形和条件（60 ~ 120分钟）

　　每个练习至少完成2趟滑行。花时间练习，提高动作的质量。滑行的总垂直距离可能会有所变化，具体取决于所在度假村的雪道长度、训练和当天的雪地条件，但总垂直距离2,000 ~ 5,000英尺（610 ~ 1,524米）是一个不错的目标。如果垂直距离超过5,000英尺，则应着重于动作的完成质量。

地形	练习				
	练习A （60 ~ 90分钟）	练习B （60 ~ 120分钟）	练习C （60 ~ 120分钟）	练习D （90 ~ 120分钟）	练习E （90 ~ 120分钟）
陡坡	●基本地形转换（从缓坡到陡坡，第163页） ●观察复杂地形（制订备用计划，第165页）	●基本地形转换（从压雪环境到非压雪环境，第163页） ●观察复杂地形（解除定格，第164页）	●基本地形转换（从密实雪面到松软雪面，第163页） ●观察复杂地形（制订备用计划，第165页） ●转弯管理（增强转弯收尾力度，第166页）	●转弯管理（巩固C形弧线滑行，第167页） ●速度管理（保持连续滑行，第171页）	●速度管理（控制速度，第171页） ●线路管理（点杖循径滑行，第173页）
雪包	●基本地形转换（从缓坡到陡坡，第163页） ●观察复杂地形（预判地形变化，第164页）	●基本地形转换（从压雪环境到非压雪环境，第163页） ●观察复杂地形（解除定格，第164页）	●基本地形转换（从湿雪到干雪，第163页） ●观察复杂地形（制订备用计划，第165页） ●转弯管理（找准转弯入口点，第166页）	●转弯管理（J形转弯中的鱼钩收尾，第165页） ●速度管理（保持三点接触，第171页）	●速度管理（选择合适的节奏，第171页） ●线路管理（点杖循径滑行，第173页）
雪沟	●基本地形转换（从缓坡到陡坡，第163页） ●观察复杂地形（制订备用计划，第165页）	●观察复杂地形（解除定格，第164页） ●转弯管理（打滑，第169页）	●观察复杂地形（预判地形变化，第164页） ●转弯管理（平滑，第169页） ●线路管理（点杖循径滑行，第173页）	●速度管理（选择合适的节奏，第171页） ●线路管理（规避障碍，第173页）	●速度管理（保持连续滑行，第171页） ●线路管理（面朝滚落线，第173页）

续表

地形	练习				
	练习A （60 ~ 90分钟）	练习B （60 ~ 120分钟）	练习C （60 ~ 120分钟）	练习D （90 ~ 120分钟）	练习E （90 ~ 120分钟）
林间	●基本地形转换（从缓坡到陡坡，第163页） ●观察复杂地形（解除定格，第164页）	●观察复杂地形（调整视线，第164页） ●转弯管理（打滑，第169页）	●观察复杂地形（制订备用计划，第165页） ●转弯管理（刻滑，第169页）	●速度管理（选择合适的节奏，第171页） ●线路管理（规避障碍，第173页）	●速度管理（选择合适的节奏，第171页） ●线路管理（面朝滚落线，第173页）
后碗	●基本地形转换（从压雪环境到非压雪环境，第163页） ●观察复杂地形（预判地形变化，第164页）	●观察复杂地形（面朝滚落线，第173页） ●转弯管理（打滑，第169页）	●转弯管理（刻滑，第169页） ●速度管理（保持连续滑行，第171页） ●线路管理（面朝滚落线，第173页）	●转弯管理（平滑，第169页） ●速度管理（保持连续滑行，第171页） ●转弯管理（抹雪，第168页）	●速度管理（挑战速度极限，第171页） ●转弯管理（斜切，第168页）

第14章

综合式滑雪者

　　综合式滑雪者有3种类型，分别是第11章至第13章中所描述特征的不同组合。第一种是强体能和弱技能的组合，第二种是弱体能和弱技能的组合，混合型综合式滑雪者将第11章到第13章的所有特征交织在一起。

　　许多滑雪者属于混合型综合式特征，这种特征代表着技术、战术、体能、灵活性和稳定性等方面缺陷的多种组合。这种类型滑雪者的训练计划可以充分利用本书中所有提升训练。但是，明确薄弱环节并按照其他特征中的说明彻底解决最紧迫的需求，这通常是取得进步最有效的方案。只有真正的综合式滑雪者，遵循综合式计划才有意义。混合型综合式滑雪者并不完全符合所有 3 个特征中的任何一个，表现出的优缺点组合范围很大，并且在功能性动作、体能、技术和战术评估中的得分并没有规律。纠正性训练计划涉及多个练习级别，以满足特定需求。其他两种类型的综合式滑雪者的训练计划包括属于运动表现金字塔 3 个部分的练习。

强体能-弱技能滑雪者面临的挑战是灵活性和雪地训练距离不足。他们学会滑雪的时间不是很长，但是热衷于进行各种尝试，因为他们的运动能力很强并且在其他运动项目中也取得了成功。他们的学习曲线陡峭，并且经常取得巨大进步。他们髋部、躯干和背部的灵活性不足，这阻碍了他们的发展。由于他们在体能方面表现出色，因此应将重点放在发展灵活性、技术和战术上。

弱体能-弱技能滑雪者具有出色的灵活性，这在滑雪中很重要，但他们缺乏应付困难地形的力量。他们的挑战包括严苛的下坡环境和技能发展过程。体能、技术和战术练习构成其训练计划中的大部分内容。

复习一下，强体能-弱技能滑雪者应着重于功能性动作、技术和战术。弱体能-弱技能滑雪者应着重于体能、技术和战术。这两种类型的综合式滑雪者应将第 11 章和第 12 章中针对其各自特征的旱地训练计划与第 13 章中的雪地训练课相结合。

本章的其余部分重点关注混合型综合式滑雪者的需求，提供一个基本训练计划，涵盖整个赛季所需的练习。无论混合型综合式滑雪者有何不足，此训练计划（训练方案 A 到 E）均适用。滑雪者可以使用通过第 2 章至第 5 章中的评估所确定的特定练习来补充该训练计划。

为避免因效率低下而造成的代偿，混合型综合式滑雪者应了解以下危险信号，并在这些问题成为不良习惯之前解决它们。

- 左右不均匀的转弯。这种习惯导致左右转弯彼此不对称。
- 在外侧滑雪板上保持平衡时，腿部摆动。这导致在完成平衡动作（如单腿滑雪）时无法运用技巧。
- 身体部位对位不正。混合型综合式滑雪者的姿态较差，过于后倾、前倾或侧倾。
- 动作不连贯。动作的时机可能会受到影响。例如，点杖可能与腿部运动不同步。

训练计划设计：混合型综合式滑雪者

由于混合型综合式滑雪者有很多不足之处，因此他们的训练计划设计需在功能性动作与体能、技术和战术阶段之间取得平衡。好消息是，混合型综合式滑雪者可以全年进行训练，以最大限度地降低运动表现金字塔中功能性动作和体能这两块的分数不高所造成的影响。通过在季前和季后解决这些缺点，在滑雪季来临时，他们可能只需要处理技术和战术方面的不足。由于每个人的进步速度都不一样，因此应该经常进行重新测试，并根据需要在整个滑雪季中保持旱地训练。

在滑雪季开始之前的12周，混合型综合式滑雪者开始专门针对滑雪季的训练。这是评估当前水平的好时机，并且可以确保正在使用最适合自身需求的练习。此后，每4~6周重新测试一次，以监测是否能保持水平并评估进步。

滑雪季开始后，减少体能训练，但在不滑雪的日子要继续进行功能性动作训练。在雪地上，着重于逐步到达技术和战术的各个目标，提高本来就有优势的技能，并改进其他较弱的技能。本章提供了一些雪地训练计划的示例，帮助混合型综合式滑雪者掌握正位站姿和斜位站姿、腿部旋转、平行转弯、刻滑转弯，以及不同地形的战术。季后训练是为了在季前再次开始之前保持功能性动作和体能的水平。这是尝试新活动，保持新鲜感的好时机。

表14.1列出了混合型综合式滑雪者的训练时间表。其中时间范围差异很大，因为每项训练内容的天数由第2章至第5章中的评估确定。该时间表假设每周最多有6个训练日。建议每周至少5个训练日，并注意运动表现金字塔的所有区域。也可以将训练课合并在一起，减少总的训练日数（参阅第10章中的准则）。

表14.1 混合型综合式滑雪者的训练时间表

	季前	季中	季后
功能性动作	每周3~5次	每周3~5次	每周3~5次
心肺适能	每周3~6次	每周2~3次	每周2~4次
肌肉适能（力量）以及爆发力和敏捷性	每周2~4次	每周1~2次	每周1~2次
技术		每节雪地训练课	
战术		每节雪地训练课	

以下各节列出一年的训练课安排示例。

季前（12周）

季前阶段开始时，首先完成第1部分中的所有旱地评估，以衡量混合型综合式滑雪者当前的水平并确定可能需要改善的方面。使用此信息帮助实现季前的以下目标。表14.2~表14.4按周列出了不同的训练方案，第240页的表14.6则是具体的细节说明。

第1～4周（基础）

　　季前阶段的最初4周用于强调根据下一个滑雪季的需求和目标确定的训练重点。侧重于功能性动作训练和有氧训练（区间1）。每周至少增加一次有氧训练时间。在力量训练中建立耐力基础，以便在季前阶段的后期轻松地增加爆发力和敏捷性训练。混合型综合式滑雪者还应该认真完成第2章和第3章中的功能性动作、心肺功能和力量评估所确定的提升训练。表14.2显示了第1～4周的季前训练计划示例。

表14.2　第1～4周的季前训练计划示例

	第1天	第2天	第3天	第4天	第5天	第6天	第7天
功能性动作训练(2组,每组8～12次重复的稳定性练习;2组,每组10～20秒的灵活性练习)	动态准备计划（第181页），加上根据第2章评估确定的灵活性练习	动态准备计划（第181页），加上根据过顶深蹲和单腿蹲测试(第11页和第13页)确定的稳定性和灵活性练习	动态准备计划（第181页），加上根据旋转稳定性和侧弓步测试(第15页和第16页)确定的稳定性和灵活性练习	动态准备计划（第181页），加上根据过顶深蹲和单腿蹲测试（第11页和第13页)确定的稳定性和灵活性练习	动态准备计划（第181页），加上根据旋转稳定性和侧弓步测试(第15页和第16页)确定的稳定性和灵活性练习	休息或动态准备计划（第181页），加上根据第2章评估确定的1个稳定性练习和1个灵活性练习	休息
心肺训练	长时间训练:区间1（按照第3章的指示）	休息	中等时间训练:区间1*	休息	短时间或中等时间训练:区间1*	休息或短时间训练:区间1*	休息
力量训练(2组,每组8～12次重复)	休息	训练方案A或B(第240页),加上根据第3章评估确定的练习	休息	交替执行训练方案A和B(第240页),加上根据第3章评估确定的练习	休息	休息或根据第3章评估确定的练习	休息

*应根据一周长时间训练时间来确定中等时间和短时间心肺训练课的持续时间。通常，中等时间训练时长应为长时间训练的1/2至2/3。短时间训练时长应为长时间训练的1/3至1/2。

第5～8周（发展）

利用季前阶段的第5～8周进一步为滑雪季做准备，通过无氧阈（区间2）训练来增加心肺训练的强度。如前所述，每周至少增加一次有氧训练时间。在力量训练期间，继续解决评估所确定的薄弱环节，并完成平衡的全身训练以增加力量。该训练计划引入爆发力和敏捷性训练，以提供雪地运动所需的刺激。继续侧重于功能性动作训练。表14.3显示了混合型综合式滑雪者在第5～8周的季前训练计划示例。

表14.3　第5～8周的季前训练计划示例

	第1天	第2天	第3天	第4天	第5天	第6天	第7天
功能性动作训练(2～3组，每组10～15次重复的稳定性练习;2～3组，每组15～25秒的灵活性练习)	动态准备计划（第181页），加上根据第2章评估确定的灵活性练习	动态准备计划（第181页），加上根据过顶深蹲和单腿蹲测试（第11页和第13页）确定的稳定性和灵活性练习	动态准备计划（第181页），加上根据旋转稳定性和侧弓步测试（第15页和第16页）确定的稳定性和灵活性练习	动态准备计划（第181页），加上根据过顶深蹲和单腿蹲测试（第11页和第13页）确定的稳定性和灵活性练习	动态准备计划（第181页），加上根据旋转稳定性和侧弓步测试（第15页和第16页）确定的稳定性和灵活性练习	休息或动态准备计划（第181页），加上根据第2章评估确定的1个稳定性练习和1个灵活性练习	休息
心肺训练	长时间训练：区间1（按照第3章的指示）	休息	区间2训练（测试见第3章第33页，训练选项见第8章第116～118页）	休息	短时间或中等时间训练:混合区间1和2*（训练选项见第8章第121页）	休息或短时间训练:区间1*	休息
力量、爆发力和敏捷性训练(2组，每组8～12重复的力量练习)	休息	训练方案C或D（第240页），加上根据第3章评估确定的练习	休息	交替执行训练方案C和D（第240页），加上根据第3章评估确定的练习	休息	休息或根据第3章评估确定的任何练习	休息

*应根据一周长时间训练时间来确定中等时间和短时间心肺训练课的持续时间。通常，中等时间训练时长应为长时间训练的1/2至2/3。短时间训练时长应为长时间训练的1/3至1/2。

第9～12周（峰值）

在季前阶段的第9～12周内，增加无氧爆发力训练（区间3），完成滑雪季的准备，并继续侧重于功能性动作和力量训练。如前所述，每周至少增加一次有氧训练时间。最后，重点在于完成与动态滑雪转弯和地形管理要求的关节活动度和爆发力相近的运动。该训练计划增加了爆发力和敏捷性训练。表14.4显示了混合型综合式滑雪者在第9～12周的季前训练计划示例。

表14.4 第9～12周的季前训练计划示例

	第1天	第2天	第3天	第4天	第5天	第6天	第7天
功能性动作训练(3组,每组10～15次重复的稳定性练习;3组,每组15～30秒的灵活性练习)	动态准备计划(第181页),加上根据第2章评估确定的灵活性练习	动态准备计划(第181页),加上根据过顶深蹲和单腿蹲测试(第11页和第13页)确定的任何灵活性练习	动态准备计划(第181页),加上根据旋转稳定性和侧弓步测试(第15页和第16页)确定的稳定性和灵活性练习	动态准备计划(第181页),加上根据过顶深蹲和单腿蹲测试(第11页和第13页)确定的灵活性练习	动态准备计划(第181页),加上根据旋转稳定性和侧弓步测试(第15页和第16页)确定的稳定性和灵活性练习	休息或动态准备计划(第181页),加上根据第2章评估确定的1个稳定性练习和1个灵活性练习	休息
心肺训练	长时间训练:区间1(按照第3章的指示)	休息	区间3训练(测试见第3章第33页,训练选项见第8章第118~120页)	休息	短时间或中等时间训练:混合区间1和2*(训练选项见第8章第121页)	休息或短时间训练:区间1*	休息
力量、爆发力和敏捷性训练(3～4组,每组5～8次重复的力量练习)	休息	训练方案E或F(第240页),加上根据第3章评估确定的练习	休息	交替执行训练方案E和F(第240页),加上根据第3章评估确定的练习	休息	休息或根据第3章评估确定的练习	休息

*应根据一周长时间训练时间来确定中等时间和短时间心肺训练课的持续时间。通常，中等时间训练时长应为长时间训练的1/2至2/3。短时间训练时长应为长时间训练的1/3至1/2。

季中（16周）

在滑雪季中，维持水平的目标是功能性动作、心肺功能、力量、爆发力和敏捷性训练保持不变。但是，随着混合型综合式滑雪者的掌握程度逐渐提高，技术和战术的训练计划每个月都会更改。表14.5提供了季中的每周训练计划示例。详情可参见第240页的表14.6和第242页的表14.7。

第1～4周（基础）

在季中阶段的第1～4周中帮助身体重新熟悉基本的滑雪技能，并为动作和执行打下坚实的基础。此时，完成第1部分中的雪地评估，确定最需要改善的环节。在这个月中，应将重点放在按顺序掌握并逐步完成技术训练时间表。对于混合型综合式滑雪者而言，这意味着确定并纠正由于以前功能性动作或体能方面的弱点而造成的技术错误。

混合型综合式滑雪者可以保持或减少体能训练，将注意力放在平衡和恢复上。一整天滑雪会使肌肉（尤其是股四头肌）过度疲劳，因此，通过锻炼较少使用的肌肉（在这种情况下为腘绳肌）来保持肌肉平衡，从而保持全身的力量均等并避免损伤。继续专注于功能性动作训练，这是许多混合型综合式滑雪者的主要限制因素。

第5～12周（发展）

利用季中阶段的第5～12周重新训练未完善的技术，在训练方案中增加战术的探索和训练。速滑者应主要使用比赛作为训练工具，在压力下提高技术和战术的运用。换句话说，以先前的表现水平为基础，同时保持训练重点。继续进行功能性动作和体能训练，重点同样放在维持和恢复上。

第12～16周（峰值）

在季中阶段的第12～16周，保持技术的精进，同时将重点转移到战术和速滑（适用于有兴趣速滑的人）。这是运用新战术尝试新地形和雪地条件的绝佳时机。拓宽针对不熟悉情况的战术组合，这样有助于了解滑雪环境，从而提高决策能力。继续进行功能性动作和体能训练，重点放在维持和恢复上。

季后

在非滑雪季期间，保持基线体能水平，使混合型综合式滑雪者可以毫不耽误地开始季前训练。尝试其他动作项目，换一种节奏。无论混合型综合式滑雪者的体能水平如何，都应尽可能多地安排功能性动作训练，以保持灵活性和稳定性水平。每6～8周测试一次，以监测自己的水平。如果在评估中发现水平下降，则在季后程序中增加纠正性练习。混合型综合式滑雪者可以通过有氧训练（区间1）来保持心肺适能。如果在滑雪季后感到筋疲力尽，就减少时间或距离。但是，为准备季前训练，混合型综合式滑雪者必须保证每周进行2次有氧运动，并且每周至少进行1次肌肉适能训练。在非滑雪季期间，混合型综合式滑雪者可以交替使用力量方案A和B保持自己的水平。

表14.5 季中每周训练计划示例

	第1天	第2天	第3天	第4天	第5天	第6天	第7天
功能性动作训练(2组,每组10~15次重复的稳定性练习;2组,每组15~30秒灵活性练习)	动态准备计划(第181页),加上根据第2章评估确定的灵活性练习	动态准备计划(第181页),加上根据第2章评估确定的灵活性练习	动态准备计划(第181页),加上根据过顶深蹲和单腿蹲测试(第11页和第13页)确定的灵活性练习	动态准备计划(第181页),加上根据旋转稳定性和侧弓步测试(第15页和第16页)确定的稳定性和灵活性练习	休息或动态准备计划(第181页),加上根据第2章评估确定的1个稳定性练习和1个灵活性练习	动态准备计划(第181页),这是雪地热身,不是功能性动作训练课	动态准备计划(第181页),这是雪地热身,不是功能性动作训练课
心肺训练	休息	长时间训练:区间1(按照第3章的指示)	休息	休息或短到中等时间训练:混合区间2和3*,同时包含区间1(训练选项见第8章第122页)	休息或短到中等时间训练:区间1*	休息	休息
力量、爆发力和敏捷性训练**(3~5组,每组4~6次重复的力量练习)	交替执行训练方案E和F(240页),加上根据第3章评估确定的练习	休息	交替执行训练方案E和F(第240页),加上根据第3章评估确定的练习	休息	休息或根据第3章评估确定的练习	休息	休息

技术和战术

第1~4周	休息	休息	休息	休息	休息或技能练习课C(第242页)	技能练习课A(第242页)	技能练习课B(第242页)
第5~8周	休息	休息	休息	休息	休息或技能练习课A或B(第242页)	技能练习课C(第242页)	技能练习课D(第242页)
第9~12周	休息	休息	休息	休息	休息或技能练习课A、B或C(第242页)	技能练习课D(第242页)	技能练习课E(第242页)
第13~16周	休息	休息	休息	休息	休息或技能练习课A、B、C或D(第242页)	技能练习课E(第242页)	探索你自己的战术

*应根据一周长时间训练时间来确定中等时间和短时间心肺训练课的持续时间。通常,中等时间训练时长应为长时间训练的1/2至2/3。短时间训练时长应为长时间训练的1/3至1/2。

**如果每周进行一次力量、爆发力和敏捷性训练,则执行训练方案F(第240页),加上根据第3章中的分数确定的练习。

训练方案：混合型综合式滑雪者

尽管前面的计划从总体上概述了训练安排，但以下计划具体列出季节性训练方案的实际介绍和练习。只需在表14.6和表14.7中找到适当的训练方案，即可组合出当天的训练计划。

功能性动作训练

如前面在季节性计划概述中介绍过，动态准备计划可参见第10章的第181～182页。根据第2章评估中的功能性动作得分，按需要添加相应的纠正性练习。

心肺训练

训练时使用第8章中的训练示例和升级指南（请参阅第116～122页），或对其进行适当调整。

力量、爆发力和敏捷性训练

有关力量、爆发力和敏捷性训练的相应方案见表14.6。使用第3章中的评估确定的特定纠正性练习来补充这些短时间基础训练方案。训练方案A和B应在同一周进行，从而针对滑雪者的力量需求制订均衡的全身训练计划。训练方案C和D引入了爆发力和敏捷性的训练。训练方案E和F提供额外的爆发力和敏捷性练习，将力量、爆发力和敏捷性的基本训练计划补充完整。

有关以下练习的介绍和变式，请参见第8章（带有变式的运动标有星号）。在滑雪季初期，可以从较容易的变式开始，但应该努力在滑雪季结束之前逐步升级到较困难的变式。尽管针对上半身和核心的评估得分有不同的练习，但对于腿部，不论评估分数如何，都需要完成相同的提升训练。那么，得分为1的人应该完成较容易的变式，而得分提高到3时应完成较困难的变式。

技术和战术

开始雪地训练课时，首先要热身，并完成其中一个雪地动态准备计划（请参见第10章中的第181～182页）。接下来，按照第10章所述的3个阶段逐步完成训练课。遵循混合型综合式滑雪者的指导原则和训练计划。无论混合型综合式滑雪者属于哪种类型，在进行功能性动作和体能训练时都要巩固正确的动作，这对于提高水平非常有帮助。

主动自由滑雪

花费大约30～40分钟的时间检查一下当天的积雪状况，了解自己的精力状态，以及做出反应和所需动作的能力。熟悉滑动的感觉和注意力的关键。借助滑雪感觉唤醒神经肌肉系统，这是主动自由滑雪的关键组成部分。在每次训练课之前，应集中精力提高基本动作的质量。

表14.7提供了混合型综合式滑雪者每个训练方案的重点提示。每个训练方案都有两个提示选项：基础和高级。混合型综合式滑雪者可以根据自己的水平选择以其中一个为重点，或者在主动自由滑雪训练课的前半部分使用第一个提示，在后半部分使用第二个提示。

表14.6 力量、爆发力和敏捷性的训练方案

	训练方案A	训练方案B	训练方案C	训练方案D	训练方案E	训练方案F
上半身力量	选择2项： ●胸部推举(第126页)，或哑铃卧推(第125页)* ●水平划船(第127页)，或跪姿单臂划船(第126页)*	选择2项： ●俯卧撑(第124页)*，或稳定球俯卧撑(第124页)* ●水平划船(第127页)，或跪姿单臂划船(第126页)*	选择2项： ●胸部推举(第126页)，或哑铃卧推(第125页)* ●水平划船(第127页)，或跪姿单臂划船(第126页)*，或脚部抬高仰卧划船(第125页)*	选择2项： ●俯卧撑(第124页)*，或稳定球俯卧撑(第124页)* ●水平划船(第127页)，或跪姿单臂划船(第126页)*，或脚部抬高仰卧划船(第125页)*	选择1项： ●胸部推举(第126页)，或哑铃卧推(第125页)*	选择1项： ●水平划船(第127页)，或跪姿单臂划船(第126页)*，或脚部抬高仰卧划船(第125页)*
核心力量	选择2项： ●仰卧起坐(第130页)*，或仰卧起坐掷实心球(第128页)* ●仰卧举腿(第129页)*	选择2项： ●仰卧起坐(第130页)*，或侧掷实心球(第128页) ●仰卧举腿(第129页)*	选择2项： ●仰卧起坐(第130页)*，或仰卧起坐掷实心球(第128页)* ●仰卧举腿(第129页)*，或单杠提膝(第129页)	选择2项： ●仰卧起坐(第130页)*，或侧掷实心球(第128页) ●仰卧举腿(第129页)*，或单杠提膝(第129页)	选择1项： ●仰卧起坐掷实心球(第128页)*，或侧掷实心球(第128页)(每周交替执行)	选择1项： ●仰卧举腿(第129页)*，或单杠提膝(第129页)
下半身力量	●单腿前蹲(第131页)* ●稳定球桥式(第132页)*	●罗马尼亚硬拉(第132页)* ●侧弓步(第131页)*	●单腿前蹲(第131页)* ●稳定球桥式(第132页)*	●罗马尼亚硬拉(第132页)* ●侧弓步(第131页)*	●单腿前蹲(第131页)*	●罗马尼亚硬拉(第132页)*
爆发力**	—	—	—	●团身跳(第134页)2～3组，每组跳4～8次 ●侧向跳栏(第134页)，2～3组，每组每只脚跳5～10次	●侧向跳箱(第133页)，2～3组，每组每只脚跳4～10次 ●单腿交替跳箱(第133页)，2～3组，每组每只脚跳4～10次	●团身跳(第134页)，2～3组，每组跳6～10次 ●侧向跳栏(第134页)，2～3组，每组每只脚跳10～15次

	训练方案A	训练方案B	训练方案C	训练方案D	训练方案E	训练方案F
敏捷性			●敏捷梯(进—进—出—出,第135页),2~4次,每次跳完30英尺(9米)的梯子 ●跳绳(回转跳,第136页),遵循第8章中的升级指引	●——	●敏捷梯(Z形前跳,第136页;之字跳,第136页),2~4次,每次都要跳完30英尺(9米)的梯子	●敏捷梯(进—进—出—出,第135页),2~4次,每次跳完30英尺(9米)的梯子 ●跳绳(回转跳,第136页),遵循第8章中的升级指引

*表示该练习带有变式。

**爆发力练习的组数和重复次数可进行调整,在季前阶段逐渐增加,并在季中阶段适当减少。在季前阶段开始时使用较少的总跳跃次数,并在12周的过程中逐渐增加。首先增加重复次数(保持2组),然后改为3组,但每组的重复次数减少。在季中阶段将总次数逐渐减少到范围的下限。

主动训练(技术)

表14.7从易到难提供了可在训练课中使用的5种技能训练方案(A~E)。较容易的训练方案强调基本的滑雪要素,而较困难的训练方案则将重点放在按技能顺序结合运用这些要素。训练方案A和B针对以正位站姿、斜位站姿和腿部旋转为起点的训练计划表。训练方案C是基本要素和完成动态训练以及转弯所需的动作之间的桥梁,重点是平行转弯和刻滑转弯。训练方案D和E帮助精炼完成技能组合所需的动作,同样是强调平行转弯和刻滑转弯。混合型综合式滑雪者将从针对先前确定的技能差距进行的大量练习中受益。这些练习可以选自平行转弯和刻滑转弯训练课,甚至可以来自站姿和腿部转弯训练课。根据个人特征中的错误模式,相应的提升训练可能有很大的差异。

表14.7为每节训练课分配了用于巩固和熟练掌握技术的建议练习时间。显然,练习时间的长短取决于个人日程安排或身体状况。为了确定每个训练要花费多少时间,只需将每节训练课的总时间除以建议的练习个数即可。例如,在40分钟内完成4个练习,即每个练习需要10分钟。如果混合型综合式滑雪者需要多练习某个特定的技能专项,则可以增加整体训练方案的时间,也可以减少花在某个练习上的时间,以便增加另一个练习的时间。

最后,请注意,这些训练课是基于平均进度来安排的。混合型综合式滑雪者要负责监控自己的进度,并认真完成训练课,直到准备好进入下一个阶段。在第1部分中的评估结果应该成为混合型综合式滑雪者完成练习的推动力。不要盲目遵循表中列出的练习。这些训练方案是针对混合型综合式滑雪者的一系列循序渐进的基础训练,可以根据第4章中的测试结果替换和补充练习,从而个性化这些训练方案。

探索地形和条件（战术）

表14.7确定了针对每个地形的战术概念，混合型综合式滑雪者应该按特定进程来实践这些概念。表中按从最常见到最具挑战性的顺序列出了各种地形和条件。每个滑雪者在技能练习课中的参考框架都略有不同，因此需仔细阅读规定的练习和概念，然后以最适合自己为出发点开始练习。例如，一些偏向于强体能的混合型综合式滑雪者会在尚未具备相应技能时就去尝试难度更高的环境或后碗。偏向于弱体能的混合型综合式滑雪者会退缩，低估自己在高难度地形上滑雪的能力。遵循规定的进度让混合型综合式滑雪者有机会以自己的速度发展。记住要评估、练习、实践、探索，然后再次评估。

花费至少1小时，最好是2小时进行地形探索。除训练时间外，还需要一些时间来找到训练部分中列出的地形。当混合型综合式滑雪者乘坐缆车，找到地形，完成练习并返回缆车时，这一次练习或这一趟滑行可能已损失20～30分钟。因此，混合型综合式滑雪者将无法在每次技能练习课中练习所有地形。但是，如果混合型综合式滑雪者的进度很快，就可以继续完成所列出的下一个地形的建议练习。实际上，一次训练课只能完成2种或3种地形。选择地形，滑若干趟并练习建议战术。

无论在哪种地形上练习，都可以使用所列出的练习逐步达成第9章中介绍的战术训练时间表。技能练习A、B和C强调基本战术，例如地形过渡、观察地形和运用转弯形状，这对于在练习D和E中出现的高级速度和路线管理战术是必要的基础。再次提醒一下，本章前面的季节性计划示例中所列出的时间是掌握这些概念的平均时间。个性化训练计划，以最适合自己的速度进行，每4周重新测试一次。

表14.7 技术和战术技能练习课示例

主动自由滑雪（30～40分钟）				
	技能练习A	**技能练习B**	**技能练习C**	**技能练习D**	**技能练习E**
重点提示	建立在双板上重心居中的姿势，或在单板上保持平衡且重心居中的姿势	提高立刃意识和腿部旋转或立刃和起刃	注意精确、主动的脚部和腿部旋转，或快速的弹震式腿部旋转	巩固平行转弯并运用立刃和轴转，或在平行转弯中强调点杖	体验速度更快的大半径动态刻滑转弯或用高速刻滑完成小半径转弯

续表

主动训练（40～90分钟）

每个练习至少完成2趟滑行。花时间完成20～30次高质量动作的练习，或者每趟滑行完成1,000英尺（305米）的总垂直距离。滑行的总垂直距离可能会有所变化，具体取决于所在度假村的雪道长度、练习和当天的雪地条件，但总垂直距离2,400～6,000英尺（732～1,829米）是一个不错的目标。如果垂直距离超过6,000英尺，则应着重于动作完成的质量。

技术	练习				
	练习A （40～60分钟）	练习B （40～60分钟）	练习C （40～90分钟）	练习D （60～90分钟）	练习E （60～90分钟）
正位站姿	选择1项： ●雪地骑步式（第142页） ●雪地高低式（第142页） ●雪地弹跳（第141页）	选择1项： ●转雪杖（第143页） ●雪地拖行（第141页） ●雪地侧跨步（第140页）	选择2项： ●雪地拖行（第141页），或雪地高低式（第142页） ●雪地侧跨步（第140页），或雪地弹跳（第141页）	—	—
斜位站姿	选择1项： ●小立刃斜位站姿（第146页），或单板斜位站姿（第146页）	选择1项： ●小立刃斜位站姿（第146页），或单板斜位站姿（第146页）	选择1项： ●单板斜位站姿（第146页），或横滑与反向横滑（第145页）	选择1项： ●横滑与反向横滑（第145页），或陡坡横滑（第144页）	选择1或2项： ●陡坡横滑（第144页），或高速斜位滑雪（第144页）
腿部旋转	选择1项： ●固定器转腿式（第148页） ●叉腰式（第149页）	选择1项： ●犁式转腿（第149页） ●固定器转腿式（第148页）	选择1项： ●坡面转腿（第150页） ●叉腰式（第149页）	选择1项： ●固定器转腿式（第148页） ●单板腿部旋转（第147页）	选择1项： ●叉腰式（第149页） ●钟面练习（第148页）
平行转弯	—	—	选择1或2项： ●同步换刃（第154页） ●连环平行转弯（第155页）	选择1或2项： ●叉腰抬手式（第156页） ●双板换单板（第153页）	选择1或2项： ●单腿轴转（第152页） ●踏步转弯（第151页） ●点杖和起杖（第152页）
刻滑转弯	—	—	选择1或2项： ●横向换刃（第160页） ●外侧拖杖（第161页）	选择1或2项： ●团身转弯（第162页） ●高级半月滑（第159页）	选择1或2项： ●腿部交替伸缩式（第158页） ●点杖小回转（第157页）

续表

探索地形和条件（60～120分钟）

每个练习至少完成2趟滑行。花时间练习，提高动作的质量。滑行的总垂直距离可能会有所变化，具体取决于所在度假村的雪道长度、练习和当天的雪地条件，但总垂直距离2,500～6,000英尺（762～1,829米）是一个不错的目标。如果垂直距离超过6,000英尺，则应着重于动作的完成质量。

地形	练习				
	练习A （60～90分钟）	练习B （60～120分钟）	练习C （60～120分钟）	练习D （90～120分钟）	练习E （90～120分钟）
陡坡	●基本地形转换（从缓坡到陡坡，第163页，或从密实雪面到松软雪面，第163页） ●观察复杂地形（制订备用计划，第165页）	●基本地形转换（从压雪环境到非压雪环境，第163页，或从缓坡到陡坡，第163页） ●观察复杂地形（制订备用计划，第165页，或预判地形变化，第164页）	●基本地形转换（从密实雪面到松软雪面，第163页，或从压雪环境到非压雪环境，第163页） ●观察复杂地形（制订备用计划，第165页，或解除定格，第164页） ●转弯管理（增强转弯收尾力度，第166页，或调整转弯压力和刃角，第166页）	●转弯管理（巩固C形弧线滑行，第167页） ●速度管理（保持连续滑行，第171页，或保持三点接触，第171页）	●速度管理（控制速度，第171页，或保持三点接触，第171页） ●线路管理（点杖循径滑行，第173页）
雪包	●基本地形转换（从缓坡到陡坡，第163页，或从湿雪到干雪，第163页） ●观察复杂地形（预判地形变化，第164页，或制订备用计划，第165页）	●基本地形转换（从压雪环境到非压雪环境，第163页，或从湿雪到干雪，第163页） ●观察复杂地形（预判地形变化，第164页）	●基本地形转换（从湿雪到干雪，第163页） ●观察复杂地形（解除定格，第164页，或调整视线，第164页） ●转弯管理（找准转弯入口点，第166页，或根据环境条件调整转弯形状，第165页）	●转弯管理（J形转弯中的鱼钩收尾，第165页，或找准转弯入口点，第166页） ●速度管理（保持三点接触，第171页）	●速度管理（选择合适的节奏，第171页） ●线路管理（点杖循径滑行，第173页）

续表

地形	练习				
	练习A （60～90分钟）	练习B （60～120分钟）	练习C （60～120分钟）	练习D （90～120分钟）	练习E （90～120分钟）
雪沟	●基本地形转换（从缓坡到陡坡，第163页） ●观察复杂地形（制订备用计划，第165页，或调整视线，第164页）	●观察复杂地形（预判地形变化，第164页，或制订备用计划，第165页） ●转弯管理（打滑，第169页，或保持对称的转弯形状，第165页）	●观察复杂地形（调整视线，第164页，或解除定格，第164页） ●转弯管理（平滑，第169页） ●线路管理（点杖循径滑行，第173页）	●速度管理（选择合适的节奏，第171页，或挑战速度极限，第171页） ●线路管理（规避障碍，第173页）	●速度管理（挑战速度极限，第171页，或控制速度，第171页） ●线路管理（面朝滚落线，第173页）
林间	●基本地形转换（从缓坡到陡坡，第163页） ●观察复杂地形（制订备用计划，第165页，或预判地形变化，第164页）	●观察复杂地形（调整视线，第164页） ●转弯管理（打滑，第169页，或保持对称的转弯形状，第165页）	●观察复杂地形（制订备用计划，第165页） ●转弯管理（刻滑，第169页，或保持对称的转弯形状，第165页）	●速度管理（选择合适的节奏，第171页，或挑战速度极限，第171页） ●线路管理（规避障碍，第173页，或面朝滚落线，第173页）	●速度管理（选择合适的节奏，第171页，或挑战速度极限，第171页） ●线路管理（面朝滚落线，第173页）
后碗	●基本地形转换（从压雪环境到非压雪环境，第163页） ●观察复杂地形（预判地形变化，第164页，或调整视线，第164页）	●观察复杂地形（预判地形变化，第164页，或调整视线，第164页） ●线路管理（面朝滚落线，第173页） ●转弯管理（打滑，第169页，或斜切，第168页） ●速度管理（保持连续滑行，第171页）	●转弯管理（刻滑，第169页，或按合适的角度立刃，第166页） ●速度管理（保持连续滑行，第171页，或控制速度，第171页） ●线路管理（面朝滚落线，第173页）	●转弯管理（平滑，第169页，或斜切，第168页） ●速度管理（保持连续滑行，第171页，或挑战速度极限，第171页）	●速度管理（挑战速度极限，第171页，或控制速度，第171页） ●转弯管理（斜切，第168页）

参考文献

滑雪战术、技术和训练

Canadian Ski Instructors Alliance (CSIA). 2000. *Skiing and teaching methods.* Quebec: Canadian Ski Instructors Alliance.

———. 2006. *Skiing and teaching methods.* Quebec: Canadian Ski Instructors Alliance.

Chappaz, Gilles. 2004. *Les pulls rouges* [*The Red Sweater*]. Grenoble, France: Editions Glenat.

DesLauriers, E. , and R. DesLauriers. 2002. *Ski the whole mountain.* Boulder, CO: Mountain Sports Press.

Elling, R. M. 1998. *The all-mountain skier.* Camden, MI: Ragged Mountain Press.

Evrard, D. , and W. Witherell. 1993. *The athletic skier.* Boulder, CO: Johnson Books.

Fellows, Chris. 2006. *Tactics for all-mountain skiing.* Lakewood, CO: The American Snowsports Education Foundation.

FISI. 1991. *Sci Italiano* [*Ski Italiano*]. Milan, Italy: Federazione Italiana Sport Invernali.

Fry, John. 2006. *The story of modern skiing.* Lebanon, NH: University Press of New England.

Harb, H. 2001. *Anyone can be an expert skier 2.* Long Island City, NY: Hatherleigh Press.

———. 2006. *Harald Harb's essentials of skiing.* Long Island City, NY: Hatherleigh Press.

Hoppichler, F. 1983. *Schwingen : die osterreichische Schischule.* [*Schwingen, the official Austrian ski method.*] Laporte, CO: Poudre Press.

———. 1989. *Ski with us: The teaching method of the Austrian ski school.* London: Pelham Books.

———. 1990. *Die Osterreichische Skischule* [*The Austrian Ski School*]. Austria: HERANT−Verlag Sportmagazin.

Jonas, B. , and S. Masia. 1987. *Ski Magazine's Total skiing.* New York: Putnam.

Joubert, G. 1978. *Skiing: An art, a technique.* Laporte, CO: Poudre Publishing.

Joubert, G. , and J. Vuarnet. 1967. *How to ski the French way.* New York: The Dial Press.

Larson, O. , and J. Major. 1979. *World Cup ski technique: Learn and improve.* Laporte, CO: Poudre Publishing.

LeMaster, R. 1999. *The skier's edge.* Champaign, IL: Human Kinetics.

———. 2010. *Ultimate skiing.* Champaign, IL: Human Kinetics.

Lund, M. , B. Gillen, and M. Bartlett. 1982. *The ski book.* New York: Arbor House.

Mahre, P. , and S. Mahre (with J. Fry). 1985. *No hill too fast.* New York: Simon and Schuster.

Masia, S. 1992. *Terrain skiing.* New York: Simon and Schuster.

Owen, N. May 28, 2009. The science of sedentary behavior: Too much sitting and too little exercise. Lecture at the 56th Annual Meeting of the American College of Sports Medicine, Seattle, WA. Featuring studies by Genevieve Healy and David Dunstan, with Australia's Baker IDI Heart and Diabetes Institute.

Peterson, Carl. 2004. *Fit to ski.* Vancouver, BC: Fit to Play.

Petrovic, K., I. Belehar, and R. Petrovic. 1987. *New developments of ski techniques and methodology.* Switzerland.

Post Foster, E. 1994. *Race skills for Alpine skiing.* South Hero, VT: Turning Point Ski Foundation.

———. 1995. *Conditioning skills.* South Hero, VT: Turning Point Ski Foundation.

———. 1995. *Technical skills for Alpine skiing.* South Hero, VT: Turning Point Ski Foundation.

———. 1996. *Skiing and the art of carving.* South Hero, VT: Turning Point Ski Foundation.

Professional Ski Instructors of America (PSIA). 1969. *The official American ski technique.* Salt Lake City: PSIA.

———. 2001. *Core concepts.* Lakewood, CO: PSIA Education Foundation.

———. 2002. *Alpine technical manual.* Lakewood, CO: PSIA Education Foundation.

Schaller, L. 1984. *Skiing techniques and training.* Innsbruck,Austria: Steiger Verlags Gessellschaft mbH.

Scharff, R. 1974. *Ski Magazine's encyclopedia of skiing.* New York: Harper and Row.

Tejada–Flores, R. 2001. *Breakthrough on the new skis.* Boulder, CO: Mountain Sports Press.

Twardokens, G. 1992. *Universal ski techniques, principles, and practices.* Reno, NV: University of Nevada.

Wallner, H. 2002. *Carven skilauf perfekt* [*Ski Perfect*]. Vienna, Austria: BAFL.

Witherell, W. 1972. *How the racers ski.* New York: Norton and Company.

运动表现书籍

Chu, Donald. 1998. *Jumping into plyometrics.* Champaign, IL: Human Kinetics.

Cook, Gray. 2003. *Athletic body in balance.* Champaign, IL: Human Kinetics.

Dinubile, Nicholas. *Frame work.* New York: Rodale.

Farentinos, Robert, and James Radcliffe. 1999. *High powered plyometrics.* Champaign, IL: Human Kinetics.

Gladwell, Malcolm. 2008. *Outliers: The story of success.* New York: Little and Brown.

Hooge, Andrew. 2003. *Fitskiing.* Crested Butte, CO: Active Media.

Lopes, Brian, and Lee McCormack. 2005. *Mastering mountain bike skills.* Champaign, IL: Human Kinetics.

Roberts, Katherine. 2009. *Swing flaws and fitness fixes.* New York: Penguin.

Schurman, Courteny, and Doug Schurman. 2009. *The outdoor athlete.* Champaign, IL: Human Kinetics.

Sokolove, Michael. 2008. *Warrior girls.* New York: Simon and Schuster.

U. S. Ski Team. 1977. *Alpine training manual.* Park City, UT: U. S. Ski Team.

Verstegen, Mark. 2004. *Core performance.* New York: Rodale.

———. 2004. *Core performance endurance.* New York: Rodale.

作者简介

克里斯·费洛斯（Chris Fellows）作为滑雪教练、训练员和临床医师的工作经验已超过25年。费洛斯已加入享有盛誉的美国职业滑雪教练（Professional Ski Instructors of America, PSIA）国家高山滑雪队8年，并在PSIA-W的董事会任职15年，期间曾担任教育副主席。费洛斯于1994年与其他人共同创立了北美滑雪训练中心（North American Ski Training Center），该机构每年在全球18个度假村提供28门课程。

费洛斯与健康和运动表现中心（Center for Health and Sports Performance）密切合作，并且是多家雪上运动行业公司的顾问。工作之余，费洛斯还为《滑雪》（*Ski*）杂志、《塔霍季刊》（*Tahoe Quarterly*）、《专业滑雪者》（*Professional Skier*）和《塞拉利昂太阳》（*Sierra Sun*）撰稿。他还为"滑雪频道"（Ski Channel）提供教学视频。

费洛斯是马萨诸塞州中部人，是美国登山向导协会（American Mountain Guides Association）的成员，并曾在内华达山脉、新英格兰、美国怀俄明州、智利、尼泊尔和加拿大指导攀岩、登山和越野滑雪。他与妻子珍妮（Jenny，前大学速滑运动员）和三个孩子一起住在加利福尼亚州的特拉基（Truckee, California）。

译者简介

余唯乐 北京体育大学运动人体科学学士、澳大利亚悉尼大学物理治疗硕士；中国奥委会备战2022年北京冬奥会周期特聘体能康复人才；曾担任国家体育总局冬季运动管理中心科技工作部体能康复主管、中国国家短道速滑队康复体能总监等职务；参与管理及执行冰雪项目多个基地的科研、体能、康复技术工作；参与保障短道速滑、速度滑冰、高山滑雪、空中技巧、单板滑雪U型场地、越野滑雪等多支队伍；在冰雪项目的专项、体能、科研等各方面有丰富的一线工作经验。